比较

总第87辑

2016年第6辑

COMPARATIVE STUDIES

吴敬琏 主编

中信出版集团 · CHINACITICPRESS · 北京

比较

COMPARATIVE STUDIES

主管 中信集团

主办 中信出版股份有限公司

出版 中信出版股份有限公司

独家代理： 财新传媒有限公司

电话：（8610）85905000 **传真：**（8610）85905288

广告热线：（8610）85905088 85905099 **传真：**（8610）85905101

电邮： ad@ caixin. com

订阅及客服热线： 400-696-0110（8610）58103380 **传真：**（8610）85905190

香港地区订阅热线：（00852）21726522

订阅电邮： circ@ caixin. com **客服电邮：** service@ caixin. com

地址： 北京市朝阳区工体北路 8 号院三里屯 SOHO 6 号楼 5 层（**邮编：** 100027）

卷首语

2016年即将结束，股市熔断、人民币兑美元汇率持续下跌、一二线城市房价先后暴涨……国内经济下行未有缓解，而外部世界的政经格局屡屡上演“黑天鹅”事件：英国脱欧、德意志银行危机、特朗普赢得美国大选、意大利修宪公投，让人应接不暇。“不确定”成为当今世界最确定的事件。面对此种国内外情景，中央经济工作会议确定了“稳中求进”的方向。《比较》能够做的是依照主编吴敬琏的意见：“密切联系实际，在严谨的理论框架支撑下，去研究一些本质性、规律性的基本问题，在此基础上提出各种各样的意见，并展开讨论，从而使认识步步深入，对策也越来越有效”。

开篇“合同理论”是诺贝尔经济学奖评委会对2016年诺奖得主奥利弗•哈特和本特•霍姆斯特朗的理论贡献所做的总结报告。评委会分别概述了霍姆斯特朗基于完备合同的委托代理模型和该模型的拓展，哈特不完备合同理论的基本思想、理论基础以及该理论的部分应用。如评委会所述，经济学中一些重要的概念，如道德风险、逆向选择、最优激励等都来自霍姆斯特朗的委托代理模型，这一模型还被进一步拓展用来分析多任务时的激励、团队激励、职业发展等。哈特的不完备合同理论的基本思想体现在决策权与财产权、企业理论、企业并购的成本和收益、所有权结构与投资激励等多个方面，然后被广泛应用于私有化、公司金融、创业企业的融资与治理、分散持股企业的融资与治理、破产程序改革和投资人权利等。这份总结报告内容丰富，值得我们理解与思考，诺奖得主探求根本问题的开创性理论研究，是如何深刻地影响了我们对众多经济问题的理解，进而为我们设计有效对策提供了极为重要的价值。

伯克利加州大学普拉纳布•巴丹的文章讨论了一个古老的话题——政府在经济发展中的作用。他的基本观点是，由于各种历史和制度的原因、信息的缺失和市场的不完善，发展进程可能陷入停滞，前进的道路可能变得昏暗，此时除作为产权和市场的“守夜人”外，政府往往还需要充当经济活动的向导、协调人、鼓动者和催化剂。因此，对政府作用的研究，应当突破大部分制度经济学研究所限定的狭窄范围，并探讨各种政府作用之间的权衡取舍关系。为此，他补充了一些新的思考路径，例如，解决协调失灵和集体行动难题、承诺与问责的冲突和权衡问题、政府能力的各个组成部分、政治联盟的组建问题、政治集权化和分权化各自的优缺点、租金分享在政治均衡中的重要意义、难以由市场和私人企业来解决的多重政府职能等。巴丹指出，“研究复杂制度可以用许多种有启发意义的视角，这种多样性是战胜无知的保证”。

艾默里大学助理教授杨洲的文章分析了奥巴马医改的主要内容及其前景。奥巴马医改旨在实现医保全民覆盖，保障每个美国人均能获得方便可及、费用合理、质量可靠的医疗服务。为此，奥巴马医改法案新增了多种形式的税收项目和法令，以提高联邦税收，同时向医疗服务体系提供更多的联邦补贴，并对医疗的几乎所有交易环节进行复杂的政府管制。这样一来，全美五分之一的竞争性市场的控制权被集中到了华盛顿。虽然这一法案成功地扩大了覆盖面，但是其筹资和补偿机制存在严重的激励扭曲，影响了供需双方及医疗保险公司、政府等利益相关方的行为，导致其实施前景暗淡。杨洲认为，美国医疗体制改革要想成功，关键在于改革医疗筹资与补偿机制，将联邦补贴的控制权和服务选择权交还给病患与医生。

社科院经济所副所长朱恒鹏和昝馨的文章从医生和医疗机构、医疗保险两个维度概述了美国医疗体系的现状，并和中国的医疗服务供应体系做了相应的比较。概括而言，在美国的医疗体系中，医生可以由自执业，医生诊所是整个医疗服务体系的基石，医疗机构并无所有制之分；医保则以商业保险为主，其中雇主提供的医疗保险是最主要部分，政府主办的医保包括 Medicare、Medicaid、退伍军人保险和儿童健保。虽然商业医保占大头，但呈现“多、小、散”的格局，因此相对于政府医保，对医疗服务体系的影响有限，而且以政府医保的支付标准作为其付费标杆。美国医疗体系的一个特点是医疗费用高昂，两位作者对其中的原因进行了详细分析。与国内普遍认为是商业医保导致美国医疗费用高昂的流行观点不同，重要的原因是强势的供方利益，以及政府医保“供方友好型”和“创新友好型”的支付方式。而旨在改革美国医疗体系的奥巴马医改方案并没有触及整个医疗体系的根本问题，反而削弱了本已处于弱势的商业医保力量，让日益强大的供方获得更多收益，其改革前景堪忧。两位作者还论述了美国医疗体系和奥巴马医改对中国医改的启示。

著名经济史学家乔尔·莫克尔等人的文章，是对发达国家近期涌现的对人工智能和机器人等技术变革的普遍担忧有感而发。作者们回顾了18世纪末到20世纪初这段历史时期，经济学家就这种种焦虑展开的争论，对比了这种种焦虑在过去和现在的不同表现形式。在他们看来，当前一些极端的焦虑看上去都不大可能发生，技术进步将继续以引人注目且不可预见的方式提高人们的生活水平。比较优势法则也有力地证明了，即便在一个机器人性能和自动化技术已大大增进的经济体系中，大部分劳动者仍可以发挥作用。但是，基本的经济学原理仍继续有效，稀缺仍会伴我们左右。

钱颖一的文章是为了纪念法国著名经济学家让•雅克•拉丰。拉丰是钱颖一的长者和挚友，在这篇文章里，他深情回顾并简练地概括了拉丰对经济学和经济学教育的贡献：作为经济学家，拉丰对信息经济学和公共经济学等很多领域做出了开创性的贡献，这些贡献足以让他分享诺贝尔经济学奖。作为法国经济学家，他在法国图卢兹创建的经济学研究和教育机构已经成为欧洲现代经济学的重镇，在那里培养造就了世界级的经济学家。作为关心和投入中国经济改革和经济学教育改革的经济学家，他对中国经济改革政策的影响，对现代经济学在中国传播的贡献，尽管不太为国人特别是经济学圈外人所知，但是值得我们感激和珍惜。就个人而言，拉丰为钱颖一研究现代经济学、探索中国的经济学教育改革、推动大学改革，带来了激励，树立了榜样。

最后是围绕近期产业政策之争而组织的一组文章：林毅夫、张维迎根据公开辩论修改后的文章及回应，田国强对林张之争的评论，顾昕对产业政策的经济学理论重建所做的综述，大野健一关于产业政策质量与中等收入陷阱的分析和讨论，社科院江飞涛博士对小宫隆太郎等人的《日本的产业政策》一书所做的书摘，以及清华大学产业发展与环境治理研究中心（CIDEG）的产业政策研讨会实录（参与讨论的有吴敬琏、陈清泰和日本亚洲成长研究所所长兼国家战略特区咨询委员会主席八田达夫等）。我们如实地呈现了各自的主要观点，任由读者自己各取所需。

目　录

Contents

第八十七辑

前沿 Guide

特稿 Feature

产业政策专题 On Industrial Policy

CIDEG论坛 CIDEG Forum

合同理论

诺贝尔经济学奖评委会

1. 引言

人类合作面临的一个永恒障碍是人们有着不同的利益。在现代社会，利益冲突通过合同安排即使不能完全消除，也经常可以大为缓解。巧妙的合同设计可以给缔约方提供恰当的激励，以开发合作带来的未来收益。例如，劳动合同中包含的报酬和晋升条款，是为了留住和激励员工；保险合同中包含的免赔与共付的风险共担条款，是为了促使客户保持警惕；贷款合同中包含的偿还和决策权条款，一方面是为保护贷款人，另一方面也是为敦促借款人进行合理决策。

在经济学历史上，为实现合作收益而必须实现激励相容的观念由来已久。18 世纪的亚当·斯密指出，分成制合同没有给佃户提供改良土地的足够激励。20 世纪 30 年代的切斯特·伯纳德（Chester Barnard）考察了大型组织中的员工如何能被有效激励的问题。① 本年度的获奖者借助理论模型来分析上述古老观念，使我们对最优合同的本质有了新的深入认识。他们的模型还帮助研究者

---

* 本文为诺贝尔经济学奖评委会对 2016 年诺贝尔经济学奖得主奥利弗·哈特（Oliver Hart）和本特·霍姆斯特朗（Bengt Holmström）学术贡献的总结报告。——编者注

① 有关激励问题在经济学研究中的简史，可参见 Laffont and Martimort（2002）。

提炼已有的观点，并得出更多的逻辑结论。合同理论由此在过去几十年里取得了长足进步，如今在激励问题的研究中得到普遍采用。合同理论对组织经济学和公司金融理论产生了重大推动，也深刻影响了产业组织理论、劳动经济学、公共经济学、政治学以及法学等领域。

一个典型的合同问题有着如下架构：委托人授权代理人为委托人的利益而采取某些行动，然而委托人不能直接观察到代理人的行为，由此带来了道德风险，即代理人可能采取某些能增加自身收入却会使合作的总剩余减少的行动。例如委托人是某家公司的大股东，代理人是公司的经理人。亚当·斯密就曾指出，公司的所有权和控制权分离可能导致经理人采取不利于股东利益的决策。①

为缓解上述道德风险，委托人可以提供一种报酬方案，把经理人的收入与某些可观察、可证实的绩效指标挂钩，我们称之为绩效报酬。公司的经营利润或者股市价值就是常用的绩效指标，但它们也都有众所周知的缺陷，因为它们在很大程度上可能受其他因素的影响，这些因素与经理人无关，从而使经理人的奖惩结果取决于运气。从直觉上看，我们需要尽可能把运气的影响排除掉，例如把某家公司的经营业绩同本行业的其他公司加以比较。可是，任何绩效指标都可能不够精确，受干扰项影响，所以最终的最优报酬方案必须在提供激励与分担风险之间进行权衡取舍。

要超越上述的粗略直觉，就需要开展更规范的理论研究。1996 年诺贝尔经济学奖得主詹姆斯·莫里斯（James Mirrlees）在 1975 年做出了一些规范分析成果。本特·霍姆斯特朗在 1979 年创建的规范模型则对后来产生了深远影响。除了描述激励提供与风险分担的最优权衡外，霍姆斯特朗的论文还包含对最优绩效指标的一个基本结论，名为“信息原则”（informativeness principle）。20 世纪 80 年代发展出的第二代道德风险理论模型引入了对动态道德风险、多任务问题和其他关键问题的分析。其主要贡献者也是霍姆斯特朗，有时是独立完成，有时是与他人［特别是保罗·米尔格罗姆（Paul Milgrom）］合作发表。这些研究极大地影响了人事管理经济学乃至更广泛的组织经济学。本文第 2 节还将更详细地介绍绩效报酬理论。

---

① “在钱财的处理上，股份公司的董事为他人尽力……所以，要想股份公司董事们监视钱财用途，像私人合伙公司伙员那样用意周到，那是很难做到的……这样，疏忽和浪费，常为股份公司业务经营上多少难免的弊窦”。《国富论》第五篇第一章第 3 节。

绩效报酬要求一方面能够在事前订立足够详细的合同，另一方面能够在事后对绩效进行测算和证实。但这些条件在某些时候难以满足，例如代理人是一位研究人员，受命为委托人的公司开发某项新技术。由于研发过程内在的不确定性，事前可能无法对创新成果进行精确描述。此外，新技术的质量及其对公司利润的影响在事后也可能不容易验证。在类似情形下，基于绩效的报酬合同未必能有很大用处，因此还需要采取其他办法。“不完备合同”理论所关注的正是这类情形下的决策权配置，其学术先驱是奥利弗·哈特及其合作桑福德·格罗斯曼（Sanford Grossman）和约翰·穆尔（John Moore）。

决策权通常是由财产权利（也就是所有权）决定的。例如在上述有关新技术研发的案例中，一种可能的办法是委托人利用固定报酬雇用代理人，此时代理人没有事后谈判权，任何创新成果都归委托人所有，并可自由使用。另一种可能的办法是让代理人独立拥有自己开发的所有创新，他可以拒绝委托人使用新技术，或者经过谈判以某个价格卖给委托人。从理论上讲，如果新技术的质量较高，他可以要求更高的报价。这意味着代理人作为独立研究者要比作为雇员有着更强的激励，因为他的收入与创新的质量有着更密切的关系。但另一方面，独立研究者可能缺乏足够激励专门根据委托人的特殊需要而开展创新，因为创新的用途越是广泛，他的谈判能力就越大。

尽管上述案例有些特殊，却揭示了一个重要发现：财产权利产生谈判权，而谈判权又决定着激励。更一般地说，在难以订立或执行基于绩效的合同时，对决策权的精心安排可能产生良好的激励，替代绩效报酬合同。这个发现成为不完备合同理论的基石。该理论对公司金融理论和组织经济学带来了极大影响，被用于多种议题的研究，包括并购的成本和收益、组织内部的权力配置、公共服务的供应者是否可以是私人，以及作为外部人的所有者如何通过公司治理与资本结构来控制作为内部人的经理人，等等。本文第 3 节将介绍不完备合同理论对决策权配置问题的规范分析。

本文将简要总结哈特与霍姆斯特朗在合同理论上的最主要贡献，后面将会看到，这些贡献具有高度的互补性。由于该理论具有太多的拓展和应用，我们在综述时必须精挑细选。[①] 对思想史进行全面介绍同样困难，因此本文的内容

① 有关合同理论的精彩介绍，可参见 Bolton and Dewatripont（2004），Laffont and Martimort（2002），Salanié（2005）。

也将不会太多超出上述例子。

另外一个限定是，本文将抽象掉合同的心理学和社会学属性，而聚焦于理性和自私的物质追求者的利益协调。基本的理论前提是，人会对物质激励做出反应，来自广泛情形的大量证据可以为此提供支持。① 当然，合同理论的适用与否并不要求行为人是完全理性和自私的，在不同的心理学与社会学假设下，许多分析结果将依然成立。事实上，借助相同的理论架构，针对无私或者有限理性的行为人，或者针对有着非物质动机的行为人，可以推导出新的结果。例如，最近对于传统理论的拓展研究已证明，为什么以及在何种情况下物质激励无法引致预想的行为，以及为什么有时提供较弱的物质激励反而是最优选择。② 今年的两位诺奖得主在近期的研究中也放松了标准的理性假设。③

最后，假设缔约方在达成合同的时候有着对称的信息，这抽象掉了逆向选择的问题。逆向选择在许多理论应用上非常重要，当然该领域的研究成果已经获得了肯定：1996 年的诺贝尔经济学奖授予詹姆斯·莫里斯与威廉·维克里（William Vickrey）的不对称信息条件下的激励理论，2001 年的诺贝尔经济学奖授予乔治·阿克洛夫（George Akerlof）、迈克尔·斯宾塞（Michael Spence）和约瑟夫·斯蒂格利茨（Joseph Stiglitz）关于不对称信息市场的研究，还有 2007 年的诺贝尔经济学奖授予莱昂尼德·赫维兹（Leonid Hurwicz）、埃里克·马斯金

---

① 要弄清激励对行为的影响并不容易，因为在多数情况下观测到的合同是内生的。如果订立不同合同的个人有着不同特征，我们并不清楚行为差异是由于合同的不同导致，还是由于人的个性不同导致。避免这种内生难题的一个办法是分析外生因素导致合同差异的情形。理想状态当然是开展随机实验，例如著名的兰德健康保险实验就显示，与某些专家的预测不同，在健康保险中确实存在道德风险问题（Newhouse et al.，1993；Aron-Dine et al.，2013）。另一个知名研究是分析一家汽车玻璃公司在外生因素导致的经理层变动后从固定报酬转向计件报酬（Lazear，2000），结果表明员工的平均产出提高了 44%，其中一半是激励的影响，另外一半是源于选择，也就是愿意在该公司工作的是效率较高的员工。一项在绿化公司开展的田野实验发现（Shearer，2004），从固定报酬转向计件报酬使生产率提高了 20% 以上。研究发现（Clemens and Gottlieb，2014），美国医疗救助计划（Medicaid）的报销率提高 2% 导致医生的医疗服务增加了 3%。还有研究发现（Asch，1990），美国海军的招聘人员的努力程度对激励有所反应。关于激励对人的行为的影响，更多证据可参见 Nagin et al.（2002），以及 Bandiera et al.（2005）等。

② 可参见 Francois（2000），Benabou and Tirole（2003，2006），Besley and Ghatak（2005），以及 Bowles and Polanya-Reyes（2012）等。

③ 参见 Hart and Moore（2008），Hart and Holmström（2010），以及 Fehr、Hart and Zehnder（2011）等。

(Eric Maskin) 和罗杰·迈尔森 (Roger Myerson) 对机制设计理论的开创性贡献。道德风险与逆向选择问题，也是2014年诺贝尔经济学奖得主让·梯若尔 (Jean Tirole) 对市场支配力与规制进行研究的重要组成部分。

2. 完备合同：绩效报酬

本节将回顾本特·霍姆斯特朗对合同理论的贡献。其中第1小节介绍委托代理模型的基本结论，第2小节介绍基本模型的某些拓展。

2.1 最优激励合同

此处采用一个简单的规范理论架构来描述和串联主要学术成果：代理人A在单一时期内为委托人P工作，代理人在某个时间区间 $[\underline{a}, \overline{a}]$ 内采取一个行动 a，该行动给代理人带来的成本为 $c(a)$，给委托人带来的收益为 $\beta = b(a) + \varepsilon$，其中 ε 是随机干扰项。由于我们关注的是利益冲突问题，故假设 b 和 c 均为 a 的增函数，也就是说在其他条件相同时，委托人偏好较高的 a，代理人偏好较低的 a。我们可以把 a 解释为代理人的工作努力程度。[①] 再假设 b 和 c 都是可微分的，b 是凹函数，c 是凸函数。对于任意随机变量 x，以 $E(x)$ 和 $Var(x)$ 分别代表 x 的期望值和方差。假设 $E(\varepsilon)=0$，并不损失一般性。

这一简单模型反映了若干现实生活场景的本质。例如，代理人可以是员工、首席执行官、创业者、律师、企业，或者公共服务的供应商；相应的委托人可以是雇主、董事会、风险资本家、客户、监管机构，或者公共权力机构。在许多类似场景中，绩效结果带有随机性，风险分担成为合同中的关键内容。我们的模型则是利用噪音项 ε 来反映随机特性。

以 t 来代表委托人给代理人的报酬或者付款 (transfer)，需要注意，$t>0$ 代表委托人给代理人的付款，而 $t<0$ 则代表代理人给委托人的付款。付款会受制于委托人与代理人各自掌握的财务资源，但在目前，我们姑且假设双方都

---

① 我们可以把 $\underline{a}$ 理解为代理人在不被指责为偷懒的前提下能付出的最低限度努力。另外，有时成本函数 $c(a)$ 不采取单调变化的形式是有意义的。例如，员工可能愿意付出一定程度的努力，而非完全无所事事。为此可以假设 $a \in [0, \overline{a}]$，成本函数 $c(a)$ 在区间 $[0, \underline{a}]$ 递减，而在区间 $[\underline{a}, \overline{a}]$ 递增。此时，员工永远不会选择 $a<\underline{a}$ 的行动。这样我们的理论分析就可以集中在区间 $[\underline{a}, \overline{a}]$ 上面。

有足够多的资源，财务约束的条件可以忽略。还有，由于委托人通常比代理人更为富有或者选择更多样化，我们假设委托人是风险中立型的，而代理人是风险厌恶型的。具体来说，假设委托人的期望效用函数为：

$$U_P = b(a) - E(t) \tag{1}$$

代理人的期望效用函数为：

$$U_A = -c(a) + E(t) - \frac{1}{2}rVar(t) \tag{2}$$

其中的 $r>0$，反映风险厌恶的程度。

最优标准解

从上述公式中得出的合作总剩余为：

$$U_P + U_A = b(a) - c(a) - \frac{1}{2}rVar(t) \tag{3}$$

其中的最后一项是代理人承担风险所导致的效用损失。假设某个行动 $a^* \in [\underline{a}, \overline{a}]$ 可以使 $b(a) - c(a)$ 最大化，如果 b 是严格凹函数，或者 c 是严格凸函数，或两个条件同时满足，a^* 将具有唯一解。以符号′代表导数，假设 $b'(\underline{a})>0$ 及 $c'(\underline{a})=0$，可以保证 $a^*>\underline{a}$。为简化起见，再假设 $c'(\overline{a})$ 的值极大，使得 $a^*<\overline{a}$。这样当代理人采取行动 a^*（$a=a^*$）而且不承担风险，即 $Var(t)=0$ 时，总剩余实现最大化。这个结果被称为最优解。

如果代理人的行动 a 是可观测的，同时委托人可以订立并执行把付款同代理人的行动直接挂钩的合同［使得 $t=t(a)$］，那就比较容易得到最优解。委托人只需要针对不符合最优行动（a^*）的其他行动 a，增大付款的差额 $t(a^*)-t(a)$，直至使 $-c(a^*)+t(a^*)>-c(a)+t(a)$。此时就将促使代理人采取行动 a^*，而由委托人承担与随机变量 ε 有关的全部风险。这个解是有效率的，因为委托人是风险中立的，而代理人是风险厌恶的。① 通过在付款计划 t 中加上或减去一个常量，则可以实现总剩余在委托人与代理人之间任何合意的分配结果。为防止代理人采取不同于 a^* 的错误行动，可能需要设计很高的罚金［$t(a)\ll 0$］。② 当然这里着重强调的假设是，付款 t 可以与

① 如果委托人和代理人都是风险厌恶型，他们应该就风险因素 ε 再订立一份合同，以实现风险分担的最优化。在当前情形中（行动可以观测，能够做出完全承诺），这是可以直接做到的。

② 或者在代理人的行动不符合最优选项 a^* 时，委托人可以对代理人采取非货币式的处罚（如果可行的话）。

行动 a 直接挂钩。这是个很强的假设，放松该假设就会得出“经典”道德风险模型。

行动的隐蔽性：经典道德风险模型

在经典道德风险模型中，不可能在合同中规定酌情决定的付款计划。其理由通常是隐蔽行动假设，即行动 a 是无法观测的；即使代理人的行动可以被观测，事前也可能难以对其做完整的描述；即使可以被观测也可以被描述，法院或者其他合同执行方也可能无法证实代理人采取了何种行动。无论属于上述何种情形，根据经典道德风险理论，我们均假设付款是根据不准确的绩效测评做出的。具体来说，付款是基于委托人从代理人的行动所得到的收益：$t=t(\beta)$。其中，假设收益 $\beta=b(a)+\varepsilon$ 是法院可以观测和证实的，但由于干扰项的存在，它只是反映代理人行动的不完美指标。这种情形在现实中经常出现。例如，董事会可能看不到首席执行官对公司的具体管理过程，但他们能观测到公司的股票价格以及其他财务指标。经验研究确实表明，首席执行官的报酬通常来说高度依赖公司在股票市场上的表现。①

如果代理人是风险中立的（$r=0$）并有充足的财务资源，那么对合同问题有一个直接的解决方案：特许权合同（franchise contract），即代理人向委托人支付一笔固定费用 f，以换取所有的合作收益，即 $t(\beta)=\beta-f$。这样，代理人将成为他产生的所有剩余的索取者，他自身将获得权衡成本收益的恰当激励，因此他会采用最优行动 a^*，以实现 $b(a)-c(a)$ 的最大化。代理人必须承担全部风险，但只要满足风险中立，这将没有额外成本。固定费用 f 可以用来以任何需要的方式对总剩余进行分配。②

---

① 参见 Murphy（1985）等。下文将详细介绍有关首席执行官报酬的研究。

② 对于最优合同的另一个解释是，代理人以价格 f 把项目从委托人手里买过来。例如有关研究认为，让经理人拥有企业的股权能缓和道德风险问题（Jensen and Meckling，1976），由此还可以解释通过债权融资使企业的创始经理人掌握企业股权的现象。另有研究提出了更为规范的理论模型（Innes，1990），在代理人风险中立与有限债务约束的场景下，债务可以成为最优金融合同。当然，经理人的财富约束可能是有限的（在我们的模型中，经理人需要有足够的资金才能支付定金 f）。因此只有当经理人投入足够的财富，以产生足够激励时，投资人才会对项目投入资金。霍姆斯特朗和梯若尔的研究表明，有经理人财富约束的简单模型可以用来分析公司金融领域的若干重要问题（Holmström and Tirole，1997，1998，2001 等），包括财富冲击对银行体系的影响、银行业监管，以及企业获得的公共资金的作用等。他们的模型已成为分析各种公司金融与金融中介问题的良好理论工具。参见 Plantin and Rochet（2006），以及 Adrian and Shin（2008）等。

不过，我们还将分析更为有趣的情形，即代理人是风险规避型（$r>0$），这样承担全部风险对他来说就不再是最优选择。增强激励所带来的收益，此时必须与次优的风险分担带来的成本进行权衡。激励与风险分担之间的权衡是激励理论中的一个经典问题。① 莫里斯的研究（Mirrlees，1975）表明，在某些情况下委托人可以通过对代理人的严厉惩罚［$t(\beta)\ll 0$，如果代理人选择了合理行动，β 出现惩罚值的可能性很小］，来近似实现最优解。但这不符合现代社会的合法合同的普遍特征，事实上，后来的研究重点关注的是莫里斯解（小概率的严厉处罚的威胁）并不适用的情况（例如，Grossman and Hart，1983a）。

信息原则

我们再看莫里斯观点的一个更一般特征，即报酬应该基于实现收益 β 所包含的反映行动 a 的信息。当然，在合同完备时，代理人会理性地采取最优行动，委托人对此也心知肚明。此时，观测到不同行动的实现收益 β 的条件概率（例如在统计推断问题中）将成为能否设计出最优合同的关键。由于代理人的风险承担与统计推断质量有关，有利于进行推断的任何信息都能发挥作用。

从直觉上看，代理人的报酬应取决于反映其行动信息的变量（信号）。这一直觉被纳入了"信息原则"（Holmström，1979；Shavell，1979）。在理论上可以理解为，委托人考虑把付款 t 作为（除反映实现收益 β 外的）某个信号 s 的函数。由霍姆斯特朗归纳并证明的信息原则（Holmström，1979）表明，如果给定（β，s），当且仅当实现收益 β 不是行动 a 的充分统计量时，委托人才应该采取这一策略。②

这个结论有着重要的应用价值。在上述模型中，与噪音项 ε 有关的信号 s 对于委托人可能有潜在利用价值，而与行动 a 和噪音项 ε 无关的信号则总是无用的。例如在经理人报酬的案例中，他们的报酬不应该只根据公司的财务指标以及股票价格，还应该考虑到与股票价格有关的其他信号，包括可以观测到的成本和需求状况，以及同行业其他公司的股票价格。把经理人的报酬同这些信

① 早期对道德风险问题的研究包括 Wilson（1969），Spence and Zeckhauser（1971），以及 Ross（1973）等，主要是针对能实现最优解的特殊案例。

② 有研究证明了"当"但并非"仅当"的条件（Shavell，1979）。当时的另外一份研究给出了非普遍条件下的信息原则的结论（Harris and Raviv，1979）。

号挂钩，能帮助过滤掉行业与宏观经济波动——这些因素不受他们的控制——对经理人绩效的影响。①

信息原则只取决于统计因素，同偏好参数的选择无关。当然，代理人的风险规避会影响最优支付计划的整体变动，但不同类型信息的相对重要性应该由最优统计推断规则来决定，噪音较强的信号给予的权重较低。

信息原则在经验研究中的应用

信息原则预示着，如果代理人的报酬与某个绩效指标挂钩，那么合同应该做指数调整，以过滤掉对代理人报酬的外生因素的影响。由于指数调整取决于统计分析，即使没有关于代理人风险偏好的精确认识（而只需要假设代理人是风险规避型），也可以对该理论预测进行检验。结果表明，许多首席执行官的合同并没有包括这种指数调整，他们的报酬是依靠运气因素获得的，与信息原则的推测不符（Bertrand and Mullainathan，2001）。

这一发现表明，实践者可能没有设计出最优合同。学者们还发现，存在控股股东的公司比不存在控股股东的公司，对首席执行官的报酬会做更多的指数化调整（Bertrand and Mullainathan，2001）。因此，前者的公司治理更出色，控股股东扮演了真正的委托人。在没有控股股东的时候，首席执行官可能控制合同的订立流程，依靠运气来获取更多报酬。这些成果反映出如何能利用合同理论来指导实证研究，以及如何利用该理论提供的工具，通过首席执行官的报酬数据来评估公司治理的优劣。

最优合同的形式

信息原则是个一般性结论，并不依赖特定的偏好参数或最优合同的特定形式。可是经典道德风险模型对最优合同的形式有何启示呢？理论上的最优合同是否类似于我们实际看到的合同？

格罗斯曼与哈特通过假设有限的可能结果，在经典道德风险模型下严格分

---

① 利用信息原则的观点，霍姆斯特朗与梯若尔分析了股票市场流动性对最优经理人报酬和激励的作用（Holmström and Tirole，1993）。在他们的模型中，有效激励合同把首席执行官的报酬同企业的股价捆绑，因为股票市场包含了企业当前和未来利润数据之外的绩效信息，股票市场上的投资人掌握的信息会被纳入股价。于是，在股票市场流动性更强时，股价包含的信息就越多，投资人的信息交换就越有利，并将进一步激励他们去搜集有关企业绩效的信息。霍姆斯特朗与梯若尔利用该模型分析了企业的最优所有权结构、股票市场的均衡规模，以及市场流动性和市场监管的社会价值等。

析了最优合同的形式（Grossman and Hart，1983a）。① 特别是，他们发现在某些条件下付款 t（β）会随着收益 β 递增。② 但在更普遍的时候，最优付款计划同干扰项 ε 的分布形状有着更密切的关系，往往会导致复杂的非线性合同。而现实中的合同通常采用并不符合此结论的较为简单的形式。

霍姆斯特朗与米尔格罗姆在一篇颇有影响的论文中提出，理论上的最优付款计划的复杂形式反映出模型有着脱离现实的特征，即代理人在绩效测评前只采取了单一行动（Holmström and Milgrom，1987）。而在现实中，代理人在绩效评估前可能需要工作数个星期、数月乃至数年。如果采用类似莫里斯建议的非线性合同形式，规定对某个水平下的绩效进行严厉惩罚，代理人可以通过调整行为（耍花招）来摆脱低绩效。事实上，所有非线性合同都可能因此而失效。霍姆斯特朗与米尔格罗姆的上述研究表明，如果用有着不变的绝对风险规避特征的代理人来控制布朗运动的扰动，那么最优合同的形式反而是线性的。线性合同使我们可以较少次数地对代理人的绩效进行测评，并根据总体的绩效评价结果来决定报酬。

霍姆斯特朗与米尔格罗姆的模型可以解释常见的分成制合同，以及用股票来激励经理人的做法。他们的关键发现（即非线性报酬计划容易受到操纵而失效）得到了经验研究的支持（例如，Chevalier and Ellison，1997）。然而，该模型不能解释为什么许多合同有保底的规定，例如与绩效无关的一定水平的底薪。

对线性合同的简单分析

在霍姆斯特朗与米尔格罗姆的模型中（Holmström and Milgrom，1987），最优支付计划与观测到的收益 β 呈线性关系：

$$t(\beta) = f + k\beta$$

支付函数的斜率 k 是激励强度，k 的值越高，代理人的激励强度越大。这样的合同不但比较符合现实，也便于用来开展对多种问题的分析。

---

① 从数学的角度，假设有限的可能结果可以带来几个好处。首先，如果每种结果的发生有着严格的概率，那么就不需要莫里斯提出的建议，即小概率的严厉惩罚。其次，之前的研究通常是基于所谓一阶条件的方法，但莫里斯证明（Mirrlees，1975），该方法并非一直有效。格罗斯曼与哈特（1983a）的研究介绍了在忽略二阶条件下如何求解该问题的方法。

② 或许有些出人意料的是，这个特性并不总是成立。例如，假设较低的努力会带来较低的产出，较高的努力会带来更高的预期产出，但也会有某些概率带来很低的产出。此时，最优的策略应该是，在产出较低时给代理人的报酬应少于产出极低的情形，以避免他选择较弱的工作努力，尽管委托人在产出较低时的收益会多于产出极低时的收益。

该模型有着可转移的效用，作为固定付款的 f 可以在不影响总剩余量的前提下对剩余进行再分配。最优合同通过对行动 a 和激励强度 k 的设定，来实现总剩余函数（3）的最大化。如果我们采用简化假设，令委托人的收益函数为线性函数：b（a）$=\zeta a$（其中常数 $\zeta>0$，代表代理人的生产率），那么 a 和 k 的最优值可以从如下两个方程中求解：①

$$\zeta k = c'(a) \tag{7}$$

和

$$k = \frac{1}{1 + rc''(a)Var(\varepsilon)/\zeta^2} \tag{8}$$

假设 $c''>0$，则 $0<k<1$。通常来说，生产率 ζ 越高，风险程度 Var（ε）以及风险规避态度 r 越低，最优激励强度 k 越高。

在风险程度或风险规避态度趋近于0的极限中，k 趋近于1，最优合同将成为特许权类型，代理人成为剩余索取者。在风险程度或风险规避态度趋近于无限大的极限中，k 趋近于0，代理人成为工薪类型的雇员，其报酬与绩效 β 无关。

对激励与风险的权衡进行检验

对激励与风险分担的权衡所做的理论推测难以进行检验，因为计量学家通常观测不到代理人的风险规避程度。在一种极端情况下，固定报酬合同对极度风险规避型的代理人可能是最优选择；在另一种极端情况下，风险中立型的代理人可以承担全部风险。不过，经典理论确实也得出了不需要知道代理人风险偏好的几个比较静态分析的结论，特别是，在其他条件相同时，风险程度（ε

---

① 为了得出该解，首先注意 $Var(t)=Var(k\beta)=k^2Var(\varepsilon)$，因此（3）式变为：

$$U_P + U_A = \zeta a - c(a) - \frac{1}{2}rk^2Var(\varepsilon) \tag{4}$$

从（2）式中，A 选择 a，使下式最大化：

$$-c(a) + k\zeta a - \frac{1}{2}rk^2Var(\varepsilon) \tag{5}$$

从中可以得出一阶条件（7）式，对（7）式求 k 的微分，我们可以发现，A 对激励力度增强的反应可描述为如下关系式：

$$\frac{da}{dk} = \frac{\zeta}{c''(a)} \tag{6}$$

为得出最优激励力度，注意 k 必须令（4）式最大化，基于（6）式，可得出一阶条件为：

$$\zeta\frac{\zeta}{c''(a)} - c'(a)\frac{\zeta}{c''(a)} - rkVar(\varepsilon) = 0$$

利用（7）式消除 c' 就可以得到（8）式。

的方差）与激励强度（付款函数的斜率）存在反向相关关系。

然而，“其他条件相同”的假设会被系统性选择所破坏，即风险规避态度较弱的代理人（r 值较低）可能倾向于在波动较大的环境中工作。由于这些风险规避态度较弱的人不但会选择较高风险的职业，而且会承担更多的绩效报酬风险，理论上预测的反向相关关系或许就不会得到数据的支持（Chiappori and Salanié，2003）。① 有关文艺复兴时期意大利农业合同的研究证实了这种选择偏差的重要性（Ackerberg and Botticini，2002），有充分证据显示作物的品种选择与佃户的特征存在相关性，风险规避强度较弱的代理人喜欢选择风险程度较高的作物。一旦把选择偏向的影响考虑在内，经典理论就又能得到数据的支持。②

2.2 拓展

在后续研究中，霍姆斯特朗在几个方向拓展了基本道德风险模型，包括分析带有多重任务和多个代理人的案例，以及把更多动态作用纳入模型。这些研究带来了如下一些极有影响力和极为重要的发现。

多任务模型

在经典道德风险模型中，代理人的行动是一维的，通常被解释为努力程度。但在许多应用中，他们的行动是较为复杂的、多维的，涉及各种类型的未必能很好观测与评估的活动。如果只对可测评的行动予以奖励，可能导致失效的结果，因为代理人会把过多精力放到更容易获得奖励的行动上（这方面有影响力的早期研究可以参见 Kerr，1975）。贝克尔等人指出，商业史中到处可见此类种瓜得瓜的企业（Baker、Gibbons and Murphy，1994）。例如，如果经理人的奖金与短期收益紧密挂钩，他可能会消减有利可图的长期投资，因为这

① 某些研究的确发现在测评较为容易的时候，首席执行官的激励更强烈（Aggarwal and Samwick，1999）。但也有其他研究发现风险与激励之间存在正相关关系，或者不存在相关关系（Core、Guay and Verrecchia，2003）。来自特许权经营、零售业和分成制等案例的研究也得出了不一致的结论（例如 Lafontaine，1992；Allen and Lueck，1992）。

② 有学者提出了“其他条件相同”的假设为何可能失效，从而使风险波动与激励的负相关关系难以在数据中发现的另一个原因（Prendergast，2002）。在波动较大的环境中，委托人可能不知道代理人应该做些什么，于是会把更多责任授权给代理人，但为了约束代理人的行为，他的最佳选择是设计强激励计划。相反，在波动较平缓的环境中，委托人可能只需要对代理人下达行动指令，进行监督，支付固定报酬即可。

些投资需要降低现期收益才能实现未来的更多利润。①

把上述观点规范化要求采用多维行动与多维结果的模型。霍姆斯特朗与米尔格罗姆设计了这样的多任务模型（Holmström and Milgrom，1991）。② 他们假设代理人会采取两类难以观察的行动：a_1 和 a_2，其成本函数为：c（a_1，a_2）。再假设$\frac{\partial^2 c}{\partial a_1 \partial a_2}>0$，表示这两类任务对代理人来说具有替代性质。行动 a_i 产生的绩效结果测评为 $\beta_i = b_i(a_i) + \varepsilon_i$。与他们之前设计的线性绩效报酬模型类似，委托人给代理人的付款函数为：$t(\beta_1, \beta_2) = f + k_1\beta_1 + k_2\beta_2$。

假设对行动 a_1 进行测评与奖励比较困难（ε_1 的方差较大），但对行动 a_2 进行测评与奖励比较容易（ε_2 的方差较小）。由于代理人是风险规避型的，委托人是风险中立型的，最优的风险分担意味着对第一项任务只能做较弱的激励（k_1 的值应该较小）。但如果 a_1 对委托人来说很重要，那么对 a_2 也只能做较弱的激励（k_2 的值也应该较小），以防止代理人把主要精力集中在 a_2 上面。这样，如果某项重要任务或结果难以测评，就足以说明整体上的弱激励策略才是最优选择。

举例来说，如果代理人是学校教师，a_1 代表激发学生的好奇心、责任感以及独立思考能力，a_2 代表应试教育。与 a_1 有关的各种技能在测评时会面临很多干扰，因此如果把教师的待遇同这类测评挂钩，会让教师承担太多风险。而如果只对 a_2 进行激励，即把教师的待遇同标准化考试的成绩挂钩，则会促使教师忽略其他更广泛技能的教学。所以对于教师的最优合同可以采取固定薪资的形式，完全不包含激励报酬。这凸显了上述信息原则的一个要点，即把代理人的报酬同有关工作努力的任何信息指标挂钩的建议，只适用于一维努力的极简案例。在更为复杂的情形中，委托人希望鼓励代理人在多种行为之间保持平衡，所以在决定代理人的报酬时，忽略某些与绩效有关的信息反而可能是最优策略。

除报酬合同外，多任务模型还能帮助我们理解许多其他的组织特征。例如，如果代理人执行某项任务的成本很低（因为他能从中获得某些难以证实

---

① 借用霍姆斯特朗与米尔格罗姆的模型（Holmström and Milgrom，1991），贝纳布与梯若尔的研究显示（Benabou and Tirole，2016），对优秀的首席执行官的竞争加剧会导致短期绩效报酬上涨，继而可能导致企业的长期投资出现有损效率的下降。

② 贝克尔（Baker，1992）设计了一个相关的模型，其中委托人的目标不能直接测算，参与各方只能针对与委托人的目标不完全相关的指标订立合同。同多任务情形类似，通常得出的结论是最优合同应选择较弱的绩效报酬激励。

的私人好处，或者只是因为他喜欢从事此项工作），那么委托人或许应该确保不要让代理人把全部注意力都集中在这项任务上。例如代理人是一位研究人员，他对非商业性质的基础研究有浓厚兴趣，那么委托人就必须禁止代理人从事非商业性质的研究，或者对商业创新研究项目提供更充分的激励。后一种策略的一个做法是让这位研究人员自己当老板，使他获得完全自由，但只有有商业价值的研究才能使他获得回报。沿着这些思路，霍姆斯特朗与米尔格罗姆（1994）拓展了他们在1991年的论文中的多任务基本模型，显示高绩效激励、让员工获得资产所有权，以及让员工获得脱离被直接控制的自由，都是用以激励员工的互补性工具。这样，对于实证中看到的弱激励与缺乏决策权、强激励与掌握决策权往往相伴出现的现象，模型就可以做出合理的解释。

多任务模型的经验研究

霍姆斯特朗与米尔格罗姆（1991，1994）的多任务模型的基本前提是，代理人会把精力从没有报酬的（缺乏激励的）活动转移到有报酬的（受到激励的）活动中。此类现象在若干实证研究中得到了证明。例如对中国工厂的实地调查发现，在引入计件式奖金制度后，产量随之增加而质量相应下降（Hong et al.，2013）。在一项田野实验中，部分教师的报酬根据学生的考试成绩进行调整，结果表明获得财务激励的教师会把更多时间用来让学生准备考试，学科教学本身却没有增加或改善（Glewwe、Ilias and Kremer，2010）。还有的研究发现，首席执行官的报酬如果与股票价格和期权紧密挂钩，他们会进行更多的短期收益操纵，而且会在通过操纵增加公司收益的年份出售超出正常数量的股票和期权（Bergstresser and Philippon，2006）。

多任务模型认为，在某项重要任务难以评估的时候，对所有任务都应该采取弱激励的办法。利用有关调查数据（BLS Industry Wage Survey），布朗（Brown，1990）发现计件工资等激励报酬方式在职责较为单一的工作中较为普遍。承担多种职责的工作则更多采取固定薪酬的形式，因为在此类工作中，员工比较容易用一项任务取代另一项任务，同时某些重要任务又难以测评。这些研究成果给多任务模型至少提供了一些间接证明。

对于多任务模型更直接的实证支持来自斯莱德（Slade，1996）对石油公司与加油站的合同所做的研究。除销售汽油外，加油站还提供多种类型的服务，包括汽车维修、便利店服务等，而且这些服务之间的替代性各有不同。在加油站提供汽车维修业务时，石油公司可能担心它们会把太多精力用来促进维修业务，因此多任务模型认为，石油公司可以利用与绩效关系更敏感的汽油销售合同来缓和上述倾向。相反，如果加油站的副业是开便利店，就不会出现这一问题，因为顾客会在购物的时候顺便去加油，或者在加油的时候顺便购物。在这种情况下，模型认为应该对汽油销售合同采取较弱的绩效激励，因为石油公司这样做能更好应对销售额波动的风险。斯莱德的实证研究确实发现，开办与汽油销售更具替代性的副业（如汽车维修）的加油站更多采用绩效激励较强的合同，而开办与汽油销售更具互补性的副业（如便利店）的加油站更多采用绩效激励较弱的合同，同多任务模型的理论结论一致。

团队中的激励

许多生产活动需要多位代理人的合作，如果只能对总产出进行测评，那就难以通过合同给每个代理人提供最佳激励，因为容易产生搭便车的现象。问题在于，如果努力程度只能反映在总产出中，就不知道是谁在偷懒耍滑。这被称为“团队道德风险问题”，其开创性论文正是来自霍姆斯特朗（1982a）。他的研究表明，如果代理人的报酬中包含对联合产出的分成（例如在合伙制企业），那么产出将总是缺乏效率的。为保证激励，需要加入一个第三方——预算突破者（budget breaker）。在绩效不佳时，这个突破者会把团队的产品夺走，从而制造激励。由此可以解释剩余索取者对企业拥有的外部所有权，以及为什么企业需要寻求外部融资来突破预算约束。① 霍姆斯特朗（1999）还探讨了如何将这种观点纳入更一般的企业理论中。

此外，霍姆斯特朗（1982a）很关注团队激励合同设计的一个潜在好处，即团队的总产出有助于过滤掉单个代理人的绩效合同中的干扰项。除代理人的个人绩效外，团队的总绩效也可以是反映某个代理人的努力程度的良好信号，所以应该根据信息原则纳入最优合同中。特别是，如果团队中不同代理人的产出会受到相同外部因素的影响，那么某位代理人与本团队其他代理人的相对绩效，比他本人的绝对绩效更能有效反映其个人的努力程度。

职业发展考虑

即使在固定薪酬合同下，注重未来职业发展的代理人也会有积极工作的动

① 不过有研究显示，往往可以实施小幅偏离最优解的行动，使委托人更容易识别代理人的欺骗（Legros and Matsushima，1991；Legros and Matthews，1993）。这样就有可能用始终满足预算平衡的激励计划来实现接近最优解的努力程度。

力。2013年诺奖得主尤金·法玛认为，对职业发展的考虑可以帮助解决道德风险问题，而无需直接的绩效报酬合同（Fama，1980）。这种观点由霍姆斯特朗进行了理论规范（Holmström，1982b）。

为提供良好激励，委托人或许可以给今天表现出色的代理人承诺在未来给予较高薪酬，但这样的承诺是否可信？在霍姆斯特朗的职业发展模型中，代理人当前的绩效取决于其努力和能力两个方面，都是不可观测的。当前的绩效出色更可能是由于代理人的能力较强，使他不但对现有的委托人、而且对其他雇主也更有吸引力。于是对代理人的竞争，使得他未来的薪酬取决于当前绩效的承诺具有充分的可信度。因此，即使合同中没有明确的绩效激励计划，代理人依然有动力做出高水平的业绩。①

更规范地说，假设存在两个时期，$\tau=1$ 和 $\tau=2$。代理人的能力（由 θ 表示）在两个时期是相同的。一个关键假设是，对代理人和委托人而言，θ 最初都未知，需要用第一个时期的绩效表现来证明。② 在每个时期，代理人都会选择相应的努力程度：$a_\tau \in [\underline{a}, \overline{a}]$，得到相应的产出：$\beta_\tau = b(\theta + a_\tau) + \varepsilon_\tau$。再假设无法订立直接的绩效报酬合同，那么时期 τ 的报酬 ω_τ 将与当期的绩效 β_τ 无关。不过劳动力市场的竞争会确保第2时期的报酬 w_2 取决于第1时期的绩效 β_1，或者说，w_2 等于市场根据已实现的 β_1 而对 β_2 的理性预期。如果第1时期的绩效较高，市场就会推断代理人的能力较强，因此 w_2 将随着 β_1 而递增。显然随着职业生涯趋近尾声，代理人在第2时期不会再有努力工作的动力，因此 $a_2=\underline{a}$。但在第1时期，他有动力通过做出良好绩效来树立自己的声誉，让市场信服自己具有较高的能力。为简化起见，假设代理人是风险中立的，他将选择 a_1，以实现 $-c(a_1)+\delta E(\omega_2)$ 的最大化，其中 $c(a_1)$ 是他付出努力的成本，$\delta<1$ 代表折现率。

该模型肯定了代理人对职业发展的考虑可能减轻道德风险问题，由于 w_2 随着 β_1 递增，β_1 又随着 a_1 递增，代理人将选择 $a_1>\underline{a}$，以便提高 $E(w_2)$。实

---

① 有学者（Lazear and Rosen，1981）提出了考察组织内部职业发展问题的另一个视角，在该模型中，委托人采取的激励办法是承诺把生产率最高的员工提升到更高职位，给予更高报酬，以制造激励。如果外部人能证实晋升的发生，那么做这种承诺会比绩效报酬计划更容易实施。

② 如果存在信息不对称现象，例如只有代理人在开始时知道 θ 的水平，情况将更为复杂，并需要代理人发出信号。不过在信号博弈均衡中，简化模型得出的大部分结论依然成立。

际上，a_1完全有可能超出最优解，当然 $a_2 = \underline{a}$显然会低于最优解。① 从霍姆斯特朗的职业发展规范模型得到的一个重要发现是，不同时期的激励是不平衡的，均衡状态的努力水平通常来说不是社会最优水平。代理人在职业生涯早期（当他们非常关心未来发展的时候）可能过于努力，而在后期肯定过于松懈。如果能够订立直接的绩效报酬合同，或许可以给接近退休年龄的员工提供较强激励，以弥补他们在职业生涯后期的效率衰减（参见 Gibbons and Murphy，1992）。而对于有着强烈职业发展意愿的年轻代理人，直接的绩效激励合同或许没有必要，甚至是有害的。

霍姆斯特朗与合作者借助上述职业发展模型来分析作为代理人的经理人进行投资决策的案例（Holmström and Ricart i Costa，1986）。在模型中，年轻经理人为了显示自己的能力，会有过度投资的动机，而对经理人的资本进行配额限制可以是对此类行为的最优应对。他们认为，企业中广泛存在的资本预算程序与此有关。

基本职业发展模型的重要拓展包括斯特恩等人的研究（Stein，1989；Scharfstein and Stein，1990；Dewatripont et al.，1999a，1999b）。职业发展模型还被广泛应用于政治经济学和政治学，以分析关注职业发展的政治家的行为，这些人更关心连任，而非未来的工资水平（参见 Lohmann，1998；Persson and Tabellini，2000）。在此类模型中，某些政治家的绩效更好，这是选民所看重的。如果观察到某位在任者有良好绩效，选民们可能再次给他投票。这样就给在任的政治家提供了增强努力的激励，尤其是在选举即将到来时，从而可能导致政治商业周期。

在职业发展模型中，企业并不提供长期合同，每个时期的薪酬根据员工的预期产出来决定。如果企业可以做出长期承诺，但员工不能做出（也就是说员工总是有辞职的自由），会出现何种结果？霍姆斯特朗与合作者设计出了信

---

① 如果简化地假设 $\varepsilon_\tau \equiv 0$，那就很容易发现，如果 b 是严格凹函数，δ 接近于1，则 a_1将超过最优解。从直觉上看，凹函数意味着市场对 θ 的期望值的上升会导致第二时期的预期生产率有很大变化，因为 $a_2 = \underline{a}$。这表明关注未来发展的代理人有巨大激励去提升市场对 θ 的信心。理性预期意味着，在均衡条件下有 $dw_2/da_1 = b'(\theta + \underline{a})$。代理人决定 a_1 的一阶条件是 $-c'(a_1) + \delta E(b'(\theta + \underline{a})) = 0$。相比之下，最优解的决定条件是 $-c'(a_1^*) + E(b'(\theta + a_1^*)) = 0$。由于 b 是严格凹函数，δ 接近于1，而且 $a_1^* > \underline{a}$，可以得到 $a_1 > a_1^*$。当然，如果 δ 的值较小，则职业发展的因素将不再重要，并有 $a_1 < a_1^*$。

息不完全但对称条件下的非对称承诺劳动合同模型，每个员工的生产率会随时间逐渐揭示出来（Harris and Holmström，1982）。结果表明，最优动态风险分担意味着薪酬永远不应该下降，但只有在市场对员工素质的评价提高后薪酬才会增长。这可以解释即使在控制了生产率因素后，收入也会与工作经验呈正相关的现象。虽然这个模型是以劳动力市场为背景设计的，但非对称承诺的观点在许多领域都非常重要，例如在保险市场中，有关代理人特征的信息就是逐步揭示出来的（Hendel and Lizzeri，2003）。

有关职业发展模型的经验研究

经验研究结果支持组织内部的激励同职业发展考虑和绩效报酬两方面因素都有关的论点。① 有的研究发现，接近退休年龄的首席执行官的报酬对绩效的敏感程度最高，这与职业发展动力较弱时应强化绩效激励的观点相符（Gibbons and Murphy，1992）。实际上，如果把职业发展的内在激励与合同中的外在激励结合起来，就能有效解释上述报酬合同中缺乏指数调整（也就是对信息原则没有实证数据支持）的现象。相对绩效评估有可能主要是通过晋升或者解聘的决策来实施，而不是通过合同的规定。另有研究发现，当企业业绩不如同行业水平时，首席执行官的替换率会上升，可以为此提供佐证（Morck et al.，1989）。②

有学者分析了证券分析师的职业发展现象（Hong and Kubik，2000，2003），发现资历较浅的分析师更容易随大流，所做的预测与市场共识差别较小（Hong and Kubik，2000）。这符合多代理人版本的职业发展模型的结论（Scharfstein and Stein，1990），即年轻分析师出错的成本更高，因为对于他们的能力评估有着更大的不确定性，他们会竭力避免特立独行的表现。

有学者根据霍姆斯特朗等人的模型（Harris and Holmström，1982）针对保险市场设计了对称信息与非对称承诺模型（Hendel and Lizzeri，2003）。在仅有短期合同的时候，消费者的健康状况如果出现不利消息，他可能面临保费提高的风险。相反，如果保险公司能承诺不提高保费，那么长期合同应采取

① 对单个企业的人事和工资数据的深入分析，可参见 Baker、Gibbs and Holmström（1994a，1994b）。该研究显示可以同时采用晋升与绩效报酬来制造激励。

② 有的研究显示，首席执行官的替换率与如下因素显著相关：（1）企业相对于所在行业的业绩；（2）所在行业相对于股票市场的表现；（3）股票市场的总体表现（Jenter and Kanaan，2015；Kaplan and Minton，2012）。因此，外部冲击似乎只是被部分过滤了，首席执行官遭到解聘一定程度上依然是由于运气欠佳。研究提出的另一种解释是，当所在行业或整体经济状况不好时，对企业进行重组，另建经理人团队或许是有效率的。

"前置收费"的形式，初期的保费会相当高，但后来会降低。这样做可以锁定消费者，并提供动态保险，让健康状况后来恶化的顾客降低保费。该研究发现，模型理论很好地解释了美国市场上现行人寿保险合同的不同格式与类型（的确采取了前置收费模式）。① 很有趣的是，还有一个例外案例提供的证明：意外死亡保险（只有在意外死亡时才支付保险金）不存在前置收费，因为这种保险不太需要了解顾客的特征信息。

3. 不完备合同：决策权的配置

在本节中，我们将介绍奥利弗·哈特在不完备合同理论上的贡献。第3.1小节介绍不完备合同理论的基本思想，第3.2小节讨论该理论的学术基础，第3.3小节对该理论的部分应用进行综述。

3.1 基本思想

本文第2节介绍了经典道德风险模型，缔约方在事前订立基于绩效的合同，在事后给予恰当的报酬。但我们也指出，绩效的测评可能比较困难。即使事后能进行绩效测评，事前可能也难以订立足够详细的合同，以明确哪些方面的绩效应得到奖励。最后，即使能订立这样的合同，执行起来也可能有难度，因为法官这样的第三方或许无法在事后对绩效进行证实。考虑到详尽合同的订立与执行有这样多的困难，我们实际生活中看到的许多合同很不完备，也就不令人意外了。这就是奥利弗·哈特及其合作者所开创的、从不完备合同理论的角度来探讨合同问题的由来。

决策权与财产权利

不完备合同理论的一个核心观点是，对决策权或控制权的精心安排可以有效替代合同对报酬的具体约定。由于决策权配置的一个重要手段是通过财产所有权，不完备合同研究在产权理论上得出了丰富的成果。用哈特的话来说：

> 某项资产的所有权总是关系着对它的剩余控制权，在与前期订立的合同、习俗或者法律不冲突的前提下，所有者有权以任何方式使用其资产。（Hart，1989，第1765页）

① 现有合同的多样性可以由消费者对于前置付款的态度差异来解释，进而可以归因于资本市场的不完善。

利用第 2 节开头所介绍的简单理论架构，假设我们不可能就付款计划 $t(\beta)$ 直接订立报酬合同，而是要通过其他类型的合同（特别是通过所有权的划分）来间接安排付款。由于这与风险分担无关，我们暂时不考虑干扰项 ε。

首先来看一个普通的案例，代理人生产出的产品对于委托人具有价值 $\beta = b(a)$，但也能有其他用途。令该产品的最佳其他用途由微分函数 $v(a)$ 决定，对于所有 $a \in [\underline{a}, \overline{a}]$ 均满足 $0 < v(a) < b(a)$ 以及 $0 < v'(a) < b'(a)$。缔约方需要在事前（即代理人做出行为选择之前）决定最终产品归谁拥有。本文第 2 节中包含的隐含条件是委托人拥有产品所有权，但如果行为 a 和绩效 β 都不能在合同中做出明确规定，那么在委托人拥有产品所有权的时候，代理人在绩效中将不会有分成，他会选择最小的努力 $a = \underline{a}$，使自己的成本 $c(a)$ 最小化。相反，如果由代理人拥有产品所有权，他可以不把产品交给委托人，也能至少得到 $v(a)$ 的收益。但他还可以在产品生产出来后，通过与委托人的谈判来获得更大的收益。如果缔约双方有着相同的谈判能力，最终的付款结果将是：

$$t = v(a) + \frac{1}{2}(b(a) - v(a)) = \frac{b(a) + v(a)}{2}$$

预见到这个结果后，在代理人拥有所有权的情况下，代理人所做的行为选择会追求 $-c(a) + (b(a) + v(a))/2$ 的最大化。他选择的努力将大于 $\underline{a}$，但小于 a^*，这样代理人拥有所有权所产生的剩余将高于委托人拥有所有权的情形，但低于最优解。

不完备合同与企业理论

合同的不完备意味着产权有着重大影响，这一思想具有普遍意义，并推动了有关企业边界的规范理论的发展。其学术起源可以追溯到 1991 年诺贝尔经济学奖得主罗纳德·科斯有关企业理论的论文（Coase，1937），他提出企业对某些交易的组织比市场更有效率。与市场交易不同的是，企业内部的大部分经济活动不是由直接的合同来约束。2009 年诺贝尔经济学奖得主奥利弗·威廉姆森（Oliver Williamson）进一步发展了这些思想，并基于不完备合同提出了丰富（但尚未充分规范化）的企业理论，后来被称为交易成本经济学（transaction-cost economics，参见 Williamson，1971，1975，1979，1985）。

威廉姆森在早期关注谈判所导致的事后效率损失，但后期转移到研究事前专用投资的激励。这在克莱因等人发表的一篇颇具影响的论文中被提炼为

"套牢问题"（hold-up problem，参见 Klein、Crawford and Alchian，1978）。如果独立代理人担心被套牢、不能从投资中获得充分回报，他将不会开展足够的专用投资，套牢问题就会产生。由此也就带来了实现生产一体化的激励。为解释一体化为什么并不总是有效，威廉姆森分析了层级组织决策可能造成的效率损失，但这个观点基本上也没有做规范论述。如果企业规模会受制于经理人的工作努力，那为什么不能把两家企业合并，而使经理人的任务维持原样呢？威廉姆森的确也提出了一个不算规范的可能解释，即授权可能会被滥用，导致出现无效率的付款（Williamson，1985，第6页）。后来是格罗斯曼与哈特设计出了能同时反映企业并购成本和收益的理论架构（Grossman and Hart，1986）。①

由此可以迅速得出的一个推论是，一体化可能太多了。从事后来看，这似乎是个很自然的结论。但在事实上，根据企业理论为不开展一体化找理由要比为开展一体化找理由困难得多。在格罗斯曼与哈特的研究成果推出之前，并没有令人信服的规范理论能说明一体化除了产生收益也伴随着成本。借用霍姆斯特朗的话来说：

> 格罗斯曼与哈特的产权理论首次直接解释了，为什么在组织选择中市场依然非常重要。市场（非一体化）的优点在于，业主和创业者能行使他们的保留权，可以拒绝交易，去其他地方。这种权利在理论模型与现实生活中都是促进创业的强大驱动力。尽管选择权在新古典理论模型中也扮演着重要角色，但选择权与保留权从来不是组织内部的驱动力。（Holmström，2015）

另外，在交易成本经济学探讨企业边界时，格罗斯曼与哈特（1986）还迈出了关键的下一步：他们的模型不仅是推断企业的边界应该在哪里，而且具体指出了某项特定资产应该归谁拥有。实际上，所有权应该交给提供最重要的投资但其投资不能由合同规定的合作方。当各合作方的投资同等重要时，由各方独自拥有资产的非一体化合作则是最优选择。

所有权结构与投资激励

格罗斯曼与哈特（1986）研究了对非合同规定投资的激励与资产所有权

① 第一个由套牢所导致投资不足的规范模型参见 Grout（1984）。格罗斯曼与哈特（1986）则率先分析了套牢的后果随不同所有权结构的变化，并由此得出了资产所有权决定剩余控制权的关键发现。

的关系。在他们的模型中，两家企业（例如上游的供应商与下游的生产商）必须合作才能生产出最终产品，双方都必须开展专用投资。它们的合同是不完备的，对于投资数量以及剩余分配都无法做详细规定。每家企业投资于这一合作关系的激励，都取决于它们各自对剩余分配的期望，继而取决于实物资产的所有权。可能采取的所有权结构包括：让供应商拥有全部资产（上游企业开展垂直一体化）；让生产商拥有全部资产（下游企业开展垂直一体化）；或者两家企业拥有各自的资产（非一体化）。模型包含了更早期的交易成本理论的几个关键内容：不完备合同、专用投资以及套牢问题。然而，在格罗斯曼与哈特的模型中，不同所有权结构的成本和收益各自源于它们对专用投资的影响，该理论并没有假设谈判或者层级式组织决策会导致事后的效率损失。

为分析实物资产的所有权如何影响不完备合同中的激励，我们要回到委托代理理论框架上。假设代理人的行动 a 是对生产所需的人力资本（知识）的投资，而在这个简化案例中，委托人不需要投资。另外，生产还必须有实物资产的参与（例如机器）。如果代理人无法用到机器，就无法开展生产。这里的关键假设是，谁拥有机器决定谁能利用机器。也就是说，所有权带有否决权，这将对交易条件产生影响。如果代理人拥有机器，他相对于委托人的谈判地位就会提高，从而增加他在剩余中的分成，并且会增强他对人力资本投资的激励。

如果委托人拥有机器，将出现垂直一体化；如果代理人拥有机器，则不会出现一体化。如果委托人拥有机器，委托人有权拒绝代理人使用。此时，机器和代理人的人力资本对生产来说都是必要条件。我们假设代理人与委托人对收益 $b(a)$ 进行平分，于是委托人给代理人的付款为：$t=b(a)/2$。这样在委托人掌握机器的所有权时，代理人需要选择一个投资水平 a_P，使得 $b(a)/2-c(a)$ 最大化。而之前提到的最优解 a^* 使 $b(a)-c(a)$ 最大化，由此可见：$a_P<a^*$，表明代理人处于投资不足状态。

如果代理人拥有机器，他不需要委托人就能开展生产，可以单方面从产品的其他用途中获得收益 $v(a)$。但由于 $b(a)>v(a)$，我们会看到委托人与代理人依然将达成交易，只不过此时的交易条件对代理人更有利一些。从直觉看，代理人在剩余中的分成将随着他的其他选项 $v(a)$ 的提高而递增。若根据格罗斯曼与哈特（1986）的模型，假设委托人给代理人的付款等于：

$$t = v(a) + \frac{b(a) - v(a)}{2}$$

也就是说，双方将对他们各自独立所得收益与合作所得收益的差额进行平分。这样在代理人拥有机器的情况下，代理人需要选择一个投资水平 a_A，以实现下式的最大化：

$$-c(a)+v(a)+(b(a)-v(a))/2$$

由此得出的解将满足：$a_P<a_A<a^*$，意味着代理人拥有机器所能产生的剩余比委托人拥有机器时更大。的确，在代理人拥有机器时，付款多少将取决于代理人的其他交易选项 $v(a)$，这将提高代理人从投资中获得的边际收益。但无论选择两种所有权中的哪一种，这个简化案例中的投资水平都低于最优解。①

格罗斯曼与哈特（1986）的模型比我们的简化案例更具有对称性，双方都掌握一种资产并开展投资。可以让双方都掌握原有资产的产权（非一体化），或者由一方购买另一方的产权（一体化）。一体化或者非一体化都可以是最优解，取决于何种所有权结构能对投资带来最佳影响。例如，在双方的资产高度互补时，只能使用一种资产所能得到的边际投资回报并不高于两种资产都不拥有的情况，此时开展一体化会成为最优选择（要么让委托人、要么让代理人同时拥有两种资产）。如果能同时使用两种资产所能得到的边际投资回报并不高于只能使用一种资产的情况，那么不开展一体化会是最优选择。

当然，格罗斯曼与哈特的两企业模型不能帮助我们分析有着多个部门、客户、供应商以及可能多达数千雇员的大型企业。他们后来发展出了包含多个参与方、多种资产的产权理论（Hart and Moore，1990），并包含更丰富的生产结构，尤其是考虑到了资产之间以及资产和人之间的互补性。

多个参与方，多种投资与资产

下面，我们依然维持有代理人与委托人这两个参与方的假设，不过有了多种类型的生产资产，而且双方都对人力资本进行投资。令 a 和 p 分别代表代理人与委托人的投资水平，$c_A(a)$ 代表代理人的成本函数，$c_P(p)$ 代表委托人的成本函数。另外令 v_i 代表某一参与方的外部交易选择，其中 $i\in\{A, P\}$，也就是说，不开展合作时，某一方能够单方面获得的收益。最后，令 β 代表开展合作时委托人能够得到的收益。

① 从 v 随着 b 缓慢提高的假设，可以得到 $a_A<a^*$。而如果 v 在相关区间提高很快，则代理人拥有所有权可能导致（相对于委托人拥有所有权）过度投资与剩余减少。例如，如果代理人试图过度努力工作，以获得更优厚的外来报价（使自己的工资提高），则可以让委托人拥有关键资产来减轻这种趋势。

假设$\beta > v_A + v_P$，即开展合作是有效率的。由于理论上还假设不存在事后的效率损失，所以双方将开展合作。可是外部交易选择此时依然发挥着作用，它们会影响委托人给代理人的付款水平。另外，外部选择还受制于产权的分配，因为如果双方不合作，那么拥有某项资产的一方可以拒绝另一方的使用。相应的，把任何特定资产的所有权从委托人转移给代理人，将导致v_A提高，而v_P降低，但不会影响收益β，因为在委托人和代理人合作时，全部资产都能利用起来。

假设付款t等于合作产生的净收益：$t - v_A = \beta - t - v_P$，求解$t$得到：

$$t = \frac{1}{2}(\beta + v_A - v_P)$$

代理人通过对a的选择，使其收入最大化：

$$\pi_A = t - c_A(a) = \frac{1}{2}(\beta + v_A - v_P) - c_A(a)$$

委托人通过对p的选择，使其收入最大化：

$$\pi_P = \beta - t - c_P(p) = \frac{1}{2}(\beta - v_A + v_P) - c_P(p)$$

如果双方不合作，就不能获得另外一方的人力资本的收益，因此v_A与p无关，v_P与a无关。所以，投资激励将取决于如下的微分方程组：

$$\frac{\partial \pi_A}{\partial a} = \frac{1}{2}\left(\frac{\partial \beta}{\partial a} + \frac{dv_A}{da}\right) - \frac{dc_A}{da} \tag{9}$$

$$\frac{\partial \pi_P}{\partial p} = \frac{1}{2}\left(\frac{\partial \beta}{\partial p} + \frac{dv_P}{dp}\right) - \frac{dc_P}{dp} \tag{10}$$

产权配置只是通过对外部选择v_A和v_P的作用来影响上述微分方程组。因此可以合理假定，如果某一方能在分手之后利用更多的资产，则其人力资本对分手后的收益会有更大作用。此时，把任何资产的所有权从委托人转移给代理人，将导致$\frac{dv_A}{da}$增加，而$\frac{dv_P}{dp}$减少，于是根据方程组（9）和（10），将提高代理人的投资激励，而削弱委托人的投资激励。由此能揭示出一个关键的取舍关系：给予某一方更多的资产所有权，将增强其投资激励，但另一方的投资激励必然被削弱。[①] 而且，只要在均衡中存在投资不足现象，前一个作用会导致剩

① 但如果某一方对于某些资产的价值来说不可分割，那就不存在取舍问题，这类资产应该总是由他拥有。

余增加，而后一个作用会导致剩余减少，所以对剩余的计算也存在这种取舍关系。

针对两个合作方的特殊案例，哈特与穆尔（1990）根据方程组（9）和（10）得出了基本的结论：如果某一方的投资更为重要（对于促进收益β的增长来说），那么这一方应该拥有更多资产。在只有一方的投资起作用的极端情形下，全部资产都应该归他拥有。哈特与穆尔的研究还表明，共同所有权是没有效率的，因为每一方都可能使另一方套牢（在分手后拒绝对方使用资产），造成双方的激励都被削弱。出于同样的原因，具有严格互补性的资产应共同拥有。外部所有权则总是无效率的，因为外部人可以拒绝代理人和委托人使用资产。

对超过两个合作方的情形，哈特与穆尔用“沙普利值”［Shapley Value，来自2012年诺贝尔经济学奖得主劳埃德·沙普利（Lloyd Shapley）的贡献，Shapley，1953］来分析事后的剩余分配（Hart and Moore，1990），根据谁才是关键参与方，他们推断出了广泛的所有权结构类型。例如，假设有某个群组J的员工利用某项资产给某个群组K的消费者提供服务，其中有个团体G属于关键员工，只有包含G中的大部分成员所组成的联盟，才能使任何员工得到正的边际投资产出，此时的最优所有权结构就应该是合伙制，即决策根据团体G中的多数人投票来做出。

对产权理论的经验检验

格罗斯曼与哈特（1986）以及哈特与穆尔（1990）的产权研究的一个重要观点是，通过给予某个参与方更多资产所有权，可以提高他对非合同规定的投资的激励，但必然以削弱另一方的投资激励为代价。因此，拥有更重要的投资的一方应该拥有更多的资产。对这个理论推测的检验要求对非合同规定的投资（而非总投资）做出可靠的测算。阿西莫格鲁等人（Acemoglu et al.，2010）的研究建议把技术密度作为合理的替代指标，在考察英国的制造业（下游企业往往是最大型的企业）时，他们分析了后向一体化与制造商的技术密度的关系。同产权理论的推断相一致，他们发现制造商开展的上游一体化与制造商的技术密度呈正相关，与供应商的技术密度呈负相关关系。①

---

① 利用不完备合同模型来分析总所有权模式数据的其他研究还包括 Antras（2003），他借助跨国企业的数据来分析一体化与外包之间的选择。

有关零售店所有权的研究，也发现了支持垂直一体化产权理论的经验关系。伍德拉夫（Woodruff，2002）对墨西哥鞋业的详细研究就是一个很好的案例。在流行样式变化较快的地区，有更多的零售商拥有自己的制鞋厂。伍德拉夫认为，这是因为在那些地区，对于订购和展示最能吸引顾客的鞋样，零售商最有发言权，但这些内容很难在合同中明确规定。① 另一个例子是，提供汽车维修服务的加油站往往是由加油站的经理所拥有，因为维修服务的质量难以观测并订立合同（Shepard，1993）。

在解释此类研究结论时，一个可能的困难在于现实中的代理人从事着多种维度并相互关联的行动。例如，汽车维修会分散工作人员给顾客加油的精力，所以把加油站的所有权交给经理，有助于在各种服务中维持平衡。假设如此，加油站的所有权模式或许更适合用霍姆斯特朗与米尔格罗姆（1991）的多任务模型来解释。然而也有学者指出，对各个模型的解释力做比较并不容易，因为它们似乎都各自反映着现实中的某些重要特征（Lafontaine and Slade，2007）。例如贝克尔等人认为，美国卡车运输业的组织形态最好用产权模型与多任务模型结合起来解释（Baker and Hubbard，2003，2004）。

3.2 不完备合同的理论基础

由于提出了某些看起来过于严格、甚至武断的假设，不完备合同理论一直受到批评（可参见 Noldeke and Schmidt，1994；Tirole，1999；Maskin and Tirole，1999）。这些批评激发学者们为不完备合同发展出了各类微观理论基础（其中包括 Anderlini and Felli，1994；Hart and Moore，1999；Segal，1999；Tirole，2009 等）。

第 3.1 小节提到出现不完备合同的一个可能理由：投资、成本、收益或市场条件等许多变量尽管可能被签约方观察到，但对外部人来说难以证实（Grossman and Hart，1986）。可是对不完备合同理论的一个早期批评意见认为，有关此类变量的信息至少在理论上可以通过“消息博弈”（message games）来消除（参见 Maskin，1977），进而有可能就那些能观测但不能证实的变量订立酌情决策的合同。这样的合同可以实现最优投资水平，与所有权结构无关，由此对产权理论的结论提出了挑战。哈特和穆尔则利用与 1986 年的

① 这又是一个高风险伴随强激励的案例。

买方—卖方模型类似的结构对这点展开了讨论（Hart and Moore，1988）：假设在时点0，双方订立一份合同，然后进行不能证实的专用投资；在时点1，实现收益与成本，该信息可以被合作双方观测到，但不能证实；在时点2，可以发生交易。与1986年的模型不同的是，新的模型中可以进行消息博弈，以消除时点1的不能证实的信息，而且时点2的行动是可以订立合同的。当然他们也对合同引入了一个关键但较为合理的限定：参与方并不承诺在时点2不对合同进行重新谈判。在这个限定下，他们发现通常来说不能实现最优投资水平，此外最优合同可能只是一对简单的价格组合，利用更为复杂的消息博弈不能实现改进。引人注目的是，非常简单的合同反而是能够做到的最完备合同。

哈特与穆尔（1988）的研究方法非常新颖，而且尽管他们没有强调控制权问题，事实上却强化了产权理论的基础。在方法论方面，他们揭示了此前还非常抽象的机制设计理论（如Maskin，1977）在加入重新谈判因素后如何能推导出不那么抽象的结论。虽然哈特与穆尔的结论和他们的假设条件密切相关，特别是假定外部人不能观测到卖方是否向买方提供了产品，但这种方法仍被后来的大量论文所借鉴。有的研究表明，如果放松上述假设，利用简单的期权合同就能实现最优解（Noldeke and Schmidt，1994）。另一方面，在哈特和穆尔模型的其他变形中，原始结论显得更稳健。有的研究假设各当事方（parties）的投资对其他当事方具有外部性，卖方的投资会影响买方的收益，买方的投资会影响卖方的成本（Che and Hausch，1999），结果发现如果外部性的影响足够大，同时当事方不能承诺不对初始合同展开重新谈判，那么最优解就无法实现。事实上，不订立合同才是最优方案。

不完备合同还可能源于：无法在事前描述未来的所有可能性，包括市场条件、自然状态等；或者可能出现的结果多到难以描述或预见。但马斯金与梯若尔（1999）的研究表明，只要参与方能预见到可能的收益，通过消息博弈也能实现最优解，无需在事前把所有可能性都描述出来。他们认为，如果当事人足够理性、能计算出不完备合同的预期收益，也应该能有效利用他们所建议的完备合同。哈特和穆尔（1999）则反驳说，马斯金与梯若尔的最优投资解在足够复杂的合同环境中（引自Segal，1999），在当事方不能承诺不做重新谈判时会被推翻。还有研究证明，对不完备合同理论的某些反对意见是脆弱的，批评方所建议的更完备的合同只有在很强的共有信息的假设下才能良好运转（Aghion et al.，2012）。

公平地说，有关不完备合同的理论基础的争论目前仍未平息。但这场争论已经给我们在现实中看到的不完备合同带来了丰富的认识，包括有限承诺的重要性、复杂性以及认知局限等。在现实中，我们依然没有观察到可以绕开不完备合同的复杂机制（例如消息博弈），真实的合同往往是高度不完备的，控制权和产权的配置发挥着核心作用。这或许表明，对于标准经济学理论中有关行为的假设需要做更深入的探讨。

在近期的研究中，哈特的确超越了标准行为假设，例如，事前的合同会根据事后的结果来安排当事方的权益（Hart and Moore，2008；Hart，2009）。如果某个当事方没有得到自己应得的权益，就会感到委屈，并在事后降低自己的绩效（所谓阴影行为），造成净损失。例如，如果合同的事后结果比代理人根据初始合同的期望（参照点）更差，他可能选择提供质量较差的产品。事后降低绩效不能通过谈判来消除，因此与原来的产权理论不同，事后结果可能是缺乏效率的。从这一研究方法会推导出合同的严格性与灵活性的取舍：灵活合同的好处是当事方能根据实际情况进行调整，但坏处是可能出现大量的委屈和阴影现象。此外与基于标准理性假设和有效事后谈判的模型不同，这一方法不在马斯金和梯若尔（1999）的批评之列。哈特与穆尔（2008）利用该模型来解释雇佣合同，工资在事前固定，雇主选择员工要从事的任务。在后来与霍姆斯特朗合作的研究中，哈特又利用该模型来重新探讨企业边界问题以及一体化的成本和收益（Hart and Holmström，2010）。

这些新模型背后的行为假设是非标准类型的。但哈特与合作者开展的实验室检验找到了支持阴影行为的经验证据（Fehr、Hart and Zehnder，2009，2011，2015）。

3.3 应用

私有化、公共所有权与私人所有权

产权理论可以帮助我们认识私有化以及公共所有权相对于私人所有权的成本和收益（Schmidt，1996；Hart，2003）。在完备合同模型中，采用公共所有权还是私人所有权无关紧要，因为政府与企业的关系可以通过详细的激励合同得到充分的约定。相比之下，在不完备合同状态中，所有者的身份变得很重要，因为所有者保留着剩余控制权。根据上文介绍的模型，令委托人代表需要提供某些公共服务的政府，令代理人代表负责提供这些服务的经理人。与通常情况一样，资产的所有权会影响谈判权和激励。在实施私有化的时候，政府既关心服务的效率也关心服务的质量。但公共服务的质量可能难以在合同中得到明确规定，同时私人承包商又有动力压低服务的成本。①

哈特等人（Hart、Shleifer and Vishny，1997）在一篇颇有影响的论文中把不完备合同理论同霍姆斯特朗与米尔格罗姆（1991）的多任务模型结合起来研究了私有化现象。这里用我们的简化模型来介绍一下他们研究的一个特例。假设某项创新能使成本和收益都下降，资产所有者有权实施或者阻止实施这项创新。如之前一样，代理人的行动无法用合同来规定。

具体来说，假设该创新会使委托人的收益从 b_0 下降到 $b_0-z(a)$，使代理人的成本从 c_0 下降到 $c_0-m(a)$，此处的 $z(a)$ 和 $m(a)$ 都随 a 递增，而行动 $a\in[\underline{a},\overline{a}]$ 可以理解为代理人采取的可节约成本但质量下降的行动。② 假设该创新是有效率的，对于所有 $a\in[\underline{a},\overline{a}]$，它的实施会使总剩余增加：$m(a)-z(a)>0$。另外最优解发生在行动区间内部的某个点上 $a^*\in[\underline{a},\overline{a}]$，该点满足最优条件：$m'(a^*)=z'(a^*)$。也就是说，需要在成本节约的收益与质量下降的损失之间做出权衡。

在代理人拥有所有权时，他不需要委托人的批准即能实施成本节约的创新，因此他会尽可能地压缩成本，以追求 $-c_0+m(a)$ 最大化。这样，他的行动选择将是 $a=\overline{a}$。从直觉上看，由于代理人可以单方面实施成本节约的创新，他没有理由犹豫，也不会顾虑委托人对质量下降的担心，结果将是高度缺乏效率的。

在委托人拥有所有权时，代理人的成本将是 c_0，除非他能获得委托人的批准实施创新。与之前一样，我们假设代理人与委托人之间的谈判会导致剩余增量的平均分配，即 $m(a)-z(a)$ 的平分。由于代理人的收益为 $-c_0+(m(a)-z(a))/2$，他会选择行动 a^*［满足 $m'(a)-z'(a)=0$］，使其收益最大化，也就是他会获得对成本与质量进行权衡的正确激励。由此得到的结论是，委托人拥有所有权是有效率的选择。从直觉上看，在委托人有权拒绝实施创新时，代理人的行动必须考虑委托人的利益。

当然，哈特等人的模型比这个简化情形更具普遍性，他们假设代理人可以

---

① 拉丰（Laffont）与梯若尔利用完备合同研究政府采购的利益冲突，2014 年授予梯若尔诺贝尔经济学奖就是对这一研究的肯定。

② 需要注意，与此前提到的其他例子不同，委托人的收益和代理人的成本随行动 a 递减。

实施两种类型的创新：成本创新与质量创新。政府（委托人）拥有所有权的服务供应商不会有太多激励对任何一种创新进行投资，而私人承包商却有较强激励去改进质量或者削减成本。但他们的研究表明，私人承包商对于削减成本的动力通常来说会过于强烈。一般来讲，（合同无法规定的）成本节约对于（同样合同无法规定的）质量的负面影响越大，就越适合由政府掌握所有权。

上述研究给出的严谨观点是，由于过度的成本压缩及其带来的质量下降，服务外包和私有化可能是有害的。而这个观点在完备合同的情形中（可以对激励做精心调节）难以成立。近来对于学校、医院和监狱等公共服务的私有化，人们已经表达出对于低效的质量下降的担忧。虽然竞争可以完全或部分解决医院和学校遇到的问题，但对于监狱则更难发挥作用。

公司金融

目前不完备合同理论最主要的应用领域是在公司金融领域。传统上把金融合同视为提供投资资本和分担风险的工具。在代理人理论中，重点发生了变化。经济学家们逐渐认识到许多实践者和法学家早已看到的问题，即金融合同的主要目的是确保创业者和经理人为投资人的利益而行动。至少在企业界，这或许是最重大的道德风险问题。

最早的公司金融委托—代理模型是基于完备合同，通常把詹森与迈克林（Jensen and Meckling，1976）的模型视为先驱。他们认为，如果创业者和投资人的利益不是很一致，自然就会让投资人获得债权，而让创业者获得股权以及对现金流的剩余索取权。格罗斯曼与哈特（1982）的研究对此也有所贡献，表明债务如何能约束经理人使之开展更有效率的投资。这些都是重要的创见，但该理论仍未解答某些关键问题：谁应该获得剩余控制权，即谁有权做出合同中事前没有明确规定的决策；以及在企业债务违约时，这些决策权的配置会发生怎样的变化?①

在现实中，当创业者或经理人未能向投资人支付回报时，很少会根据完备合同自动执行追索。相反，违约会启动解决问题的程序，各当事方将获得违约前不同的控制权。在违约前，创业者（或者股权较为分散的企业的股东）通常对企业的实物资产有着主要控制权。但在违约发生后，大量控制权会被转移

① 对于资本结构的完备合同理论解释的这个缺陷，另一种说法是，只需要给经理人订立报酬合同，就能得到同样的结果，无需采用股权或债务等工具。这样做的一个明显好处是，企业将永远不用担心债务违约和破产问题。参见哈特（2001）。

给投资人。特别是，抵押品的所有权将转移给相应的债权人，他们甚至可以把这些资产出售。

一般来说，公司证券的特点不但关系到现金流的分配权（例如，债券首先得到清偿，股票获得剩余的利润），也与控制权有关。除要求偿还利息和本金外，债务合同还包含借款人需要遵守的多项条款（如最低盈利能力要求），以及对某些行动的否决权（如资产出售或新债务发行等）。在企业经营状况不佳乃至面临破产时，这些条款能有效地把更多控制权转移给债权人（Nini et al.，2012）。相反，在企业经营状况良好时，股东保持着大部分控制权。特别是，公司股票对应着年度股东大会的投票权，由此选举出董事会，并对重大决议进行投票。不同股票之间的控制权配置在某些时候可能很复杂，例如，许多企业的A类股与B类股有着不同的投票权，以及风险资本投资采用的可转换证券（下文将做介绍）等。

不完备合同理论的作用在于，它能解释为什么合同具有这些普遍特征：谁将获得何种权利，再谈判程序的本质是什么，以及现金流配置权和控制权配置有着什么样的相互关系等。在引入不完备合同后，公司财务决策与公司治理显然存在密不可分的联系。一般来讲，在分析财务回报的分配时，必须同时涉及决策权的配置以及其他冲突解决程序。

创业企业的融资与治理

在1989年流传出来的一篇论文中，哈特与穆尔分析了这方面的几个问题，① 主要是针对抵押品止赎权及其在迫使创业者偿还投资人债务时所发挥的作用。具体来说，他们假设创业者可以转移项目收益，但无法转移企业的生产性资产。在加入更多假设条件后，最优的不完备合同将具有如下几个特征：

> 创业者承诺给投资人提供固定的按期偿还金额，只要持续偿还，创业者就能继续经营该项目。如果创业者发生违约，投资人将有权扣押和出售项目资产。此时创业者和投资人可以对合同展开重新谈判。（Hart and Moore，1998，第2页）

上述特征与现实世界的债务合同有着惊人的相似性。该模型还可以解释为

① 最终成果总结在Hart and Moore（1998），以及Hart and Moore（1994）。当时已经启发其他学者做出了若干重要贡献。

什么企业能受到信用约束，因为它们的融资能力受制于企业的抵押品，或者说变现价值。另外与此前的研究（Grossman and Hart，1986；Hart and Moore，1990）类似，该模型强调了实物资产控制权的重要性。①

阿吉翁和博尔顿（Aghion and Bolton，1992）的研究是不完备合同理论在融资合同领域的早期重要应用，也是第一篇关注状态依存型控制权转移的论文。可是在他们的模型中，控制权从创业者到投资人的转移与还款违约没有直接关系，这并不符合我们在现实世界中看到的在企业绩效糟糕时的合同规定。哈特指出（Hart，2001），在企业绩效糟糕时实现控制权转移的一个办法是在阿吉翁与博尔顿的模型中引入有关工作努力的条件。虽然哈特与穆尔的模型是基于反映更现实的债务特征的最优合同，但阿吉翁和博尔顿的模型对于理解更广泛情形（如风险资本融资）的证券设计也有所帮助。②

在之前的研究（Hart and Moore，1989，1998）基础上，哈特与穆尔后来又设计出类似的债务合同（Hart and Moore，1994），但采取了不那么极端的假设，即经理人只能转移自己的人力资本（离开原有企业，或者创立新的企业），而不能转移现金流。但由于经理人的专用人力资本对企业是有价值的，在离开经理人之后企业的价值会下跌，从而限制外部投资人愿意提供的融资，导致与之前的可转移现金流模型的抵押品约束类似的结果。该模型还推断，较长期的资产应该由较长期的债务来融资，这得到了经验研究的支持（例如Benmelech，2009）。

哈特与穆尔的模型（1989，1994）还解释了一个令人困惑的事实，即重新谈判和破产经常导致低效率的变现清算，使资产脱离了能够产生最大价值的创业者。这是由于创业者不能可靠地保证未来的收益，外部投资人最好是在当

① 创业者有能力影响现金流的走向，因此最优合同可以选择增加债务，这最早是由Townsend（1979）规范化的，后来由其他学者在完备合同框架下做了拓展（Gale and Hellwig，1984）。但他们所谓的“有成本的状态证实”方法没有反映控制权的状态依存转移和实物抵押品的重要性等关键特征。其他学者同样在经理人可以影响现金流的情形下推导出了债务作为最优合同的结论（Bolton and Scharfstein，1990），该模型包含两个时期，并不涉及抵押品的价值或状态依存型控制权转移，但通过第二时期的利润水平来限制经理人在第一时期转移现金流，只有不违约，并偿还原有债务，经理人才能分享利润回报。

② 梯若尔等人的另一项研究也分析了现金流权利与控制权的特定配置（Dewatripont and Tirole，1994），他们的模型解释了经理人之外的两种外部投资人（债权人和外部股权人）能同时存在的原因，以及为什么在经营状况不佳时外部股权人会把控制权转移给债权人。

前把所有能控制的东西拿走，而不是把资产留给创业者，指望在未来从更大的蛋糕里分走较小的份额。

对于这些结论，合同的不完备性质又成为关键。正是由于外部参与方无法证实若干利益变量（如项目收益和变现价值等），从而排除了更有效率的安排。

来自风险资本融资的证据

有学者从大量风险资本合同中发现了证据的支持（Kaplan and Strömberg，2003，2004）。这一现实情景与融资合同理论非常接近，为新企业筹集资本的创业者作为代理人，风险资本投资人作为委托人。研究发现，风险资本融资合同把现金流权利与不同控制权（包括董事权、投票权以及清算权）在投资人和创业者之间分开进行配置。这些权利的配置往往带有状态依存性质，会根据绩效的财务和非财务指标做相应调整。现金流权利和控制权的设定，都使投资人可以完全接手绩效不佳的企业。而对经营状况较为理想的企业，创业者保留着更多控制权，其现金流配置权也随绩效而增长（通常采用非线性形式）。

此外，这些权利的配置反映了投资人对企业的风险感受，以及投资人在未来进行干预（如替换经理人）的概率。该研究认为，把不完备合同理论同经典合同理论结合起来，能对这些合同做出最好的解释。很重要的是，离开不完备合同理论就不可能充分理解把现金流权利与控制权分开配置的现象。

分散持股企业的金融与治理

哈特与穆尔（1995）的另一项研究把关注点从创业者转向了公众持股公司。在这种情形下，经理人或公司董事会负责的决策会影响为数众多的分散持股人。由于经理人承担的风险往往较小，他可能会把投资扩大到超出回报最大化的水平。为避免这种情况，投资人需要做到两件事情：第一，必须迫使经理人把任何多余的资金转移给投资人，例如增加分红或者回购股份。第二，必须确保经理人不能通过增加债务来弥补向投资人转移的资金。

该研究接下来显示，以上两个目标可以通过两个常见的融资工具来实现。具体来说，不可谈判的短期债务能实现第一个目标，长期债务优先可以实现第二个目标。长期债务优先使得新投资人不愿意提供短期借款，因为在破产情况下他们只有劣后的追索权。① 哈特与穆尔的模型还在最优合同的架构下（不需

① 在一定意义上，他们的理论结合了公司金融研究中的两个重要概念：迈尔斯的债务存量问题（Myers，1977）与詹森的自由现金流问题（Jensen，1986），并显示前者可以成为后者的解。

要武断地假设只有债权或股权的融资合同），详细给出了有关企业债务股权比的现实推断。施莱弗与维什尼利用拓展的哈特与穆尔模型进一步解释了为什么在行业业绩低迷时会出现低效率的资产贱卖现象（Shleifer and Vishny，1992）。

这里需要提及在不完备合同理论发展起来之前出现的几项有影响的相关研究。从曼恩开始（Manne，1965），研究公司治理的学者已经认识到到恶意收购对经理人的自利行为的制约作用。如果某位经理人的绩效不佳（由于没有付出足够努力或者转移了公司资源），更有效率的袭击者可能会收购他所在的公司，并替换经理人。这会激励经理人努力经营。不过格罗斯曼与哈特（1980）的研究表明，把控制权交给分散持有的上市公司股东可能导致收购中的搭便车问题。在恶意收购中不能发挥关键作用的小股东，有激励不把股份出售给恶意收购者。他希望继续保有自己的少数股份，以获取恶意袭击者的收购行动可能带来的收益。在原子式的股东均衡模型中，所有股东都会这样采取行动，袭击者除非能提供相当于全部收购收益的溢价，否则就不能实现收购。[①] 因此如果袭击者没有别的办法从其他股东那里抽取价值，恶意收购就不会发生，这种约束机制的作用将受到限制。

格罗斯曼与哈特（1988）后来的研究考虑到对不同控制权分别做合同设定，进一步拓展了研究。例如，企业通过发行具有不同投票权的 A 股和 B 股，可以把剩余控制权和剩余现金流支配权分开。这样做有可能缓和搭便车问题，因为袭击者只需要获得有较大投票权的股份就能够控制企业。不过惊人的是，他们发现有效的解决方案通常是只发行一种股票，也就是采取“一股一票”式的股权结构。不属于这种投票权结构的企业容易被效率较低的袭击者所控制。

破产程序改革和投资人权利

不完备合同强调利益相关方在何种环境中拥有何种权利，让我们能够敏感地分析创业者与投资人利益冲突的解决程序的效率，并由此对破产法规开展研究。在做出开创性理论贡献的基础上，哈特还对世界各国债务执行的效率问题开展了经验研究（Djankov et al.，2008），并对破产程序改革、乃至更广泛的财务制度改革提出了若干建议（例如 Aghion et al.，1992；Hart et al.，1997；Hart and Zingales，2011 等）。更一般地说，不完备合同理论如今已成为公司治

---

① 这一研究后来被拓展到非原子式的股东结构的情形（Holmström and Nalebuff，1992）。

理研究的核心（如 Shleifer and Vishny，1997），有大量经验研究凸显了产权和投资人保护对金融市场发展的重要意义（如 La Porta et al.，1997，1998）。①

其他拓展和应用

为提供激励而进行产权配置的基本思想在其他几个方向得到了更多发展，下面将做部分介绍。博尔顿与温斯顿分析了有多个潜在交易伙伴情况下的垂直一体化问题（Bolton and Whinston，1993）。② 在格罗斯曼与赫普曼设计的一般均衡模型中，同一产业不同企业的一体化决策存在重要的相互作用（Grossman and Helpman，2002）。安特拉斯等人分析了国际外包现象，在这种活动中，由于不同国家的法规差异以及对外国权利人的可能歧视，完备合同的执行变得尤其困难（Antras，2003；Antras and Helpman，2004）。

除资产所有权问题外，不完备合同理论还被用于企业内部的决策权配置研究，包括最优授权问题（Aghion and Tirole，1997），以及所有权和控制权的分离问题（Burkart et al.，1997）等。在被广泛引用的阿吉翁与梯若尔模型中（Aghion and Tirole，1997），授权会增加代理人的主动性，但其代价是削弱委托人的控制力。该模型的一个应用是，授权会增加代理人收集并利用与决策有关的软信息的激励，此类信息在授权程度较低的层级体系中难以可靠地向上传递。有若干实证研究发现了支持这个结论的证据，例如银行贷款决策中对软信息和硬信息依赖度的研究（包括 Berger et al.，2005；Liberti and Mian，2009）。

在哈特及其合作者的产权模型中，对实物资产的决策权是谈判权与激励的关键来源。然而现代企业往往还高度依赖无形资产，如独特技能或知识产权等，某些企业并没有大量的实物资产。在拉詹与津加莱斯的模型中（Rajan and Zingales，1998，2001），代理人的作用来自他可以协调利用企业的关键资源（可以是无形资产），由此可以推断企业的所有权模式与内部组织结构。

长期来看面临的一个挑战是，如何把企业产权理论模型推广到更普遍的情形，除了决策权配置外还可以有更丰富的手段来提供激励。很多时候，资产是

---

① 对于公司治理的关注（而非只关注剩余的分配），给经济学家与法学家之间架设了坚实的桥梁。哈特的几篇更具实用性的研究论文发表在法学期刊上，他也担任美国法律经济学会的主席。

② 哈特与梯若尔借助另外的方法分析了秘密合同导致有限承诺时的垂直一体化（Hart and Tirole，1990），该模型显示，上游或下游企业的排他性经营策略尽管对私人来说是理性选择，却可能损害福利。

由企业而非个人拥有，企业所有者凭借对整体资产组合的控制，通过任务分配、监督与激励合同等手段来组织内部协作。在这些领域中，霍姆斯特朗曾尝试在更复杂的企业模型中把不完备合同理论同经典激励理论统一起来。①

上述所有应用都是针对企业理论的核心议题，而不完备合同模型在政治组织上也有着重要应用。例如，不同决策机构（如政府的行政部门与立法部门）之间的责任划分，也可以按不完备合同理论的思路视为控制权配置问题（Persson et al.，1997；Aghion and Bolton，2003；Aghion et al.，2004；Harstad，2005）。

4. 其他贡献

在把研究重点转向合同理论之前，哈特曾在其他若干领域开展研究，并总能在转换关注领域之前发表一两篇颇具影响力的论文。职业生涯初期，哈特曾探讨不完全市场的一般均衡问题，针对不完全市场的均衡是否存在，他的研究证明通常来说不能保证均衡的存在（Hart，1974）。这个发现激发了后来对均衡状态可能存在的条件进行研究。他的另一篇论文分析了不完全市场均衡的最优性质（Hart，1975），并得出了另一个意义深远的证明：通过开放新市场可以促进市场的完全程度，但如果仍不是完全市场，并不必然带来帕累托改进。哈特有关垄断竞争的论文（尤其是 Hart，1979，1982）激发了很多以产品市场的不完全竞争来解释凯恩斯失业现象的研究成果。在他早期的有关合同理论的成果中，有两项值得重点提及：第一项是他与格罗斯曼对劳动力市场逆向选择的研究（Grossman and Hart，1983b），证明企业与员工之间的最优合同如何导致就业不足。第二项的影响尤为巨大（Hart，1983），他提出的问题：产品市场的竞争能否缓解对经理人的激励难题，也就是说，竞争加剧是否会使经理人更难以偏离利润最大化的目标？他发现，如果企业面临共同的冲击，对上述问题的回答将是肯定的。但更一般地说，上述问题非常难以回答，在哈特的开创性论文发表 30 多年之后，这依然是个极为活跃的研究领域。

霍姆斯特朗最为知名的贡献是在合同理论和激励理论方面，其中大多已在上文做过介绍。近年来，他还研究了金融市场流动性及其同金融监管的关系等问题。他与梯若尔构建的模型利用经理人的财富约束来分析有关公司金融的若干重要议题（Holmström and Tirole，1997，1998，2000，2001，2011），包括财

① 霍姆斯特朗的观点部分源自团队道德风险问题，参见 Holmström（1982a）。

富冲击对银行体系的影响、银行监管、企业获得公共资金的作用，以及流动性对资产价格和预期收益的影响等。他最近还分析了金融市场的透明度同市场流动性的取舍关系（例如 Dang et al.，2015）。

5. 结语

合同理论分析了合作面临的各种障碍，并为设计相应的最佳合同提出建议。该理论既有实证性也有规范性，它为常见的合同提供了合乎逻辑的理论解释，并成为解决新问题的合同设计的工具。该理论得出了可以利用经验数据进行检验的精确推论，并为破产法和宪法等各种政策与制度的设计提供了学术基础。

（余　江　译）

参考文献

Ackerberg, D., and M. Botticini (2002): Endogenous Matching and the Empirical Determinants of Contract Form, *Journal of Political Economy* 110, 564-591.

Acemoglu, D., P. Aghion, R. Griffith, and F. Zilibotti (2010): Vertical Integration and Technology: Theory and Evidence, *Journal of European Economic Association* 8, 989-1033.

Adrian, T., and H. Shin (2008): Financial Intermediary Leverage and Value-at-Risk, Federal Reserve Bank of New York Staff Report no. 228.

Aggarwal, R., and A. A. Samwick (1999): The Other Side of the Trade-Off: The Impact of Risk on Executive Compensation, *Journal of Political Economy* 107, 65-105.

Aghion, P., A. Alesina, and F. Trebbi (2004): Endogenous Political Institutions, *Quarterly Journal of Economics* 119, 545-611.

Aghion, P., and P. Bolton (1992): An Incomplete Contracts Approach to Financial Contracting, *Review of Economic Studies* 59, 473-494.

Aghion, P., and P. Bolton (2003): Incomplete Social Contracts, *Journal of the European Economic Association* 1, 38-67.

Aghion, P., M. Dewatripont, and P. Rey (1994): Renegotiation Design with Unverifiable Information, *Econometrica* 62, 257-282.

Aghion, P., D. Fudenberg, R. Holden, T. Kunimoto, and O. Tercieux (2012): Subgame-Perfect Implementation under Information Perturbations, *Quarterly Journal of Economics* 127, 1843-1881.

Aghion, P., O. Hart and J. Moore (1992): The Economics of Bankruptcy Reform, *Journal of Law, Economics, and Organization* 8, 523-546.

Aghion, P., and J. Tirole (1997): Formal and Real Authority in Organizations, *Journal of Political Economy* 105, 1-29.

Alchian, A. A., and H. Demsetz (1972): Production, Information Costs and Economic Organization, *American Economic Review* 62, 777-795.

Allen, D., and D. Lueck (1992): Contract Choice in Modern Agriculture: Cash Rent versus Crop Share, *Journal of Law and Economics* 35, 397-426.

Allen, F. (1981): The Prevention of Default, *Journal of Finance* 36, 271-276.

Anderlini, L., and L. Felli (1994): Incomplete Written Contracts: Undescribable States of Nature, *Quarterly Journal of Economics* 109, 1085-1124.

Antle, R., and A. Smith (1986): An Empirical Investigation of the Relative Performance Evaluation of Corporate Executives, *Journal of Accounting Research* 24, 139.

Antras, P. (2003): Firms, Contracts, and Trade Structure, *Quarterly Journal of Economics* 118, 1375-1418.

Antras, P. (2005): Incomplete Contracts and the Product Cycle, *American Economic Review* 95, 1054-1073.

Antras, P., and E. Helpman (2004): Global Sourcing, *Journal of Political Economy* 112, 552-580.

Aron-Dine, A., L. Einav and A. Finkelstein (2013): The RAND Health Insurance Experiment, Three Decades Later, *Journal of Economic Perspectives* 27, 197-222.

Asch, B. (1990): Do Incentives Matter? The Case of Navy Recruiters. *Industrial & Labor Relations Review* 43, 89S-106S.

Baker, G. (1992): Incentive Contracts and Performance Measurement, *Journal of Political Economy* 100, 598-614.

Baker, G., R. Gibbons, and K. Murphy (1994): Subjective Performance Measures in Optimal Incentive Contracts. *Quarterly Journal of Economics* 109, 1125-1156.

Baker, G., M. Gibbs, and B. Holmström (1994a): The Internal Economics of the Firm: Evidence from Personnel Data, *Quarterly Journal of Economics* 109, 881-919.

Baker, G., M. Gibbs, and B. Holmström (1994b): The Wage Policy of a Firm, *Quarterly Journal of Economics* 109, 921-955.

Baker, G., and T. N. Hubbard (2003): Make versus Buy in Trucking: Asset Ownership, Job Design, and Information, *American Economic Review* 93, 551-572.

Baker, G., and T. N. Hubbard (2004): Contractibility and Asset Ownership: On-Board Computers and Governance in U. S. Trucking, *Quarterly Journal of Economics* 119, 1443-1479.

Bandiera, O., I. Barankay, and I. Rasul (2005): Social Preferences and the Response to Incentives: Evidence from Personnel Data, *Quarterly Journal of Economics* 120, 917-962

Becker, G., and G. Stigler (1974): Law Enforcement, Malfeasance, and Compensation of Enforcers, *Journal of Legal Studies* 3, 1-18.

Benabou, R., and J. Tirole (2003): Intrinsic and Extrinsic Motivation, *Review of Economic Studies* 70, 489-520.

Benabou, R., and J. Tirole (2006): Incentives and Prosocial Behavior, *American Economic Review* 96, 1652-1678.

Benabou, R., and J. Tirole (2016): Bonus Culture: Competitive Pay, Screening, and Multitasking, *Journal of Political Economy* 124, 305-370.

Benmelech, E. (2009): Asset Salability and Debt Maturity: Evidence from Nineteenth-Century Railroads, *Review of Financial Studies* 22, 1545-1584.

Berger, A., N. Miller, M. Petersen, R. Rajan, and J. Stein (2005): Does Function Follow Organizational Form? Evidence from the Lending Practices of Large and Small Banks, *Journal of Financial Economics* 76, 237-269.

Bergstresser, D., and T. Philippon (2006): CEO Incentives and Earnings Management, *Journal of Financial Economics* 80, 511-529.

Bertrand, M., and S. Mullainathan (2001): Are CEOs Rewarded for Luck? The Ones without Principals Are, *Quarterly Journal of Economics* 116, 901-932.

Besley, T., and M. Ghatak (2005): Competition and Incentives with Motivated Agents. *American Economic Review* 95, 616-636.

Bolton, P., and M. Dewatripont (2004): *Contract Theory*. MIT Press: Cambridge MA.

Bolton, P., and M. Whinston (1993): Incomplete Contracts, Vertical Integration, and Supply Assurance, *Review of Economic Studies* 60, 121-148.

Bolton, P., and D. Scharfstein (1990): A Theory of Predation Based on Agency Problems in Financial Contracting, *American Economic Review* 80, 93-106.

Bowles, S., and S. Polanya-Reyes (2012): Economic Incentives and Social Preferences: Substitutes or Complements? *Journal of Economic Literature* 50, 368-425.

Burkart, M., D. Gromb, and F. Panunzi (1997): Large Shareholders, Monitoring, and the Value of the Firm, *Quarterly Journal of Economics* 112, 693-728.

Che, Y. K., and D. Hausch (1999): Cooperative Investments and the Value of Contracting, *American Economic Review* 89, 125-147

Chevalier, J., and G. Ellison (1997): Risk Taking by Mutual Funds as a Response to Incentives. *Journal of Political Economy* 105, 1167-1200.

Chevalier, J., and G. Ellison (1999): Career Concerns of Mutual Fund Managers, *Quarterly Journal of Economics* 114, 389-432.

Chiappori, P.-A. and B. Salanié (2003): Testing Contract Theory: A Survey of Some Recent Work, in Advances in *Economics and Econometrics*, vol 1, M. Dewatripont, L. Hansen and S. Thrnovsky (eds.), Cambridge University Press.

Clemens, J., and J. Gottlieb (2014): Do Physicians' Financial Incentives Affect Medical Treatment and Patient Health? *American Economic Review* 104, 1320-1349.

Coase, R. H. (1937): The Nature of the Firm, *Economica* 4, 386-405.

Core, J., W. Guay, and R. Verrecchia (2003): Price versus Non-Price Performance Measures in Optimal CEO Compensation Contracts, *Accounting Review* 78, 957-981.

Cunat, V., and M. Guadalupe (2005): How Does Product Market Competition Shape Incentive Contracts? *Journal of the European Economic Association* 3, 1058-1082.

Dang, T., G. Gorton, and B. Holmström (2015): Ignorance, Debt, and Financial Crises, working paper.

DeVaro, J., and F. A. Kurtulus (2010): An Empirical Analysis of Risk, Incentives, and the Delegation of Worker Authority, *Industrial and Labor Relations Review* 63, 637-657.

Dewatripont, M. (1989): Renegotiation and Information Revelation over Time: The Case of Optimal Labor Contracts, *Quarterly Journal of Economics* 104, 589-619.

Dewatripont, M., and J. Tirole (1994): A Theory of Debt and Equity: Diversity of Securities and Manager-Shareholder Congruence, *Quarterly Journal of Economics* 109, 1027-1054.

Dewatripont, M., I. Jewitt, and J. Tirole (1999a): The Economics of Career Concerns, Part I: Comparing Information Structures, *Review of Economic Studies* 66, 183-198.

Dewatripont, M., I. Jewitt, and J. Tirole (1999b): The Economics of Career Concerns, Part II: Application to Missions and Accountability of Government Agencies, *Review of Economic Studies* 66, 199-217.

Diamond, P. (1998): Managerial Incentives: On the Near Linearity of Optimal Compensation, *Journal of Political Economy* 106, 931-957.

Djankov, S., O. Hart, C. McLiesh, and A. Shleifer (2008): Debt Enforcement around the World, *Journal of Political Economy* 116, 1105-1149.

Fama, E. (1980): Agency Problems and the Theory of the Firm, *Journal of Political Economy* 88, 288-307.

Fehr, E., O. Hart, and C. Zehnder (2009): Contracts, Reference Points, and Competition . Behavioral Effects of the Fundamental Transformation, *Journal of the European Economic Association* 7, 561-572.

Fehr, E., O. Hart, and C. Zehnder (2011): Contracts as Reference Points – Experimental Evidence, *American Economic Review* 101, 493-525.

Fehr, E., O. Hart, and C. Zehnder (2015): How do Informal Agreements and Revision Shape Contractual Reference Points? *Journal of the European Economic Association* 13, 1-28.

Forbes, S. J., and M. Lederman (2009): Adaptation and Vertical Integration in the Airline Industry, *American Economic Review* 99, 1831-1849.

Francois, P. (2000): Public Service Motivation as an Argument for Government Provision, *Journal of Public Economics* 78, 275-299.

Freixas, X., R. Guesnerie, and J. Tirole (1985): Planning under Incomplete Information and the Ratchet Effect, *Review of Economic Studies* 52, 173-191.

Gale, D. , and M. Hellwig (1985): Incentive-Compatible Debt Contracts: The One-Period Problem, *Review of Economic Studies* 52, 647-663.

Gertner, R. , D. Scharfstein, and J. Stein (1994): Internal versus External Capital Markets, *Quarterly Journal of Economics* 109, 1211-1230.

Gibbons, R. , and K. Murphy (1992): Optimal Incentive Contracts in the Presence of Career Concerns: Theory and Evidence, *Journal of Political Economy* 100, 468-505.

Grossman, G. , and E. Helpman (2002): Integration versus Outsourcing in Industry Equilibrium, *Quarterly Journal of Economics* 117, 85-120.

Grossman, S. , and O. Hart (1980): Takeover bids, the Free-Rider Problem, and the Theory of Corporation, *Bell Journal of Economics* 11, 42-64.

Grossman, S. , and O. Hart (1982): Corporate Financial Structure and Managerial Incentives. In *The Economics of Information and Uncertainty* (ed. J. McCall), University of Chicago Press: Chicago IL.

Grossman, S. , and O. Hart (1983a): An Analysis of the Principal-Agent Problem, *Econometrica* 51, 7-45.

Grossman, S. , and O. Hart (1983b): Implicit Contracts under Asymmetric Information, *Quarterly Journal of Economics* 98, S123-S156

Grossman, S. , and O. Hart (1986): The Costs and Benefits of Ownership: A Theory of Vertical and Lateral Integration, *Journal of Political Economy* 94, 691-719.

Grossman, S. , and O. Hart (1988): One Share-One Vote and the Market for Corporate Control, *Journal of Financial Economics* 20, 175-202.

Grout, P. (1984): Investment and Wages in the Absence of Binding Constraints: A Nash Bargaining Approach, *Econometrica* 52, 449-460.

Harris, M. , and A. Raviv (1979): Optimal Incentive Contracts with Imperfect Information, *Journal of Economic Theory* 20, 231-259.

Harris, M. , and B. Holmström (1982): A Theory of Wage Dynamics, *Review of Economic Studies* 49, 315-333.

Harstad, B. (2005): Majority Rules and Incentives, *Quarterly Journal of Economics* 120, 535-568.

Hart, O. (1974): On the Existence of Equilibrium in a Securities Model, *Journal of Economic Theory* 9, 293-311.

Hart, O. (1975): On the Optimality of Equilibrium when the Market Structure is Incomplete, *Journal of Economic Theory* 11, 418-443.

Hart, O. (1979): Monopolistic Competition in a Large Economy with Differentiated Commodities, *Review of Economic Studies* 46, 1-30.

Hart, O. (1982): A Model of Imperfect Competition with Keynesian Features, *Quarterly Journal of Economics* 97, 109-138.

Hart, O. (1983): The Market Mechanism as an Incentive Scheme, *Bell Journal of Economics* 14, 366-382.

Hart, O. (1995): *Firms, Contracts, and Financial Structure*, Clarendon Press: Oxford UK.

Hart, O. (2001): Financial Contracting, *Journal of Economic Literature* 39, 1079-1100.

Hart, O. (2003): Incomplete Contracts and Public Ownership: Remarks, and an Application to Public-Private Partnerships, *Economic Journal* 113, Conference Papers, C69-C76.

Hart, O. (2009): Hold-Up, Asset Ownership, and Reference Points, *Quarterly Journal of Economics* 124, 267-300.

Hart, O., and B. Holmström (1987): The Theory of Contracts, in T. F. Bewley (ed.), *Advances in Economic Theory: Fifth World Congress of the Econometric Society*, 71-155, Cambridge University Press: Cambridge UK.

Hart, O., and B. Holmström (2010): A Theory of Firm Scope, *Quarterly Journal of Economics* 125, 483-513.

Hart, O., R. La Porta, F. Lopez-de-Silanes, and J. Moore (1997): A New Bankruptcy Procedure that Uses Multiple Auctions, *European Economic Review* 41, 461-573.

Hart, O., and J. Moore (1988): Incomplete Contracts and Renegotiation, *Econometrica* 56, 755-785.

Hart, O., and J. Moore (1989): Default and Renegotiation: A Dynamic Model of Debt, MIT Working Paper No. 520, revised as University of Edinburgh Discussion Paper, August 1989.

Hart, O., and J. Moore (1990): Property Rights and the Nature of the Firm, *Journal of Political Economy* 98, 1119-1158.

Hart, O., and J. Moore (1994): A Theory of Debt Based on the Inalienability of Human Capital, *Quarterly Journal of Economics* 109, 841-879.

Hart, O., and J. Moore (1995): Debt and Seniority: An Analysis of the Role of Hard Claims in Constraining Management, *American Economic Review* 85, 567-585.

Hart, O., and J. Moore (1998): Default and Renegotiation: A Dynamic Model of Debt, *Quarterly Journal of Economics* 113, 1-41.

Hart, O., and J. Moore (1999): Foundations of Incomplete Contracts, *Review of Economic Studies* 66, 115-138.

Hart, O., and J. Moore (2008): Contracts as Reference Points, *Quarterly Journal of Economics* 73, 1-48.

Hart, O., A. Shleifer, and R. Vishny (1997): The Proper Scope of Government: Theory and an Application to Prisons, *Quarterly Journal of Economics* 112, 1127-1161.

Hart, O., and J. Tirole (1988): Contract Renegotiation and Coasean Dynamics, *Review of Economic Studies* 55, 509-540.

Hart, O., and J. Tirole (1990): Vertical Integration and Market Foreclosure, Brookings

Papers on Economic Activity 1990: "Microeconomics," 205-286.

Hendel, I. , and A. Lizzeri (2003): The Role of Commitment in Dynamic Contracts: Evidence from Life Insurance, *Quarterly Journal of Economics*118, 299-327.

Holmström, B. (1979): Moral Hazard and Observability, *Bell Journal of Economics* 10, 74-91.

Holmström, B. (1982a): Moral Hazard in Teams, *Bell Journal of Economics* 13, 324-340.

Holmström, B. (1982b): Managerial Incentive Problems—A Dynamic Perspective, in Essays in Honor of Lars Wahlbeck, Helsinki: Swedish School of Economics, re-published in *Review of Economic Studies* 66, 169-182.

Holmström, B. (1999): The Firm as a Sub Economy, *Journal of Law, Economics and Organization* 15, 74-103.

Holmström, B. (2015): Grossman-Hart (1986) as a Theory of Markets, working paper, MIT. Forthcoming in *The Impact of Incomplete Contractson Economics* (eds. P. Aghion, M. Dewatripont, P. Legros and L. Zingales), Oxford University Press: New York.

Holmström, B. , and P. Milgrom (1987): Aggregation and Linearity in the Provision of Intertemporal Incentives, *Econometrica* 55, 303-328.

Holmström, B. , and P. Milgrom (1991): Multi-Task Principal Agent Analysis, *Journal of Law, Economics and Organization* 7, 24-52.

Holmström, B. , and P. Milgrom (1994): The Firm as an Incentive System, *American Economic Review* 84, 972-991.

Holmström, B. , and J. Ricart i Costa (1986): Managerial Incentives and Capital Management, *Quarterly Journal of Economics* 101, 835-860.

Holmström, B. , and J. Tirole (1993): Market Liquidity and Performance Monitoring, *Journal of Political Economy* 101, 678-709.

Holmström, B. , and J. Tirole (1997): Financial Intermediation, Loanable Funds, and The Real Sector, *Quarterly Journal of Economics* 112, 663-691.

Holmström, B. , and J. Tirole (1998): Private and Public Supply of Liquidity, *Journal of Political Economy* 106, 1-40.

Holmström, B. , and J. Tirole (2001): LAPM: A Liquidity-Based Asset Pricing Model, *Journal of Finance* 56, 1837-1867.

Holmström, B. , and J. Tirole (2011): *Inside and Outside Liquidity*, MIT Press: Cambridge MA.

Hong, F. , T. Hossain, J. List, and M. Tanaka (2013): Testing the Theory of Multitasking: Evidence from a Natural Experiment in Chinese Factories, NBER Working Paper No. 19660.

Hong, H. , J. Kubik, and A. Solomon (2000): Security Analysts: Career Concerns and Herding of Earnings Forecasts, *Rand Journal of Economics* 31, 121-144.

Hong, H. , and J. Kubik (2003): Analyzing the Analysts: Career Concerns and Biased

Earnings Forecasts, *Journal of Finance* 58, 313-351.

Innes, R. (1990): Limited Liability and Incentive Contracting with Ex Ante Action Choices, *Journal of Economic Theory* 52, 45-67.

Janakiraman, S., R. A. Lambert, and D. F. Larcker (1992): An Empirical Investigation of the Relative Performance Evaluation Hypothesis, *Journal of Accounting Research* 30, 53-69.

Jensen, M. (1986): Agency Costs of Free Cash Flow, Corporate Finance, and Takeovers, *American Economic Review* 76, 323-329.

Jensen, M., and W. Meckling (1976): Theory of the Firm: Managerial Behavior, Agency Costs, and Ownership Structure, *Journal of Financial Economics* 3, 305-360.

Jenter, D., and F. Kanaan (2015): CEO Turnover and Relative Performance Evaluation, *Journal of Finance* 70, 2155-2184.

Joskow, P. (2008): Incentive Regulation and Its Application to Electricity Networks, *Review of Network Economics* 7, 547-560.

Kaplan, S., and B. Minton (2012): How Has CEO Turnover Changed? *International Review of Finance* 12, 57-87.

Kaplan, S., and P. Strömberg (2003): Financial Contracting Theory Meets the Real World, *Review of Economic Studies* 70, 281-315.

Kaplan, S., and P. Strömberg (2004): Characteristics, Contracts, and Actions: Evidence from Venture Capitalist Analyses, *Journal of Finance* 59, 2177-2210.

Kerr, S. (1975): On the Folly of Rewarding A, while Hoping for B, *Academy of Management Journal* 18, 769-783.

Klein, B., R. Crawford, and A. Alchian (1978): Appropriable Rents, and the Competitive Contracting Process, *Journal of Law and Economics* 21, 297-326.

Laffont, J. J., and D. Martimort (2002): *The Theory of Incentives: The Principal-Agent Model.* Princeton University Press.

Lafontaine, F. (1992): Agency Theory and Franchising: Some Empirical Results, *Rand Journal of Economics* 23, 263-283.

Lafontaine, F. and M. Slade (2007): Vertical Integration and Firm Boundaries: The Evidence, *Journal of Economic Literature* 45, 629-685.

La Porta, R., F. Lopez-de-Silanes, A. Shleifer, and R. Vishny (1997): Legal Determinants of External Finance, *Journal of Finance* 52, 1131-1150.

La Porta, R., F. Lopez-de-Silanes, A. Shleifer, and R. Vishny (1998): Law and Finance, *Journal of Political Economy* 106, 1113-1155.

Lazear, E. (2000): Performance Pay and Productivity, *American Economic Review* 90, 1346-1361.

Lazear, E., and P. Oyer (2012): *Personnel Economics*, *Handbook of Organizational Economics*, vol. 3, Elsevier: New York.

Lazear, E., and S. Rosen (1981): Rank-Order Tournaments as Optimum Labor Contracts, *Journal of Political Economy* 89, 841-864.

Lazear, E., and K. Shaw (2007): Personnel Economics: The Economists View of Human Resources, *Journal of Economic Perspectives* 21, 91-114.

Legros, P., and H. Matsushima (1991): Efficiency in Partnerships, *Journal of Economic Theory* 55, 296-322.

Legros, P., and S. Matthews (1993): Efficient and Nearly Efficient Partnerships, *Review of Economic Studies* 60, 599-611.

Liberti, J., and A. Mian (2009): Estimating the Effect of Hierarchies on Information Use, *Review of Financial Studies* 22, 4057-4090.

Lohmann, S. (1998): Rationalizing the Political Business Cycle: A Workhorse Model, *Economics and Politics* 10, 1-17.

Manne, H. (1965): Mergers and the Market for Corporate Control, *Journal of Political Economy* 73, 110-120.

Maskin, E. (1977): Nash Equilibrium and Welfare Optimality. Paper presented at the summer workshop of the Econometric Society in Paris, June 1977. Published 1999 in the *Review of Economic Studies* 66, 23-38.

Maskin, E., and J. Tirole (1999): Unforeseen Contingencies and Incomplete Contracts, *Review of Economic Studies* 66, 83-114.

Mirrlees, J. A. (1975): The Theory of Moral Hazard and Unobservable Behaviour, Part I, Mimeo, Oxford, reprinted in *Review of Economic Studies* 66, 3-2l.

Morck, R., A. Shleifer, and R. Vishny (1989): Alternative Mechanisms for Corporate Control, *American Economic Review* 79, 842-852.

Murphy, K. (1985) Corporate Performance and Managerial Remuneration: An Empirical Analysis, *Journal of Accounting and Economics* 7, 11-42.

Myers, S. (1977): Determinants of Corporate Borrowing, *Journal of Financial Economics* 5, 147-175.

Nagin, D. S., J. B. Rebitzer, S. Sanders, and L. J Taylor (2002): Monitoring, Motivation, and Management: The Determinants of Opportunistic Behavior in a Field Experiment, *American Economic Review* 92, 850-873.

Naidu, S., and N. Yuchtman (2013): Coercive Contract Enforcement: Law and the Labor Market in Nineteenth Century Industrial Britain, *American Economic Review* 103, 107-144.

Newhouse, J., and the Insurance Experiment Group (1993): *Free for All? Lessons from the RAND Health Insurance Experiment.* Harvard University Press: Cambridge MA.

Noldeke, G., and K. Schmidt (1994): Option Contracts and Renegotiation: A Solution to the Hold-up Problem, *Rand Journal of Economics* 26, 163-172.

Nini, G., D. Smith, and A. Su. (2012): Creditor Control Rights, Corporate Governance, and Firm Value, *Review of Financial Studies* 25, 1713-1761.

Oyer, P. (2004): Why Do Firms Use Incentives that Have No Incentive Effects? *Journal of Finance* 59, 1619-1649.

Oyer, P., and S. Schaefer (2005): Why Do Some Firms Give Stock Options to All Employees? An Empirical Examination of Alternative Theories, *Journal of Financial Economics* 76, 99-133.

Persson, T., G. Roland, and G. Tabellini (1997): Separation of Powers and Political Accountability, *Quarterly Journal of Economics* 112, 1163-1202.

Persson, T., and G. Tabellini (2000): *Political Economics*, MIT Press: Cambridge MA.

Plantin, G., and J.-C. Rochet (2006): *When Insurers Go Bust: An Economic Analysis of the Role and Design of Prudential Regulation*, Princeton University Press: Princeton NJ.

Prendergast, C. (1999): The Provision of Incentives in Firms, *Journal of Economic Literature* 37, 7-63.

Prendergast, C. (2002): The Tenuous Trade-Off between Risk and Incentives, *Journal of Political Economy* 110, 1071-1102.

Rajan, R., and L. Zingales (1998): Power in a Theory of the Firm, *Quarterly Journal of Economics* 103, 387-432.

Rajan, R., and L. Zingales (2001): The Firm as a Dedicated Hierarchy: A Theory of the Origins and Growth of Firms, *Quarterly Journal of Economics* 116, 805-851.

Rajgopal, S., T. Shevlin, and V. Zamora (2006): CEOs, Outside Employment Opportunities and the Lack of Relative Performance Evaluation in Compensation Contracts, *Journal of Finance* 61, 1813-1844.

Raith, M. (2003): Competition, Risk and Managerial Incentives, *American Economic Review* 93, 1425-1436.

Ross, S. (1973): The Economic Theory of Agency: The Principal's Problem, *American Economic Review* 63, 134-139.

Salanié, B. (2005): *The Economics of Contracts.* MIT Press: CambridgeMA.

Scharfstein, D., and J. Stein. (1990): Herd Behavior and Investment, *American Economic Review* 80, 465-479.

Schmidt, K. (1996): The Costs and Benefits of Privatization: An Incomplete Contracts Approach, *Journal of Law, Economics, & Organization* 12, 1-24.

Segal, I. (1999): Complexity and Renegotiation: A Foundation for Incomplete Contracts, *Review of Economic Studies* 66, 57-82

Shapley, L. (1953): *A Value for n-Person Games, in Contributions to the Theory of Games*, vol. 2. (eds. H. Kuhn and A. Tucker), Princeton University Press, Princeton NJ.

Shavell, S. (1979): Risk Sharing and Incentives in the Principal and Agent Relationship, *Bell Journal of Economics* 10, 55-73.

Shearer, B. (2004): Piece Rates, Fixed Wages and Incentives: Evidence from a Field Experiment, *Review of Economic Studies* 71, 513-534.

Shepard, A. (1993): Contractual Form, Retail Price, and Asset Characteristics in Gasoline Retailing, *RAND Journal of Economics* 24, 58-77.

Shleifer, A., and R. Vishny (1992): Liquidation Values and Debt Capacity: A Market Equilibrium Approach, *Journal of Finance* 47, 1343-1366.

Shleifer, A., and R. Vishny (1997): A Survey of Corporate Governance, *Journal of Finance* 52, 737-783.

Smith, A. (1776): *The Wealth of Nations.*

Spence, M., and R. Zeckhauser (1971): Insurance, Information, and Individual Action, *American Economic Review* 61, 380-387.

Stein, J. (1989): Efficient Capital Markets, Inefficient Firms: A Model of Myopic Corporate Behavior, *Quarterly Journal of Economics* 104, 655-669.

Tirole, J. (1999): Incomplete Contracts: Where do We Stand? *Econometrica* 67, 741-781.

Tirole, J. (2009): Cognition and Incomplete Contracts, *American Economic Review* 99, 265-294.

Townsend, R. (1979): Optimal Contracts and Competitive Markets with Costly State Verifi cation, *Journal of Economic Theory* 21, 265-293.

Weitzman, M. (1980): Efficient Incentive Contracts, *Quarterly Journal of Economics* 95, 719-730.

Whinston, M. (2003): On the Transaction Cost Determinants of Vertical Integration, *Journal of Law, Economics and Organization* 19, 1-23.

Williamson, O. (1971): The Vertical Integration of Production: Market Failure Considerations, *American Economic Review Papers and Proceedings* 61, 112-123.

Williamson, O. (1975): *Markets and Hierarchies*, New York: Free Press.

Williamson, O. (1979): Transaction-Cost Economics: The Governance of Contractual Relations, *Journal of Law and Economics* 22, 233-71.

Williamson, O. (1985): *The Economic Institutions of Capitalism*, NewYork: Free Press.

Wilson, R. (1969): The Structure of Incentives for Decentralization under Uncertainty, in *La Decision: Agregation et Dynamique des Ordres de Preference*, G. Guilbaud (ed.), pp. 287-307. Paris: Centre National de la Recherche Scientifi que, 1969.

Woodruff C. (2002): Non-contractible Investments and Vertical Integration in the Mexican Footwear Industry, *International Journal of Industrial Organization* 20, 1197-1224.

政府与发展

对现有研究的重新评估

普拉纳布·巴丹

1. 引言

自制度经济学在20世纪90年代的兴盛以来，关于政府作用的某些观念一直是发展研究文献的主题。尽管不同学者有不同侧重点，如诺思和温加斯特（North and Weingast，1989，2000）、贝斯利和佩尔松（Besley and Persson，2011）、阿西莫格鲁和罗宾逊（Acemoglu and Robinson，2012）等，但关于政府作用的研究还是有某些共同之处：政府必须足够强势，以提供最起码的法律和秩序架构、保证合同的执行以及支持市场的其他基本制度等；同时政府的领导人必须受到约束，不至于危害财产权利的安全。毫无疑问，这套理论指出了政府的某些重要特性有助于打造鼓励投资、创业和发展的环境。我们将通过讨论最近的研究文献，来分析这些研究方法的细微差别。同时在其他某些案例中我们会看到，该方法可能束缚了我们对世界不同地区的不同发展经验的理解。本文还将指出，目前的正统研究方法忽略或不够重视政府与发展的其他关联。特别是，与现有制度经济学文献通常思考的内容相比，本文将提到更为广泛的

---

* Pranab Bardhan，伯克利加州大学经济学教授。英文版见《经济文献杂志》（*Journal of Economic Literature*），感谢编辑与四位评审人，以及青木昌彦（Masahiko Aoki）、Vijay Joshi、Kalle Moene、Dilip Mookherjee 和 Gérard Roland 对早期文稿的意见。

发展目标（包括经济的结构转型）以及更多维度的政府职能。

强势政府或许能促进经济增长，但强势政府的含义到底是什么？在各类研究文献中我们可以看到的定义包括，政府有着超越狭隘的派系利益的公信力，或者有着超越地方利益的中央集权。然而，拥有超越狭隘利益的能力并不必然意味着有这样做的意愿，因此对政府权力还必须加以约束，以防止政府迎合某些狭隘的派系利益或者为政治领导人自己服务，所以人们经常期待的是“强势有限”的政府。

如果社会目标是实现较广泛的发展，仅靠这些约束政府的消极标准是不够的。在许多情况下，政府必须扮演更积极的角色。考虑到利益和目标的多样化，多元化的制度或许更有利于政府发挥积极作用。不过制度经济学家们虽然认识到了制度多元化的必要性，但并没有时刻关注制度多元化与促进发展目标的集体行动乃至与产权保护之间可能的矛盾；类似的，主张政治集权的学者并没有足够重视集权与地方问责之间的权衡，以及原则性与灵活性之间的权衡。在这些研究文献中，民主问责制主要表现为对政府首脑的约束或者权力的制衡；可是民主程序中还有其他方面的内容同样是发展过程不可或缺的部分，例如普遍参与和民主协商给发展带来的合法性与可持续性。另一方面，民主制度中的政治竞争有时会导致“逐底竞争”，并鼓励为赢得选举而采取庇护主义，而非关注更广泛的公共利益。与这些研究文献中“好事成双”的惯常论点相反，我将指出，这些论点在很大程度上忽略了各种各样的矛盾与两难困境。

如今出现了一类新的研究，主要针对强势政府所需要的政府能力，并区分了政府能力的不同组成部分，特别是财政、法律和军事能力等。例如，战争对于构筑政府能力的作用、韦伯式官僚组织的作用及其与政治活动的相对独立性、官员的职业发展和报酬激励等，都成为研究的课题。不经常涉及的课题还包括：不同利益群体或身份群体组成的政治联盟的特性，影响重大的社会合同和跨期交易，在政府的重要政治能力建设中必须克服的集体行动难题等。

对于产权保护和市场制度的关注，还导致学者们忽略了通过政府能力建设来解决协调困难的重要议题。这类议题在早期的发展研究中处于中心位置，尤其是在把结构调整视为发展核心的时候。

在更近期的研究中出现了有关政府的产业引导政策的讨论，包括若干东亚国家可提供的经验。政治社会学已兴起了对此类所谓“发展型政府”（developmental state）的热烈讨论。但这些内容大多被关注产权和政府能力的制度经济学研究所排斥，学者们主要援引现代化之前的欧洲和美洲国家的案例，以及拉丁美洲和非洲近期的制度失败案例，很大程度上忽略了对东亚和南亚国家的经验进行总结。现在是时候把产业政策的研究同有关政府能力（扶持市场发展的制度）的主流研究结合起来了，产业政策的问题和前景也应该放到这个更广阔的视角中来讨论，尤其是能否使产业政策摆脱过去的保护主义束缚，把目标从扭曲价格转向提高生产率。当然，以产业和企业为政策目标可能带来寻租的机会，但与早期研究中对寻租的批评态度相比，新的研究更强调在次优环境中，特别是在企业家与资本供给不足的早期发展阶段，受到大范围市场约束的少量寻租可以给新的投资和学习过程提供动态激励。另外，租金的分享对于结构性变化背后政治联盟的组建也关系重大。

总体而言，本文的目标是让政府在发展中的作用突破大部分制度经济学研究所限定的狭窄范围，并探讨政府的各类作用之间的权衡取舍关系。由于各种历史和制度方面的原因，由于信息缺失和市场不完善，发展进程可能陷入停滞，前进的道路可能变得昏暗，此时除了作为产权和市场的“守夜人”外，政府往往还需要充当经济活动的向导、协调人、鼓动者和催化剂。这里提到的不同方面的两难取舍意味着需要在多个维度的发展目标之间寻求平衡，事先固定的单一维度的发展配方或许并不能如意。政府职能的多样性及其任务的多维度（相对于私人企业或市场来说）表明，即使国有机构在履行其功能上缺乏效率，私有化也未必是更好的选择，特别是在合同不可能完备的时候。我们关注政府多重职能和不同层级的多重政治体系，以及多个发展目标或多重机制设计之间的两难取舍和冲突，因此，更不容易得到统一的理论或者确定的结论。但借用威廉姆森（Williamson，2000）对制度经济学的一篇综述的话来说：“研究复杂制度可以用许多种有启发意义的视角，这种多样性是战胜我们无知的保证”。

本文的脉络如下。第 2 节先讨论“强势有限”政府的概念及其影响，其中第 2.1 小节集中介绍理论研究中提到的政府能力的两个相互关联的方面：其一是承诺，其二是政治集权。在此背景下，第 2.2 小节将讨论研究文献中对政府能力的不同组成部分所做的分解。第 2.3 小节将结合有限政府的观念，讨论对政府行政领导的制约以及其他问责机制的作用。从第 3 节开始将对前面小节介绍的观点展开批评，指出研究中关注的不同政府作用之间的矛盾和取舍关系。第 4 节将提及对民主和发展的更广泛研究中的一部分，重点是如何把以前研究过的民主问责制用于推动发展进程，同时指出民主体制中有可能阻碍发展的政治竞争的特征。第5节将借鉴有关分权化和向下问责制的新研究（后者可能抵消第2节所介绍的政治集权的好处），并关注困扰分权化治理的相关特殊问题的权衡。这里将以中国为代表，分析政治集权化与经济分权化相结合的特殊成功案例，以及中国模式的隐患。第6节将分析政府在协调投资活动与学习过程方面发挥的更广泛的作用，挥讨产业政策带来的寻租机会如何在市场力量的约束下发挥潜在好处。第7节将分析公有企业的多维度功能，以及在技术追赶阶段完成后对它们能否促进创新的疑问。最后的第8节进行总结，并就尚待深入研究的领域提出某些简短建议。

与上文提到的那些研究文献类似，本文的分析将主要采取比较研究和历史—制度研究的方法。虽然我们会经常提到已有的量化型经验研究文献，但此类研究目前还不多见且零散，从经验研究的识别策略来看，也并不令人满意。例如，有关增长的经济计量研究表明①，关于政府作用的跨国回归难以解决因果关系问题。② 此外与某些宏观经济政策的情形不同，同一国家内部的不同地区或不同层级的政府对发展进程的影响有很大差异（尤其是对于人口规模较大的国家），但在把国家整体视为一个观测点时，这些差异无法反映在数据中，会对研究带来重大影响。最突出的包括公共产品和公共服务的质量测评存在固有的困难。目前虽然已开展了少数微观实验研究，但结论通常受到规模问题或外部有效性问题的困扰。不过，政策制定者与研究人员已着手开展某些有前景的合作，就那些覆盖大量人口的政策进行准实验性质的评估。

由于本文并不以政府的组建过程为重点，所以我们的讨论基本上限于那些对发展有起码共识的国家，而忽略由于国内暴力或极端社会分裂、还没有为政府组建创造基本条件的情形（尽管这本身也是很重要的问题）。需要注意的是，有关政府能力的差异通常来说是程度而非性质，因此我们也将忽略对“失败国家”和国内冲突的大量新兴研究。美国《经济文献杂志》（JEL）上近期发表了关于国内冲突问题（通常与政府的脆弱有关）的综述文章，可参考布雷特曼和米格尔的研究（Blattman and Miguel，2010）。③

---

① 可参见 Durlauf et al.（2005）。

② 本文中提到某些跨国经验研究的成果时，其目的主要是介绍其中发现的相关关系，而非因果关系。

③ 关于我本人对国内冲突议题的研究，可参见 Bardhan（2005），第9章。

2. 对强势有限政府的期盼

制度经济学研究中关于强势有限政府的观念，来自英美政治哲学的悠久传统，至少可以追溯到霍布斯和洛克。前者强调以强势政府来防止“一切人对一切人的战争”，后者强调至少在保护财产权利上对政府进行约束。① 其实在某些古代文明的经典文献中，也包含年代早得多的与之类似的理念。②

近期制度经济学研究的一个重要观点是：为了实现经济增长，政府必须足够强势，才能提供市场与合同所需要的产权保护及其他制度；但政府又不能强大到可以强取豪夺，所以需要有民主制衡机制［来自 North and Weingast（1989，2000）以及其他人的研究］。③ 学者们列举了历史上的里程碑事件：1688 年的英国光荣革命强化了制约国王的政治制度，使其信守保护私人产权的承诺，从而促进了经济增长（其中一个关键机制是降低了资本的成本）。阿西莫格鲁与罗宾逊在近来出版的名著中也援引了光荣革命的案例，认为它带来的政治多元化和集权化有助于防止私有产权被政府侵犯，使私人企业和资本市场得以繁荣发展（Acemoglu and Robinson，2012）。④ 贝斯利和佩尔松则采用了与上述学说有密切联系的方法（Besley and Persson，2011），援引亚当·斯密的论述，把“和平、简单的税收与可容忍的司法”视为国民财富的基石。⑤

---

① 汉密尔顿在《联邦党人文集》中这样表述：“在组建政府时……你必须首先确保政府能控制被统治者，下一步是迫使政府能控制自身”。

② 例如，比霍布斯早 1000 多年，古代印度的文献中就出现过有关政府的理论，一种变形的有关政府起源的社会合同理论认为强权（dandaniti）必须和良治（rajadharma）结合起来。这方面的文献包括：佛教经典《长阿含经》（*Digha Nikaya*，公元前 1 世纪到公元 1 世纪），考底利耶（Kautilya）的《政事论》（*Arthashastra*，公元前 4 世纪），史诗《摩诃婆罗多》（*Mahabharata*）的第 67 章（公元 1 世纪）。有关这些政府理论的讨论，参见 Sharma（1996）和 Thapar（1984）。

③ 有位评议人正确地指出，“有限”（limited）政府和“受限”（constrained）政府之间是有区别的。诺思和温加斯特谈到的有限政府，对于干预私人产权和市场有严格的限制。坚持传统公共选择学派的学者也明确讨论了有限政府。阿西莫格鲁与罗宾逊虽然也强调对产权的保护，但我认为他们比较倾向于让政府发挥更大作用。

④ 该书主要面向非专业读者，而背后的理论和经验研究则来自更多的技术性论文。本文对该书较为重视，因为在这本书中两位作者就其对制度和发展的认识构建了统一的理论架构。

⑤ “简单的税收”（easy taxes）这一概念在印度史诗《摩诃婆罗多》中有过明确的表述，意指税收的征集应该采取“蜜蜂从花朵中采蜜”的方式。

2.1 强势政府

发展议题中述及的“强势”政府显然必须以非循环的方式来定义，即不是依据发展的结果。从理论研究的梳理中，可以看到对强势政府的定义有两个（存在重叠的）组成部分：（1）政治集权化；（2）承诺能力。

阿西莫格鲁和罗宾逊最关注政治集权化的作用，他们认为各国发展的成败取决于各自的政治和经济制度的“包容性”，而政治集权化是包容性政治制度的核心部分之一，即由运转良好的政府来建立跨越地方边界的统一秩序（Acemoglu and Robinson，2012）。① 政治集权化可以使不同地方政府采取政治行动所产生的外部性内部化，由一个整体化的组织来对抗地方庇护主义的各种压力，此外还可以激励当权的政治领导人对政府的财政能力和司法能力进行投资（Besley and Persson，2011）。② 有经验研究从跨文化案例中发现，政治集权化（指超越地方范围的司法层级体系）同公共品和发展成果的多个测评指标间存在显著的正相关（Osafo-Kwaako and Robinson，2013）。针对不同非洲国家的经济计量研究发现，政治集权化的历史测评指标同当代经济发展水平之间存在正相关关系（Bandyopadhay and Green，2012；Michalopoulos and Papaioannon，2013）。

政治集权化意味着把各种地方利益和决策统一起来，而强势和高效政府的另一个更普遍特征则是有能力在各种利益集团的压力面前做出可信承诺。③ 我们可以把这种强势政府下的统治者与被统治者的关系用简单的委托—代理模型来描述。

假设统治者负责提供某个公共投入品 G（比如某种基础公用事业），而被统治者或者说公民提供劳动力 L，然后共同得到这个国家的产出。统治者追求自己的净收入最大化：$[\tau F(G,L) - G]$，其中 τ 是线性的税率，F 是常见的生

---

① 阿西莫格鲁与罗宾逊对“包容性”的定义较为模糊。有人认为包容性的政治制度是指把大量（或许是大多数）民众纳入公共治理程序。类似的，包容性经济制度则是把经济权利扩展到大量民众。

② 贝斯利与佩尔松的理论模型中包含在任的统治者与挑战者的竞争。青木昌彦的模型中包含更复杂的三人博弈，有统治者、挑战者和投机者（在前两者中选择策略立场的人，如地方上的乡绅），可以解释现代化之前的日本德川时代或中国清朝的社会转轨。

③ 有关强势政府的案例，可参见 Rodrik（1992）；Bardhan（1990）；Bardhan and Udry（1999），第 17 章。

产函数。作为委托人的统治者不能观测或控制作为代理人的被统治者的劳动努力程度。在 τ 和 G 给定的情况下，被统治者将决定 L 的水平，以追求自己的利益最大化：$[(1-\tau)F(G,L)+W(1-L)]$。这里再假设，代理人有机会把自己的部分劳动努力（总量固定）用于（统治者无法控制的）地下经济或者说非正规经济，从中获得的报酬率为 W。如果以 m 代表劳动力在生产函数 F 中的边际产出，则代理人实现利益最大化的一阶条件为：

$$(1-\tau)m(G,L)-W=0$$

这个条件相当于定义了隐函数：$L^*(\tau,G)$。以上等式意味着税收给劳动力供给所带来的扭曲：劳动力的边际产出高于其机会成本。

下面我们可以把委托人（统治者）的目标描述为，在 $L=L^*(\tau,G)$ 的条件下，通过选择 τ 和 G，实现 $[\tau F(G,L)-G]$ 的最大化。

从一阶条件及递减的边际生产率可以很容易得出：$\delta L^*/\delta\tau$ 是负值。另外，由于统治者会考虑到税收对劳动力供给造成的扭曲，他选择的税率将低于可能的最高税率。

如果劳动力的边际产出随 G 递增（这是合理的情形），则 $\delta L^*/\delta G$ 为正值，意味着相对于把 L 视为一个参数且不考虑 G 和 L 互补的情形，他提供的公共投入品 G 的数量会更多。

于是在这个简化模型中，强势政府的统治者在考虑到被统治者的反应函数后追求自身目标函数的最大化，在此过程中，他通过反应函数将自己行动的经济成本和收益实现了内部化。换言之，这样的统治者相当于斯塔克尔伯格模型中的领导者（Stackelberg leader）。相比之下，弱势政府可以视为斯塔克尔伯格模型中的追随者（Stackelberg follower），他不能对某项政策做出承诺，而只是对特殊利益集团这类私人行动者的独立行动做出反应。由此我们可以认为，与强势政府相比，弱势政府会进行太多不合理的干预（以制造扭曲，为游说集团提供租金）。这是制度经济学家和更早期关注寻租问题的公共选择学派经常强调的一点。但他们往往没有提及，根据同一逻辑，弱势政府的有益干预（例如以上模型中的公共投入品）也会太少，因为政府没有把政策效果考虑进来或者说内部化。所以强势政府（如许多东亚国家）与弱势政府（如多数非洲或南亚国家）的区别不见得是干预的程度，而是干预的质量。在以上模型中，这个区别取决于是否考虑了劳动力供给的扭曲，或者公共投入品能否产生积极的互补效应。

强势政府做出提前承诺的一个重要案例与保护新兴产业的常见主张有关。过去两百年来，这一观点被许多国家的政府在工业化早期采用，某些取得成功，更多走向失败，至少部分原因与政府是否强势有关。在启动此类保护时，这一主张在本质上是暂时性的，在短期内实施，等新兴产业站稳脚跟后就要终止。但是，大多数国家对新兴产业的保护会不可避免地遇到难以坚持原则的问题：在最初的保护期临近终点时，必然会遇到既得利益集团的续期压力，于是弱势政府下的新兴产业会逐渐蜕变为衰落产业的守旧势力，这在发展中国家的进口替代工业化历史中屡见不鲜。

不过在东亚有强势政府的近代史上，则出现了政府信守承诺的典型案例，在预定的保护期截止后，即使新兴产业没有发展成形，政府也撤销保护，任其在国际竞争中生存或淘汰。① 有学者指出（Elster，1994），做出可信和有效承诺的政治前提是民主制。如果有成熟的民主程序，可以把失信的统治者赶下台，统治者的承诺可信度就会大大提高。关于宪政的许多政治经济学研究正是以此为主题。不过东亚的某些强势政府在当时并非民主政体，而它们也逐步确立了能替代正式承诺的可靠机制。另一方面，许多民主国家对新兴产业的保护却不断延长，打破了原来的承诺，但并未遇到有组织的普遍反对。任性的领导人没有因此下台，约束统治者的宪法条款在大多数时候毫无作用。

与之紧密相关的另一个承诺问题是对公共部门运营或资助的项目施加预算约束。强势政府能够更好地抵制失败项目的利益集团施加的救助压力，而弱势政府则难以做出终结失败项目的承诺，因为早期投资的沉没成本会成为继续注资的理由，哪怕已经确认这类项目一开始就只能损耗价值。②

东亚国家历史上与政府干预质量有关的另外一个重要方面，是采用有明确定义和事前规定的清晰规则来考核业绩。例如在韩国，政府利用补贴贷款来引导投资很大程度上取得了成功，就是因为严格执行了出口业绩标准。通过这一事先承诺工具，韩国的强势政府利用外国竞争的强大约束力来鼓励国内企业进行快速学习，并关注成本和质量，这是其他许多干预主义国家显然没有过的。当然，韩国政府至少在 20 世纪 80 年代以前也采用了许多限制进口和外国投资的政策。本文第 4 节有关产业政策的讨论还将回到竞争与产业

---

① 此类案例可参见 Wade（1990）。

② 有关此类软预算约束问题的微观基础研究，参见 Dewatripont and Maskin（1995）。

政策方面的议题。

有些矛盾的是，受利益集团操控的弱势政府这一概念一方面是公共选择理论以及游说集团寻租理论的主题，另一方面又与政治谱系另一端的马克思主义国家理论有着相通之处。但主流经济学家们往往不清楚，就在几十年前，马克思主义理论超越了这种认识，采纳了强调政府能力的观点。正统的马克思主义者认为政府是占统治地位的利益集团（即资产阶级）的工具。① 可是在20世纪六七十年代，一群新马克思主义政治学家发展出了“政府的相对独立性”这一观点，认为政府超越了资产阶级狭隘的特殊利益，能独立地制定决议和政策，尽管政府在整体上依然会维护体制的长远利益。在经济萧条或金融危机时期，非马克思主义理论有时会出现类似观点，呼吁政府“把资本主义从资本家手中拯救出来”。② 后来的许多各种派别的政治社会学家则更进一步，承认在历史上有过强势政府发挥重要推动作用的案例。例如，斯克波尔提到“政府作为强有力的、自组织型参与者所对应的核心地位”(Skocpol，1982)。当然，占主导地位的有产者阶层会给政府带来严格的约束，因为他们毕竟是公共财政收入的主要来源，但这些学者认识到，如果过于强调那些约束，往往会使人们忽略：政府领导人在目标设定、计划安排和政策执行上通常有很大的选择空间。因此，强势政府并不完全按照统治阶级的命令或利益而采取行动。

当然在大多数现实情况下，政府既不是斯塔克尔伯格式领导者，也不是斯塔克尔伯格式追随者，政府或者私人利益集团通常都没有实力单方面决定自己的行动参数，双方都可能有一定能力施加影响，博弈结果将取决于他们在不同情况下的谈判能力。这显示出前文介绍的委托—代理模型的一个重大缺陷。例如，在该模型中统治者征集税收或租金的能力相对于能够促进生产率的政策是不变的，但在博弈中，这些政策的实施可能改变被统治者的选择：G 的提高最终可能削弱统治者实施 τ 的能力。典型的案例有，统治者修筑公路和铁路让乡下的农民更容易进城，然后团结起来反抗统治者的租金掠夺。

---

① 有明确证据显示，马克思本人在1850年后已基本放弃了该观点。更多解释参见 Elster (1985)。

② 马克思在《资本论》第一卷中讨论英国工厂法案时，认为必须以政府这个“伴随和超越资产阶级社会”的特殊工具，来防止资本“出于不可遏制的冲动，饿狼一般贪求剩余价值”。

2.2 政府能力的多个组成部分

贝斯利与佩尔松（2011）认为，弱势政府是指能力上有欠缺，尤其是财政、法律和军事能力有欠缺，从而无法提供公共产品和服务（包括维护法律和秩序）。在有关政府能力的新兴研究中，不同学者强调了不同方面。提里（Tilly，1985）所代表的一派认为，欧洲现代化初期的政府财政—军事能力的形成与国家之间的战争有关。勒维认为国家的形成与号召公民为战争提供税收和服役有关（Levi，1988）。而其他人则指出，在更近的时期以及欧洲之外，各国的形成不是源于战争，有些时候的战争甚至导致原有的国家瓦解。①

在分析政府能力的组成部分时，有的研究（Evans and Rauch，1999）强调政府层级体系的某些韦伯式特征，如精英招聘、对官员的长期职业发展予以奖励等。官僚组织的运转还有着累积式的效应。长期实行官僚式统治的地方，容易培育起有助于政府运转的官僚式文化或团队精神。② 有学者测算了各国的历史统治指数，反映在过去两千年中是否存在持续的跨地区政府组织（Bockstette、Chanda and Putterman，2002），结果发现，在发展中国家的撒哈拉以南非洲国家和拉丁美洲国家，这一指数大大低于亚洲国家。而在亚洲国家内部，韩国的指数又是菲律宾的数倍，后者在16世纪成为西班牙殖民地之前一直没有形成统一国家。跨国统计研究表明③，这个历史统治指数同各国当前的法治水平存在显著正相关。

官僚组织的效率自然与报酬结构和激励机制有关。来自墨西哥的实验（Dal Boet al.，2013）表明，较高的工资不但能为（不同地区的）政府吸引到素质较高的应聘者，而且不会对有着内在的非货币激励的人产生“挤出”效应，而且这种激励在公共服务中是非常重要的。④

有学者把政府能力划分为技术、组织和政治等不同类型（Cornick，2013）。技术能力尤其重要，例如鉴别哪些是有价值的公共项目、监督社会项

---

① 可参见 Leander（2004），Taylor and Botea（2008）。

② 与佩尔松等人采用的民主资本（democratic capital）的提法类似（Persson and Tabellini，2009），我们可以把这种官僚统治的历史经历称为某种“官僚组织资本”（bureaucratic capital），当然也不要把资本的定义扩张得太大了。

③ 参见 Bardhan（2005），第1章。

④ 从赞比亚的实验研究中发现（Ashraf et al.，即将发表），财务激励对公共服务激励有促进而非挤出效应。

目中的福利提供状况等。

信息技术拓展了政策空间。有学者评估了生物识别付款系统在印度公共就业和养老金计划中发挥的作用（Muralidharan et al. , 2014），在覆盖158个地区和1900万人的新系统启动后，他们开展了一次大型随机实验，结果发现新的付款系统更为快捷和准确，减少了腐败现象，也没有给项目可及性造成负面影响。这些研究显示，投资于识别付款系统可显著提升发展中国家在社会项目实施中的政府能力。对司法、审计和监管机构的政府能力建设也有类似影响。

在经验研究中，政府的组织能力通常用税收占GDP的比率来粗略衡量。但普遍认为这个比率在自然资源丰富的国家可能较高，因为它们有较多的资源租金，而未必是组织能力的反映。在要素市场不发达等特殊原因导致非正规经济部门较大的贫穷国家，该比率会偏低。政府的组织能力与治理模式也有关，对意大利的国家采购机构开展的政策实验表明，政府采购中出现大量浪费是由特定的组织模式所致，特别是公共机构中自上而下的治理模式（Bandiera et al. , 2009）。当然组织能力在不同类型的政府职能上会存在差异，比如印度政府在某些大型的阶段性事务中表现出很强的能力，包括世界上最大型选举的复杂后勤工作，以及世界上第二大规模的人口普查等。可是在其他一些常见的重要活动中，印度政府却表现不佳，例如对电力的定价和输送等。部分原因是，地方政治势力的干预使中央政府不得不以低于成本的价格向有重大政治影响的庞大客户群体供电。

政治能力往往关系到承诺问题，以及对短期行为和软预算约束的抵制等，这些在上文已经提及。在印度和非洲的许多地方，警察和官僚机构带有很强的政治倾向，会为了政治领导人的短期目标而蓄意不作为。此时，提高官僚机构的自主性可以改进其业绩。有学者研究了尼日利亚公务部门实施的4700个公共项目，发现官僚机构的自主性每提高1个标准差，会导致项目的完成比率大幅提高18个百分点（Rasul and Rogger，2013）。总之，与阿吉翁和梯若尔（Aghion and Tirole，1997）对私人企业内部授权的研究结论一样，在复杂的项目中，应该将更多自主权授予掌握更多信息的代理人（官员们），而非委托人（政治领导人）。

2.3 对政府的约束

如前文所述，制度经济学中的相关研究强调必须是强势有限政府才能促进发展，也就是说，政府不但需要抗拒特殊利益集团的政治压力，而且政府自身的权力也必须受到足够约束，以防止私人产权受到“掠夺之手”的侵犯①，并使政府提供的扶持市场和合同的制度能有效运转。为此，就必须有各种类型的制衡手段，包括对行政权力的宪法约束、分权、选举规则、独立司法、自由媒体，以及对政府领导人的其他问责机制等。这类制衡手段除保护产权不被政府侵犯外，还可以限制统治者为局部或特殊群体服务。贝斯利和佩尔松认为，受约束较弱的政府意味着统治集团没有较大压力去提供满足公共利益的服务（Besley and Persson，2011）。本文第 4 节在探讨民主与发展时还将回到有关问责机制的问题上。

3. 对主流制度学派观点的批评

以上介绍了政府能力的不同组成部分以及对政府的约束，两者对发展进程显然都至关重要。下文对这派理论的某些基本观点展开批评。首先看政治集权化。阿西莫格鲁和罗宾逊将集权化视为与政治权力多元化配置并列的一个关键的包容性政治制度（Acemoglu and Robinson，2012），但这个观点令人困惑。政治集权化的大多数历史案例，不管是古代的帝国还是现代民族国家（如明治时代的日本、阿塔图尔克时代的土耳其、改革开放前的中国），在许多重要方面并没有较强的政治包容性。与之有关的第二点是，阿西莫格鲁与罗宾逊所强调的这两个关键的政治制度之间存在某种程度的潜在冲突。为长期发展政策奠定统一的制度架构固然必须有一定程度的政治联合，然而集权化与多元化并不总是相容，多元化的社会理念鼓励各种社会群体在目标与利益上的差异性，从而可能阻碍政治集权以及社会在长期决策与长期项目上的集体行动。印度就是这样的典型案例，如上文提到，高度的多元化和政治竞争往往导致政治集权化和集体行动的失败。这意味着理论研究中应该更多关注集体行动的决定因素。第三，阿西莫格鲁与罗宾逊设想的经济包容性要求良好的产权保护，但政治权力分散、参与度广泛的政治包容性并不总能保护少数人的产权不被为数众多的侵权者侵犯，或者遭遇沉重的税收负担。类似的，贝斯利与佩尔松总设想“好事成双”的情形（如多元化与产权保护兼得），却容易忽略其中可能存在的矛盾。举例来说，法治（政治包容性

---

① “掠夺之手”正是施莱弗和维什尼的著作的标题（Shleifer and Vishny，2002）。

的组成部分）往往被用来保护有产者不被无产者掠夺，但这不利于实现经济上的包容。① 著名的英国圈地法案就把利用村庄公用地的穷人变成了偷猎者。当然，尽管法治有时与经济包容性存在冲突，但总体上说还是很有益处的。②

定义上也存在问题。阿西莫格鲁与罗宾逊说，他们“把有足够集权化和多元化的政治制度视为包容性政治制度”。如果没有对“足够”程度的独立测评，这个定义是难以让人满意的，可能留下循环定义的缺陷。显然，我们不能因为某个制度的包容性足以推动发展而将其称为具有“政治包容性”的制度，同时又宣称包容性制度能促进发展。

在历史上，英国确实是政治集权化与多元化相辅相成的成功案例。但与诺思、温加斯特、阿西莫格鲁和罗宾逊等人的意见相反，许多经济历史学家曾怀疑英国在经济上的成就能否主要归功于光荣革命后的宪政改革（如 Epstein，2000；Clark，2007；Allen，2009 等）。甚至近期为诺思和温加斯特辩护的某些文章也认为（Cox，2012；Pincus and Robinson，2011），虽然光荣革命代表着重大的宪政变革或者改变权力天平的制度革新，但资本的成本或产权的执行在革命之后并没有显著改善。革命同样没有导致对政府的严格约束，事实上税收和公债在革命后还出现了快速增长。③

在政府的承诺能力方面，应注意在某些情况下未必需要政府的有效承诺，如前文所述，替代正式承诺的声誉可以在一段时期内发挥作用。更重要的是，承诺是有成本的，例如不能应对技术和市场条件的变化、不能灵活纠正错误决策等。在这方面，埃文斯等政治社会学家曾强调（Evans，1995），

① “只要政府的组建是为了保护财产权利，它其实就是为了保护富人不受穷人侵犯，或者保护有产者不受无产者侵犯”——这不是马克思的话，而是引自亚当·斯密的《国富论》。

② 对于法治所涉及的矛盾问题的实质，马克思主义历史学家汤普森（E. P. Thompson）在其作品《Whigs and Hunters》（1975）的结论中做了很好的阐述：我们得到的不是“法律等于阶级权力”这样的简单结论，而是一个复杂而矛盾的结果。一方面，法律确实是为统治者的利益而协调阶级之间的关系……另一方面，法律又是通过法律手段来协调阶级之间的关系，这就不断地给统治者的行动施加了限制……在总体的阶级不平等的背景下，法律平等必然有一定的虚假……我们应该揭露掩盖在法律之下的这些虚假和不平等。然而法治本身对于权力的有效制约以及对于公民免受权力侵犯的保护，在我看来仍是绝对的善事。

③ 在英国之外的现代化早期的欧洲国家，有研究（Stasavage，2011）总结了政府获得长期信贷的能力取决于议会中负责维护贷款人利益的商人代表在财政事务上有多大政治控制力。还有研究显示（Dinsecco，2011），欧洲各国在 1650—1913 年的政治集权化与议会对政府的监督促进了财政制度的发展。

实行精英招聘的韦伯式官僚组织应该与某些政治协商渠道结合起来，让发展进程中重要的政治利害关系人参与进来，他在韩国的有关案例中称之为“嵌入式自治”（embedded autonomy）。当然我们知道不是所有利益相关者都被包含进去了，韩国政府在几十年中对劳工运动进行政治压迫，使企业的利润不会受到太大威胁。而在另一种政治场景中，印度精英官僚机构的承诺能力却受到政治因素的严重侵蚀，尤其是在政治家们可以操纵资金拨付和官员升迁时。①

总之，上一节有关政治能力的分析应该与重要政治势力间达成“社会合同”的能力，以及权力分配和政治联盟的本质联系起来。韩国在发展前期数十年形成的政治联盟依赖军事官僚机构与大型企业的紧密结合，这显然是印度民主体制中的精英们无法实现的。不过在民主体系内，印度的政府能力相对薄弱更多反映了开展长期集体行动的政治难题②，而不是因为缺乏具备行政管理能力的人才。正如集体行动理论所示③，印度庞大而多样化的人口构成、割裂的政治体制以及高度的社会和经济发展不平衡，使其很难形成长期的共同奋斗目标，即使能制定出目标，也难以采取共同行动。此外，近年来包括印度在内的许多发展中国家的短期关注点有时集中在食利阶层与创新资本主义的利益冲突上，例如土地和其他自然资源的价格随经济增长而上涨，政治家与房地产大亨、建筑商和承包商等食利阶层的联系日益密切，这些也往往会削弱政府的治理能力，不利于有长远价值的企业获得发展。一般来说，如贝斯利与佩尔松所述，分裂的社会和政体有着较弱的公共利益诉求（Besley and Persson，2011），在此情形下对政府能力进行投资的激励也较弱。④ 相比之下，在“二战”后数十年的东北亚与西北欧国家，社会的同质性相对较高，财富和人力资本分配较为平均，可能使这些国家更容易获得大多数社会群体的支持，能付出短期牺

---

① 关于操纵印度政府官员调动的证据，参见 Iyer and Mani（2012）。班纳吉等人在印度拉里贾斯坦邦的警察机构开展的一项 A 随机实验研究显示，冻结警察的职位调动提高了工作效率（Banerjee et al.，2012）。

② 对于印度这样人口众多、社会和经济人群多样化的国家的集体行动难度的分析，参见 Bardhan（1984）。

③ 关于集体行动的一般理论和实证分析，尤其是对不平等问题的影响，参见 Bardhan（2005），第 10 章和第 11 章。

④ 有关族群分割与治理关系的跨国研究证据，参见 Alesina et al.（2003）。来自乌干达的实验研究表明（Habyarimana et al.，2007），族群单一性有助于促进公共产品供应中的协调。

性，实施有助于长期增长的政策。这同时也意味着前文所提到的政府“强势”因为民众的广泛拥护而具有可持续性。

正如某些文化学家指出的那样①，如果社会的主流文化是“集体主义”——个人把群体的利益内部化，这个特点在描述东亚国家的某些文献中经常见到——而不是“个人主义”，显然会有所帮助。文化议题不在本文的探讨范围之内，只是需要指出，文化因素能提醒我们，构成政府能力的某些制度并不容易移植到不同的文化环境中。

还有个关键但复杂的问题，与社会主流的政治联盟乃至政府的政治能力有关，却很少在这个领域展开讨论，即全球化带来的影响。它并不限于通过活跃的资本流动和国际信用评级，让各国的政府权力受到全球经济的约束。一方面，国际竞争和经济一体化可能强化国内的政治问责，使政治联盟具有更广泛的基础。阿西莫格鲁等人的研究表明（Acemoglu、Johnson and Robinson，2005），现代化早期大西洋两岸国家的国际贸易兴起带来了对制度改革的诉求；在更近期，欧洲经济一体化推动了南欧和东欧边缘国家的治理制度的改进。但另一方面，全球化的作用在很大程度上取决于初始条件的差异、参与国际贸易的产品类型，以及政治和经济竞争的性质。在很多历史案例中，自然资源密集型产品（石油、食糖、香蕉、香蕉、钻石等）的贸易发展，使得种植园主和其他大出口商的政治势力得以增强，他们会提高国内的产业进入壁垒，建立凌驾于政府之上的寡头统治。② 更近期以来，资本的国际流动相对于劳动力处于不对称状态，使许多国家的劳工组织和运动被削弱，使政治天平向有利于资本的方向倾斜。③ 经济开放度提高造成的海关收入和资本税减少，则会影响政府的财政能力。

4. 政治分权化与地方问责

承诺制度与问责程序之间存在权衡取舍。例如，政治集权化经常导致遥远封闭的中央官僚机构对地方的需求和关切缺乏响应，难以发挥地方的信息优势、积极性和创造性。中央政府当然也会关心赢得地方选举，但选举带来的约束通常在地方层面较为有效，而不是在全国以及省级层面，因为地方选

① 可参见 Gorodnichenko and Roland（2013）。

② 近期对此类问题的综述，参见 Nunn and Trefler（2014），第5节。

③ 参见 Rodrik（2011）。

举中争论的议题较为集中，而后者的议题更为多样化，会冲淡对具体事务的问责。① 与集权化带来的跨地区整合优势不同，很多人更为重视地方问责和分权化的其他好处，包括开展同行监督、便于公民参与、促进决策程序的透明，以及兴办地方公共项目等。例如巴西目前在很多城市推行了“参与式预算程序”（Participatory Budgetary process），让公民直接参加预算编制和投资决策。有学者利用1990—2004年的所有巴西城市的面板数据（Gonçalvez，2014），发现采纳了参与式预算程序的城市在医疗和卫生方面的支出显著高于没有采纳的城市，并且在降低婴儿死亡率等指标上取得了可观的效果。

与较早期对财政联邦制的研究相比，更近期对分权化和发展关系的研究谈到了政治集权化所涉及的政治经济学和制度议题，例如渎职、寻租、偷懒、矿工和其他代理人问题等。② 分权化还能促进地方政府之间对私人资本流动的竞争，从而形成制约，防止过度的租金抽取。在巴西、南非和印尼等部分发展中国家，分权化已成为民主转轨本身的组成部分，并显著影响了后来的发展政策，特别是在提供社会服务方面。

但同时，分权化治理往往更容易被地方精英集团（或者农业经济中的地主寡头集团）所俘获。詹姆斯·麦迪逊（James Madison）在200多年前的美国《联邦党人文集》中就有过类似担心，同在一个地区的此类人群更容易形成勾结。对财政联邦制理论的一个著名的维护办法是采用蒂伯特机制（Tiebout，1956），即有充分信息和自由度的公民会对不同的公共治理成绩“用脚投票”。但在受要素市场的各种缺陷困扰的许多贫穷国家，这个机制的适用度较为有限。有关俘获的实证研究表明，出现地方政府被俘获的前提条件包括：③

（1）地方初始社会和经济不平等的程度；

---

① 参见Seabright（1996）。

② 这里对于新兴研究的介绍并不充分，因为我们希望限于和早期的政治集权化有利于提高政府能力的观点相反的直接议题上。感兴趣的读者可以参阅有关的文献综述：Bardhan（2002），Mookherjee（2014）；以及对于不同地区的发展中国家的案例研究：Bardhan and Mookherjee（2006）。

③ 可参见Galasso and Ravallion（2005），孟加拉国；Araujo et al.（2008），厄瓜多尔；Ferraz and Finan（2009），巴西；Bardhan and Mookherjee（2010），印度西孟加拉邦；Bjorkman and Svensson（2010），乌干达；de Janvry et al.（2012），巴西。

（2）地方政治竞争的激烈程度；

（3）地方民主中的协商程序（包括公开听证会、市政会议等）是否经常举行，运行状况如何；

（4）有关政府运行、地方层面的福利和资源配置的信息通畅度如何，有关地方政府得到多少资源以及如何使用资源和开展审计（如果有定期开展独立审计的规定），这些信息显然非常有用。

除对上述四个条件有关的方面做出改进外，减轻俘获影响的办法还包括为社会弱势群体在地方议会中保留议席和领导职位，如印度就为低级种姓、部族和女性保留了强制席位。目前有越来越多的经验研究分析此类定向福利的影响，最早发表的论文发现，在村议会中为女性保留席位有显著的正面影响（Chattopadhyay and Duflo，2004）。后续的研究——包括我本人参与的论文（Bardhan、Mookherjee and Torrado，2010）以及其中引用的文献——未能证实扶持女性的政策所能产生的影响，但发现给少数族群的政治保留席位改善了目标人群的福利。当然除短期见效的定向福利外，更重要的问题或许是政治保留席位对赋权和信心的影响，从较长时期来看这有助于培养弱势群体的领导人。针对女性的某些研究已找到了可以支持的证据（Beaman et al.，2009）。关于孟买市议会的女性保留席位的长期影响，实验研究发现（Bhavnani，2009），在保留制度不再延续之后，女性候选人赢下选区的概率反而提高了5倍多。对于这个领域的相互矛盾的经验研究结果，一种解释是应该认识到，获得保留席位的弱势群体的领导人最初面临很多不利之处，特别是信息、网络、与上层机构的联系和工作经验等，他们需要时间才能逐步积累，让其领导力获得他人与自己内心的认可。

除了俘获会扭曲地方治理外，政治分权化还可能在遇到如下情形时产生更多负面影响：（1）地方之间出现恶性竞争①，各地的保护主义对联邦政府的侵蚀，例如普京开展集权化行动之前的俄罗斯②，阿根廷也有过地方政治家进行租金掠夺的类似案例（参见 Gervasoni，2010）；（2）由于各地的禀赋和制度差异，或者富裕地区与配置资源的上层有更为紧密的关系，导致各地的发

① 地方竞争的有害影响的另一个案例，参见 Burgess et al.（2012）。作者们的研究显示印尼的政治分权化导致政治区划数量增加，森林破坏加剧与此有关。

② 参见 Cai and Treisman（2004），Slinko et al.（2005）。

展不平衡加剧。[1] 不过在玻利维亚和南非，政治分权化通过改进联邦对各地分配转移支付的办法，改善了地区发展的不平衡格局。[2]

在许多地方，法律上和现实中的政治分权状况有着很大差异。上级政府往往把社会服务的责任分解到下级政府，却没有相应地分派资金或人力，这就是声名狼藉却司空见惯的“无资金指令”（unfunded mandates）现象。通常来说各国的政治和制度环境、分权的设计和实施都有很大差异，因此对于各发展中国家的分权化开展的少数经验研究得出了不一致的结论（即使考虑到分权决策的内生性质），这一点并不令人奇怪。另外在某些事务中，地方掌握着有利于分权化实施的重要信息和知识，例如选择合适的技术、利用本地的自然资源和人力资源等。但在其他一些事务中，超越地方立场的专业意见则更为重要，例如公共医疗和卫生、河流系统管理、水源质量保护、学校课程设置，以及审计等监督手段的采用等。聚集经济效应有时会把人才从地方政府吸引到中央机构，因此上级政府的专业意见可能需要有更大的发言权。相应的，分权化的比较优势在不同时期和不同案例中不可一概而论。

在关于分权化与集权化的争论中，必须关注在近期维持高速增长的中国的成功案例。该国形成了极为独特的混合式制度，政治上高度集权化，官员的招聘和任命受到党组织体系的严格控制，同时又伴随着很大程度的地方分权、相互竞争和改革实验。许成钢把这种体制描述为“向地方分权的威权主义制度”（regionally decentralized authoritarianism），与高度集权的大多数威权体制形成鲜明对比（Xu，2011）。尤其是在经济改革启动后的前 20 年里，分权化通过地区间竞争和一定程度的硬预算约束帮助了乡镇企业的发展。这些被总结为所谓“市场维护型联邦主义”（market-preserving federalism）的本质特征（参见钱颖一和 Weingast，1997；钱颖一和 Roland，1998）。不过有学者在批评市场维护型联邦主义时指出（Rodden and Rose-Ackerman，1997），制度环境决定着地方政治领导人是积极响应有高度流动性的投资人的诉求，还是更关心流动性较差的要素结成的本地联盟的诉求。在其他许多发展中国家，经常出现土地等非流动要素的寡头所有者对地方政府的俘获。但这在中国并不严重，或许是由于中国农村地区在集体农业体制瓦解后形成高度平均的土地分配状况，至少在改革

---

① 有学者分析了阿根廷的市镇分权化对中学教育质量的影响（Galiani、Gertler and Schargrodsky，2008），发现较贫困市镇的学校更加落后，而较富裕市镇的学校有所改善。

② 参见 Bardhan and Mookherjee（2006）有关玻利维亚和南非的章节。

初期是如此。

然而中国的威权体制没有足够独立的信息来源，可能导致不时发生严重的政策失误，如过去的“大跃进”和“文化大革命”等事件。另外由于缺乏问责机制，使得纠正较轻微的错误也较为困难、常常拖而不决。类似的，缺乏制衡机制导致中央和地方层面较为紧密的政商关系容易发生严重的腐败和权力滥用，在近年来造成了不平等扩大、土地被随意征用、工作环境和食品供应缺乏安全监督以及污染加剧等后果。另外，对于受政府控制或者与政府关系密切的企业的过度投资和过剩产能，也相对缺乏约束。所有这些都涉及民主治理体制与发展的关系这个一般议题，该议题在中国和印度这两个最大的发展中国家的比较研究中处于核心地位。① 中国在过去30多年的各种经济表现显然优于印度，使得中国的部分精英阶层乃至某些海外人士都坚信威权主义对发展是有益的——通常被称为“北京共识”。本文下一节将会指出，这是个错误而有害的总结。当然我们也要小心不能跨越到同样脆弱的相反论点，即认为民主对发展的影响总是正面的。

5. 民主与发展

有关民主与发展的研究目前为数众多，这里只涉及其中与政治集权化和问责的权衡取舍有关的一小部分。我赞同阿西莫格鲁与罗宾逊的观点，即经济发展成绩很大程度上取决于政治架构，但政治制度与经济制度有时可以共同演化，它们之间可能有着重要的相互作用，不能片面地强调其中的一个方面。具体来说，民主或政治多元化（也就是一般意义上的包容性政治制度）同发展的关系相当复杂，这方面的常见跨国回归研究并没有充分反映这种复杂性。有学者指出（Durlauf，2005；Brock and Durlauf，2001），回归研究中反映的民主与增长的关系并没有稳健性，统计识别方法并不令人信服。由于对控制变量及模型的其他不确定特征的不同选择，各篇论文得出的结论相去甚远。就本文的目标而言，重要的是这些回归难以帮助我们理解复杂的发展过程中的机制。

民主决策的过程当然较慢，但其协商和选举过程能更好地解决社会冲突，并给公民们“有条件赞成”的政策提供合法性基础。② 此外，民主还有保证个

① 对于中国和印度的民主与发展关系的详细讨论，参见 Bardhan（2013），第10章。

② 参见 Levi（2006）。

人的自主性和自由度、促进参与和协商等作用，某些人把这些作用也视为发展本身的重要组成部分。① 民主还能约束资本主义走向极端，使发展更具可持续性，例如通过社会运动对环境掠夺行为加强监督等。对独裁者来说，权力极其宝贵，不容有失，因此总是难以摆脱暴力冲突以及随之而来的对经济稳定和社会组织的潜在破坏。通常来说，独裁国家经济发展的波动性也大于民主国家，因为后者的权力制衡会排斥掉某些最糟糕的领导人及其造成的后果。②

但另一方面，也有许多实行民主选举的国家缺乏制度化的常设问责机制，甚至还有一些显而易见的“不自由民主制”的案例。③ 即使在自由民主制度下，对普通民众负责的程序也会受到金钱势力的严重削弱，反而用于保护和促进有钱有势的群体的利益。另外，尽管与市场竞争类似，政治竞争通常被视为好事，但在之前提到的某些情况下，同样可能出现恶性竞争。④ 如果没有充分的政治集权，民主制度下的政治竞争可能鼓励民粹主义或短期行为。例如，印度的政治家们在竞选时经常承诺提供免费的电力和水源，或者要求银行免除农民的债务，但这会损害对公用事业的长期投资以及银行体系的健康。许多稀缺资源就这样通过短期补贴和救济被消耗掉，反而不利于开展对穷人有利的长期投资，如公路、灌溉、供水和供电系统的建设等。有学者列举了非洲的案例（Bates，2008），显示民主竞争可能诱使执政党利用权力为短期利益而掠夺公共资源。我参与的一项研究构建了若干模型（Bardhan and Yang，2004），以说明政治竞争虽然能带来可以分配给公众的收益，却会缩小政治上可行的公共投资的范围，从而导致总体福利减少。当然在社会服务提供方面，如果政府的行动比较容易被证实，政治竞争就能较好地发挥作用。例如降低学校收费，就比提高学校教学质量更容易得到证实。有研究提到，非洲的民主国家比非民主国家有着更高的学校入学率（Harding and Stasavage，2012），这可以作为佐证。还有研究发现（Fujiwara，2014），巴西选举中的

---

① 参见 Sen（1999）。

② 但在薄弱的民主制度运转得很糟糕时，情况并非如此。另一方面，即使在最好的专政国家，也没有内在的制度能保证其长期稳定。

③ 有关这些案例的非学术介绍，参见 Zakaria（2004）。这里还涉及定义问题，在我们看来，民主不止意味着有定期选举（即使可能让当权者下台），对日常行政的问责程序以及对基本人权的尊重也应该是民主定义中的核心组成部分。

④ 这关系到佩尔松等人（Persson et al.，1997）提出的一个命题，即权力的分散会导致公共决策中的公共池塘难题，使国民的处境恶化。

技术变革提高了穷人和文盲的政治参与率，使医疗支出随之增加，儿童健康状况得到改善。

在某些情况下，政治领导人不是提供普遍性的公共服务，而是通过其亲信群体选择性地向部分中间选民分配利益（私人产品或俱乐部产品），以赢得选举。这方面的报道比比皆是，有关的理论和经验研究可参见巴丹和慕克吉等人的研究（Bardhan and Mookherjee，2012；Robinson and Verdier，2013）。针对印度西孟加拉邦农村地区的家庭调查发现（Bardhan et al.，2009），选举行为很明显更容易受地方政府安排的经常性福利的影响（包括贷款补贴、农业投入品补贴、公共工程就业、对个人的紧急救助等），而不是数额较大的一次性发放的福利（包括土地改革、提供住房和厕所等），这意味着存在政治庇护主义的趋势。另外在社会和族群比较多元化的情况下，选举动员是分群体来组织开展的，可能出现更多的选择性利益分配，而对一般用途的公共品的投资激励会减弱。有学者在贝宁开展田野实验，劝说参与竞选的候选人随机调整其竞选立场，要么支持庇护主义项目，给特定的族群提供现金，要么支持发展当地的公共品项目，实验结果发现，前者能得到更多选票（Wantchekon，2003）。此类政治庇护主义尽管能给部分穷人带来帮助，却会损害有利于穷人的一般性公共投资。另有研究也是引用贝宁的实验数据，表明在市政会议中开展充分的公众协商可以减少庇护主义的倾向（Fujiwara and Wantchekon，2013）。

庇护主义的出现总体而言可能取决于发展阶段。随着收入增加和市场发展，依靠政治关系来提供就业机会和特殊帮助的需求会减少。当然，如意大利南部的许多案例所示，这个过程可能会很漫长。随着教育和信息的普及，通过选择性福利发放来开展地方动员的重要性将下降，选民们根据族群或地区而投票的羊群效应也会减弱。随着交通和通信的进步，地方的封闭性会被打破，超越地方利益的号召力会削弱地方支持者群体的重要性。

迈尔森的研究强调民主的分权化如何可以增强地方领导人的机遇和激励，促使他们树立负责任地使用公共资金的声誉，甚至使他们能够在全国选举中克服政治上的进入壁垒（Myerson，2013）。中国有着不同的政治体制，但在官员晋升体制中也纳入了这类与地方发展成绩挂钩的声誉激励。总之，对政治体制与发展之间关系的研究，需要考虑大量的制度条件和偶然性。在某些情况下容易看到：民主（或缺乏民主）对经济发展而言既非必要条件也非充分条件。

与此同时，就中国和印度的比较来说，我们不能忽视与权力来源有关的基本政治特征。相比由选举产生的印度领导人，注重实用主义和专业主义的中国领导人往往更有能力采取快速而关键的行动。但在面对危机或政治冲击时，中国人往往会反应过度、压制信息，采取高压措施，从而增大失控或动荡的概率。印度的民主政府尽管在表面上显得混乱无序，但在本质上更为稳固，因为政府的力量来自多元化的民主所提供的合法性。

6. 政府在解决协调失灵中的作用

制度经济学研究过于关注政府保护产权的能力，而忽略了工业化早期另外一个重要的政府必备能力，即解决协调失灵问题的能力。该问题是早期的发展研究曾经强调的。在这方面，东亚国家的历史较为特殊。东亚的增长并不仅仅是政府提供产权保护和市场扶持制度的结果。有学者研究过“不同类型的资本主义”，对于英美式的“自由市场经济”同德国和北欧式的“合作市场经济”之间的差异做了定性分析（Hall and Soskice，2001）。与之类似，有必要指出政府在发展中的不同类型的作用，包括自由市场扶持类型与促进协调类型之间的差异。

对于东亚的所谓发展型政府的大量政治社会学研究具有启发和描述作用，但除了伊文斯等特例外（Evans，1995），这些研究对于相关机制的分析未必清楚。青木昌彦等人（Aoki et al.，1997）则更为细致地描述了韩国和日本的政府与大企业集团通过交易让大企业在与政府的合作中发挥作用，并获得某种形式的“合作的相机租金”这一现象（cooperation-contingent rent）。从这个视角看，这些国家的经济发展不止依靠保护产权和执行合同的制度（当然对长期投资来说它们仍很重要），还要政府的帮助来促进产业合作（尤其是在工业化早期的金融市场上），在生产商与供应商的复杂网络中推动相互依赖的投资决策，设立国有开发银行以及提供长期产业融资的机构，以及鼓励企业开展技术升级并进军符合国家发展目标的产业等。① 允许和鼓励这样的合作，同保护产权的政府职能有着本质的差异。

近期关于产业政策的研究已经认识到这点。当然这样的产业政策显然不同于旧式的一揽子保护主义措施，旧式政策完全不适合只有在全球供应链上才能

---

① 世界银行 1993 年有关东亚奇迹的著名报告有着同样的看法。

兴旺的产业。有的研究强调（Hausmann and Rodrik，2003），产业政策应减少不可能完成的“选秀”任务，而更多采取“发现”某个国家的潜在比较优势领域的办法，以适应信息并不充分且不确定的世界。在所有此类发现过程中，都存在私人投资不足的现象，因为其他同业者容易获得外部性的好处。通过政府参与来促进和协调这类新经济活动的开发，不可避免会经历很多试错，其中必然有失败。这里需要的主要政府能力不是选拔优秀，而是让失败者出局，但前文阐述软预算约束的问题时提到，这在政治上更为困难。

与其他许多重要的发展政策问题一样，这里涉及的核心议题（如资本约束和信贷市场不完善、学习的溢出效应、需要协调开展的关联投资等）在概念上比较容易归纳，但难以量化。① 针对新的经济活动的学习过程开展过许多案例研究，包括东亚以外的国家。有的研究表明（Sutton，2012），在跨国企业到来的几年之后，印度（以及中国）的本国汽车零部件生产商就达到了“世界级”标准——以供应部件的缺陷率来测算。在此过程中，政府提供了各种扶持，包括对本国产品的保护主义措施。当然某些措施在今天的世贸组织框架内是非法的。另有研究分析了拉丁美洲的政府扶持的出口领军企业（Sabel et al.，2012），例如哥伦比亚的花卉种植业、巴西的家具制造业和商用飞机产业、墨西哥的牛油果产业、乌拉圭的动物疫苗产业等。总体来看政府的扶持政策促进了协调，提供了产业专用的公共品或俱乐部产品（例如技术支持等专业服务，帮助企业满足检疫和其他质量标准等），并使出口生产活动能通过大量的专业化企业集群而产生巨大的聚集经济效应。这些研究还从广泛的类似案例中总结了“反事实”性质的失败教训。

当然在经验研究领域，对发展中国家出口领军产业的细致研究经常会遇到选择偏差的困扰（受到关注的往往是成功的幸存者），另外还有可重复性的疑问。对于“在出口中学习”有大量的实证研究，但其中许多不能排除生产率较高的企业主动开展出口业务的可能性，同时又缺乏详细的企业层面的数据。阿特金等人（Atkin et al.，2014）较好地克服了这两个缺陷，在随机控制实验中，对于埃及的地毯生产商进入外国市场引入外生变化，结果发现存在显著的学习效应。

哈里森等人建议实施一整套“柔性”产业政策（Harrison and Rodriguez-

---

① 罗德里克分析过有关的统计分析难点（Rodrik，2008）。

Clare，2010），与世界贸易组织的监管规则可以兼容，包括鼓励研发、推广服务、职业培训、支持产业集群中的自发集体行动、改进监管和基础设施等，其目标是发展有助于提高生产率的国内协调政策，而非进行扭曲价格的干预。阿吉翁等人开展的研究*利用1998—2007年中国大中型企业的面板数据表明，面向竞争产业或者致力于促进竞争的产业政策（也就是面向同一产业的多家企业的政策或者鼓励新企业及高效率企业的措施）提高了生产率增速。对产业政策的更深入研究必须关注：国内政治联盟与市场结构的特定制度组合，决定成败关键的特定政策设计，以及通过严格的经验和实验研究来识别政策和结果的因果联系。

在不远的将来，政府协调议题或许还应涉及：促进对“绿色”技术的投资，以减少负外部性；随着某些发展中国家进入中等收入阶段，在告别简单的模仿和学习后，促进前沿创新①；为现有的知识产权体系寻找替代制度②，因为现有体系有时给创新者转移了太多垄断租金，剥夺了较贫穷的消费者，并给需要立足现有成果的未来创新者制造了障碍。

产业政策本身经常受到创造寻租机会的质疑。重点在于，要制约过度寻租就必须把定向产业扶持同某些形式的市场约束结合起来。罗德里克指出，当最优的制度规则或操作办法在发展中国家常见的政治经济背景下难以施行时，某些租金的创造或许与采取所谓的“次优”制度密不可分（Rodrik，2008）。如果创业活动是约束条件，则租金可能带来活跃的激励（类似于某些熊彼特式的增长模型），或者当主要挑战是在薄弱的资本市场环境中促进投资时，适度的产业进入壁垒造成的租金或许可以带来必要的资金。阿西莫格鲁与罗宾逊的研究显示，更普遍地说，租金对维持政治权力平衡或政治均衡是必要的，而坚持最优制度规则、消灭租金则可能导致不利于生产的意外政治后果（Acemoglu and Robinson，2013）。诺思等人从不同背景出发，分析在发展中国家常见的所谓“有限社会秩序”下，以租金创造作为约束暴力的关键手段（North、Willis and Weingast，2009），特别是在政府较为脆弱的国家，是依靠“寡头暴力”来维持秩序，而非

---

* 中文版见《比较》第82辑。——编者注

① 对此，阿吉翁呼吁“有战略眼光的政府……充当催化剂，利用有选择和良好管理的措施来支持市场驱动的创新过程”（Aghion，2014）。

② 已经提出的替代制度包括，由政府购买专利，然后将其用于公共领域。当然这样做会涉及政府在专利定价中面临的任意性和道德风险问题。

韦伯式的由政府掌握的“垄断暴力”，此时租金分享对维持秩序至关重要。

然而即使在政府运行正常的国家，租金分享作为结成政治联盟的手段也可以成为并一直是维持政治均衡的重要特征。东亚国家的例子表明，大型企业集团的技术革新活力与租金分享并存，政治党派深深地卷入了寻租活动，日本自民党就是这方面的一个经久不衰的案例。① 如前文所述，东亚国家普遍来说在多个世纪以来有着漫长而持续的成熟政府制度，与非洲和拉丁美洲国家截然不同，这或许有助于形成官僚文化，加上官员同私人企业家的密切联系，可能限制过度寻租。或许更重要的是，在东亚的开放经济体中，由政府引导的出口产业的成功也在制约过度寻租，国际竞争环境下对成本和质量的注重，使可能走向串谋的企业和官员必须有所收敛。但在缺乏严格的市场约束的时候，发展中国家的大量证据表明产业政策会失效，企业同窃贼式政府勾结起来渔利，而国家的发展进程因之停滞。

7. 国有企业与政府效力

本文第4节提到，最近几十年的中国成为分权式发展的独特案例，地方政府不但积极提供各种社会服务，而且大力促进当地的经济发展，某些最成功的企业也由地方政府运营或出资。在地方政府之上，中央政府同样在出色地推进所谓“国家资本主义”（企业在政府的经营或指导下追求利润或剩余）的发展模式。② 近年来我们在巴西和俄罗斯也看到类似的情形，但规模最突出的还是中国。大型国有企业控制了中国的交通、能源、冶金、金融和电信等产业。某些企业如今已成为全球市场竞争的重要参与者，很多实现了高度商业化：招聘职业化经理人、拓展投资人基础，并缩减了之前的庞大冗员和传统的社会及政治负担。中国的许多国有企业已不属于通常意义上的国有企业，它们在外国股票市场上市，遵守国际上有关公司治理的规则。中国也出现了不少成功的私人企业，包括联想、华为、海尔、吉利、阿里巴巴等，它们成为国内的领军者，其经营往往受到政府的深刻影响。政府即使不拥有这些企业的股份，也在积极

① 即使在现代化早期的欧洲国家，也出现过统治家族、公务员阶层和商业资产阶级之间通过世袭性质的安排（而非韦伯式的非人格化规则），来促进增长进程的案例。参见亚当斯对17世纪的荷兰的分析（Adams，2005）。

② 这个术语最早是由无政府主义者和其他社会主义者作为贬义使用，但后来列宁及其追随者采用了更为积极的看法。

引导和扶持它们。这些由政府拥有或扶持的企业有着雄厚的资金做后盾，更容易获得银行贷款和土地资源，它们往往比大多数（关注短期股价变动和财务公报的）纯私有企业更具有长期发展视野，更有实力经受商业周期的冲击。但另一方面，这些企业的盈利能力通常来自垄断权力和政治关系（经常被批评为裙带资本主义）①；它们可能在以追赶为主的发展阶段快速成长，但有些学者担心，到了以创新和创造性破坏为主的发展阶段可能将难以为继（如Acemoglu and Robinson，2012）。②

由此牵涉的一个普遍问题是，大型（国有或私有）企业集团与不同类型的创新之间存在何种联系。这些大型企业组织在促进研发和创新上的作用，可能因为创新的具体类型而大为不同，是属于对现有企业发起挑战的“破坏型”创新（在美国，与风险投资结合的私人投资者较为擅长，而大型企业不太擅长），还是属于日积月累的“渐进型”创新（日本人称为“改进”，德国和东亚的某些大型企业精于此道）。当然不能否认的是，大多数国家对于这两类创新显然都有某些类型的政府扶持，但也总是存在“大而不倒”的企业蜕变为寻租天堂的危险。

如果没有更多经验研究，仅靠传闻，关于国家资本主义创新的讨论就很难得出结论。有研究提到中国在集成电路设计产业的创新动向（Ernst and Naughton，2012），与政府鼓励的本土创新不同，在需要更多利用国际技术、对全球价值链做出更快响应的领域，中国的创新似乎做得更成功。同时有证据表明，中国的大型国有企业和有密切政治联系的私人企业造成了严重的资本（和经理人才）错配以及过剩产能。随着中国的储蓄率和投资率（以及不受欢迎的土地征用）在未来趋于下降，这种错配的影响将更为严重。然而与这些企业合作的政治精英的既得利益会使抵制变革的力量异常强大。

最后需要强调的是，一般来说，讨论各国国有企业业绩的文献经常没有考虑政治和组织因素，并采用了较为简单、狭义的效率指标。而在公共经济学研

---

① 有研究认为（Li、Liu and Wang，2012），中国经济在纵向结构上有很强的二元性质，政府通过上游部门的垄断权力获取利润和政治租金，上游部门负责为下游部门提供资本、投入品和服务，而发展较为成功的下游部门主要是私有经济或混合经济。

② 鼓励服从而非创造力的集体主义文化也对创新很不利。有关“个人主义”文化与创新之间正相关关系的一般证据，可参见Gorodnichenko and Roland（2013）。这或许还意味着在集体主义社会中，政府在促进个人的创造创新上应该有独特作用。但如果是专制型政府，则可能压抑创新所赖以存在的创造性和自由精神。

究文献中，则经常提到有关政府或私人组织提供公共服务的相对效率问题。在私有化行动中以私人垄断代替公共垄断，或者以私人企业形成的监管俘获来代替对国有企业的政治干预和软预算约束，都会使有关企业效率的标准比较研究失效。不过大量的经验研究依然显示，私人企业在效率上存在优势①，但有关公用事业企业私有化的研究，得出的结论并不清晰。② 在基础设施建设中，公私合营模式（PPP）日益流行。这种模式可能有效利用私人资本和专业人才，但在实际案例中，公共部门也经常要承担不利的风险，包括重新谈判中面临的机会主义，或者国有银行积累的坏账（需要纳税人来注资）等。阿西莫格鲁与罗宾逊强调了私有化的政治后果（Acemoglu and Robinson，2013）：精心设计的旨在提高效率的私有化行动有时会破坏原有的寻租和政治安排，造成损害生产率的结果。一个突出的案例是俄罗斯在20世纪90年代实行私有化的政治后果，资产再分配中的高度不平等给寡头的掠夺提供了机会，引发社会强烈不满，为普京建立裙带资本主义威权体制铺平了道路。

有关公共部门改革的研究往往对反事实的案例研究重视不足。例如在评估公用事业部门的效率时，我们必须注意它需要同时追求相互矛盾的多个目标，例如，在铁路运输中为了收回成本并给较弱势的人群和偏远地区提供低价服务，就需要在商业化的货物运输与旅客运输中实行交叉补贴。在此类常见情形中，存在多个任务和多重目标，政治委托人与代理人之间存在矛盾，对代理人的工作结果缺乏精确的度量和完备的合同规定，此时，国有机构的各种效率欠缺或许不能用市场或私人企业等简单的替代性组织方式来解决（Williamson，1996）。有学者指出，尽管国有机构的某些明显的效率欠缺（尤其是预算约束在政治上过软时）可以通过组织改革或激励设计来改进，但这些机构很多时候要承担的职能过于复杂，是私人部门难以承担的（Dixit，2012）。把这些职能私有化可能使结果更糟，因为私人企业无力承担复杂的多维度任务的交易成本和治理成本。哈特等人介绍过一个带有普遍意义的监狱私有化案例（Hart、

① 这方面的调查研究，参见 Parker and Kirkpatrick（2005）。《经济文献杂志》（JEL）还发表过对转轨国家私有化效果的总结，见 Estrin et al.（2009）。

② 例如对供水私有化的研究表明（Galiani、Gertler and Schargrodsky，2005），从阿根廷各市镇的面板数据来看，在水务私有化的市镇，有间接证据显示供水范围和质量有所改进。利用类似的研究方法，另有学者发现（Borraz et al.，2013）乌拉圭的有过私有化经历的水务公司（后来又国有化）相比一直属于国家的水务公司，在供水范围和质量上也都做得更好。

Shleifer and Vishny，1997），政府把监狱管理承包给私人企业，结果那些难以由合同加以规定的服务的质量将会下降。公共部门行政改革的两难在于：面对多维度的目标和任务，难以为公务员设计出强激励性质的合同；但另一方面，采用弱激励性质的合同，这些人又容易发生腐败或者被利益集团所俘获。①

8. 结论性评述

一般而言，不同的任务应采取不同的治理机制。以通常的协调任务为例，处于早期发展阶段的国家被各种类型的协调失灵所困扰，政府、市场、社团组织等不同类型的协调机制都可以为克服协调失灵做出贡献，有时相互冲突，有时相互补充。在不同的发展阶段，它们各自的作用会发生变化，这关系到具体环境，并存在路径依赖。认为某一种协调机制无条件地优于其他机制，是过于单纯和违背历史事实的。市场的优势在于能协调大量非合作式的相互往来、约束效率低下的行为，并给高效率的表现予以奖励。但是在剩余索取权和控制权不匹配，或者长期投资存在重要的互补效应时，市场难以开展有效的协调。具体来看，信贷和保险市场的不完美和合同的不完备，对穷人来说显得尤为严重，这会大幅削弱社会在生产性投资、创新和人力资源开发上的潜在投入。在非合作式交往缺乏效率时，政府可以提供领导力（和选择性的正激励或负激励）来促进私人之间的合作。然而政府官员可能缺乏信息或激励来发挥这一作用，他们可能腐败或无能，而政治问责机制往往太弱，不足以形成约束。因此我们需要各种类型的制度安排的组合，对不同的协调机制扬长避短，最优制度组合的特点也会随着发展进程而变化。

本文旨在指出通常的制度经济学研究文献中忽略的某些复杂性，并考虑补充另外的思考方法，以关注政府对发展可能发挥的作用，特别是解决协调失灵和集体行动难题、承诺与问责的冲突和权衡问题、政府能力的各个组成部分、经常被忽略的政治联盟的组建问题、政治集权化和分权化各自的优点和缺点、租金分享在政治均衡中的重要意义，以及难以由市场和私人企业来解决的政府职能的多维度特性。

这些问题对应着现有文献中关注不足的几个研究领域，最后我将简单总结其中的一小部分：

---

① 有关以激励和组织改革来防范腐败的讨论，参见 Bardhan（2005），第 8 章。

(1) 对于组建政治联盟背后的力量和运动，以及不同历史背景下各种精英群体的讨价还价，现有文献只开展了初步的讨论。这方面的理论不仅应结合有关政治联盟的更广泛的研究①，还应关注有关政治联盟的组建和破裂的更多经验分析和历史案例研究。近年来的技术进步和全球化导致低技能劳动力组织在政治联盟中的地位下降，并给贫困国家的政策和福利体制造成影响。这类未被重视的研究领域应结合上述背景展开讨论。

(2) 集体行动理论及其各种影响因素应该比奥尔森最早提出的搭便车问题复杂得多（Olson，1965）。例如在不同群体对收益分享的公平感受难以协调时，集体行动就会破裂，有关分配的此类冲突和其他冲突对于上一条提到的政治联盟的组建也有重要影响。

(3) 本文第 6 节关于产业政策的讨论中提到，需要更多的经验和实验研究来认识政策及其结果之间的准确联系、国内政治联盟与市场结构的特殊制度组合，以及具体的产业政策设计。

(4) 本文第 7 节提到，在中等收入的发展中国家，大型国有企业与创新的关系尚未得到深入分析。这些国家的老牌企业如何阻碍了创新进程，或者这些企业的渐进式创新（尤其是在鼓励员工和经理人充分开展意见交流的背景下）如何延缓了技术进步的收益递减，目前还缺乏足够的经验研究。

(5) 类似的，对公私合营模式近年来在大型基础设施项目中的应用案例急需进行分析总结，尤其是在某些项目中从初期的热情到后来的失望。

(6) 本文第 4 节提到，在有关政治问责制的讨论中，许多发展中国家原先对政治分权化寄予希望，但因各种形式的权力俘获和职能失调问题而破灭。经验研究得出的结论并不一致，主要是因为分权化的政治和制度背景以及分权计划的具体设计和实施彼此差异太大。目前需要进行更深入的挖掘，从微观的经验和实验研究中尝试寻找乱象背后的模式。

(7) 一个尚未充分解答的重要议题是，需要通过经验数据弄清楚，民主制度在什么情况下能推动对穷人有利的长期公共品投资，在什么情况下会蜕变为短期的民粹主义和庇护主义分配政策。

（余　江　译）

① 参见 Ray and Vohra（2014）。

参考文献

D. Acemoglu, S. Johnson, and J. A. Robinson, "The Rise of Europe: Atlantic Trade, Institutional Change, and Economic Growth", *American Economic Review*, 95 (3), 2005, pp. 546-79.

D. Acemoglu and J. A. Robinson, *Why Nations Fail: The Origins of Power, Prosperity, and Poverty*, Crown Business, 2012.

D. Acemoglu and J. A. Robinson, "Economics versus Politics: Pitfalls of Policy Advice", *Journal of Economic Perspectives*, 27 (2), 2013, pp. 173-92.

J. Adams, *The Familial State: Ruling Families and Merchant Capitalism in Early Modern Europe*, Cornell University Press, Ithaca, NY, 2005.

P. Aghion and J. Tirole, "Real and Formal Authority in Organizations", *Journal of Political Economy*, 105 (1), 1997, pp. 1-29.

P. Aghion and A. Roulet, "Growth and the Smart State", *Annual Review of Economics*, 6, 2014, pp. 913-26.

P. Aghion, J. Cai, M. Dewatripont, L. Du, A. Harrison, and P. Legros, "Industrial Policy and Competition", *American Economic Journal*, Macroeconomics, forthcoming.

A. Alesina, A. Devleeschauwer, W. Easterly, S. Kurlat, and R. Wacziarg, "Fractionalization", *Journal of Economic Growth*, 2003, 8 (2), pp. 155-94.

R. C. Allen, *The British Industrial Revolution in Global Perspective*, Cambridge University Press, Cambridge, 2009.

M. Aoki, K. Murdock, and M. Okuno-Fujiwara, "Beyond the East Asian Miracle: Introducing the Market-Enhancing View", in M. Aoki, H. Kim, and M. Okuno-Fujiwara (eds.), *The Role of Government in East Asian Economic Development: Comparative Institutional Analysis*, Oxford University Press, Oxford, 1997.

M. Aoki, "Strategies and Public Propositions in Games of Institutional Change: Comparative Historical Cases", *Journal of Comparative Economics*, forthcoming.

M. C. Araujo, F. H. G. Ferreira, P. Lanjouw, and B. Ozler, "Local Inequality and Project Choice: Theory and Evidence from Ecuador", *Journal of Public Economics*, 92 (6), 2008, pp. 1022-46.

N. Ashraf, O. Bandiera, and J. Kelsey, "No Margin, No Mission? A Field Experiment on Incentives for Pro-social Tasks", *Journal of Public Economics*, forthcoming.

D. Atkin, A. K. Khandelwal, and A. Osman, "The Impact of Exporting: Evidence from Randomized Trial", unpublished, 2014.

O. Bandiera, A. Prat, and T. Valletti, "Active and Passive Wastein Government Spending: Evidence from a Policy Experiment", *American Economic Review*, 99 (4), 2009, pp. 1278-1308.

S. Bandyopadhyay and E. Green, "Pre-colonial Political Centralization and Contemporary Development in Uganda", STICERD Discussion Paper, London School of Economics, 2012.

A. Banerjee, R. Chattopadhyay, E. Duflo, D. Keniston, and N. Singh, "Can Institutions be Reformed from Within? Evidence from a Randomized Experiment with the Rajasthan Police", NBER Working Paper no. 17912, 2012.

P. Bardhan, *The Political Economy of Development in India*, Oxford University Press, Delhi, 1984.

P. Bardhan, "Symposium on the State and Economic Development", *Journal of Economic Perspectives*, 4 (3), 1990, pp. 3-7.

P. Bardhan, "Decentralization of Governance and Development", *Journal of Economic Perspectives*, 16 (4), 2002, pp. 185-205.

P. Bardhan, *Scarcity, Conflicts, and Cooperation*, MIT Press, Cambridge, MA, 2005.

P. Bardhan, *Awakening Giants, Feet of Clay: Assessing the Economic Rise of China and India*, Princeton University Press, Princeton, N. J. , 2013.

P. Bardhan, S. Mitra, D. Mookherjee, and A. Sarkar, "Local Democracy and Clientelism: Implications for Political Stabilityin Rural West Bengal", *Economic and Political Weekly*, 44 (9), 2009, PP. 46-58.

P. Bardhan and D. Mookherjee (eds.), *Decentralization and Local Governance in Developing Countries: A Comparative Perspective*, MIT Press, Cambridge, MA, 2006.

P. Bardhan and D. Mookherjee, "Determinants of Redistributive Politics: An Empirical Analysis of Land Reforms in West Bengal, India", *American Economic Review*, 100 (4), 2010, pp. 1572-1600.

P. Bardhan and D. Mookherjee, "Political Clientelism cum Capture: Theory and Evidence from West Bengal", workingpaper, 2012.

P. Bardhan, D. Mookherjee, and M. P. Torrado, "Impact of Political Reservations in West Bengal Local Governments on Anti-Poverty Targeting", *Journal of Globalization and Development*, 1 (1), 2010, pp. 1-34.

P. Bardhan and C. Udry, *Development Microeconomics*, Oxford University Press, Oxford, 1999.

P. Bardhan and T-T. Yang, "Political Competition in Economic Perspective", BREAD Working Paper no. 78, 2004.

R. Bates, *When Things Fell Apart*, Cambridge University Press, New York, 2008.

T. Besley and T. Persson, *Pillars of Prosperity: The Political Economics of Development Clusters*, Princeton University Press, Princeton, 2011.

L. Beaman, R. Chattopadhyay, E. Duflo, R. Pande, and P. Topalova, "Powerful Women: Does Exposure Reduce Bias?", *Quarterly Journal of Economics*, 124 (4), 2009, pp. 1497-1540.

R. R. Bhavnani, "Do Electoral Quotas Work after They are Withdrawn? Evidence from a Natural Experiment in India", *American Political Science Review*, 103 (1), 2009, pp. 23-35.

M. Bjorkman and J. Svennson, "When is Community Managed Monitoring Effective?", *Journal of European Economic Association*, 8 (2-3), 2010, pp. 571-81.

C. Blattman and E. Miguel, "Civil War", *Journal of Economic Literature*, 48 (1), 2010, pp. 3-57.

V. Bockstette, A. Chanda, and L. Putterman, "States and Markets: The Advantage of an Early Start", *Journal of Economic Growth*, 7, 2002, pp. 347-69.

F. Borraz, N. G. Pampillon, and M. Olarreaga, "Water Nationalization and Service Quality", *World Bank Economic Review*, 27 (3), 2013, pp. 389-412.

W. A. Brock and S. N. Durlauf, "Growth Empirics and Reality", *World Bank Economic Review*, 15 (2), 2001, pp. 229-72.

R. Burgess, M. Hansen, B. Olken, P. Potapov, and S. Sieber, "The Political Economy of Deforestation in the Tropics", 2012.

H. Cai and D. Treisman, "State Corroding Federalism", *Journal of Public Economics*, 88 (3-4), pp. 819-43.

R. Chattopadhyay and E. Duflo, "Women as Policy Makers: Evidence from a Randomized Policy Experiment in India", *Econometrica*, 72 (5), 2004, pp. 1409-33.

G. Clark, *A Farewell to Alms: A Brief Economic History of the World*, Princeton University Press, Princeton, 2007.

J. Cornick, "Public Sector Capabilities and Organization for Successful PDP's", Inter-American Development Bank, Washington DC, 2013.

G. W. Cox, "Was the Glorious Revolution a Constitutional Watershed?", *Journal of Economic History*, 72 (3), 2012, pp. 567-600.

E. Dal Bo, F. Finan, and M. Rossi, "Strengthening State Capabilities: The Role of Financial Incentives in the Call to Public Service", *Quarterly Journal of Economics*, 128 (3), 2013, pp. 1169-1218.

A. de Janvry, F. Finan, and E. Sadoulet, "Local Electoral Incentives and Decentralized Program Performance", *Review of Economics and Statistics*, 94 (3), 2012, pp. 672-85.

M. Dewatripont and E. Maskin, "Credit and Efficiency in Centralized and Decentralized Economies", *Review of Economic Studies*, 62, 1995, pp. 541-55.

M. Dincecco, *Political Transformations and Public Finances: Europe, 1650-1913*, Cambridge University Press, Cambridge, 2011.

A. K. Dixit, "Bureaucracy, Its Reform, and Development", *Review of Market Integration*, 4 (2), August 2012, pp. 135-157.

S. N. Durlauf, P. Johnson, and J. Temple, "Growth Econometrics", in P. Aghion and S. N. Durlauf (eds.), *Handbook of Economic Growth*, Elsevier, Amsterdam, 2005.

J. Elster, *Making Sense of Marx*, Cambridge University Press, New York, 1985.

J. Elster, "The Impact of Constitutions on Economic Performance", Proceedings of the World Bank Annual Conference on Development Economics, World Bank, Washington DC, 1994.

S. R. Epstein, *Freedom and Growth: Markets and States in Europe, 1300-1750*, Routledge, London, 2000.

D. Ernst and B. Naughton, "Global Technology Sourcing in China's Integrated Circuit Design Industry", East-West Center Working Paper no. 131, Honolulu, 2012.

S. Estrin, J. Hanousek, E. Kocenda, and J. Svejnar, "The Effects of Privatization and Ownership in Transition Economies", *Journal of Economic Literature*, 47 (3), 2009, pp. 699-728.

P. B. Evans, *Embedded Autonomy*, Princeton University Press, Princeton, 1995.

P. B. Evans and J. Rauch, "Bureaucracy and Growth: A Cross-National Analysis of the Effects of 'Weberian' State Structureson Economic Growth", *American Sociological Review*, 64, 1999, pp. 748-65.

C. Ferraz and F. Finan, "Exposing Corrupt Politicians: The Effect of Brazil's Publicly Released Audits on Electoral Outcomes", *Quarterly Journal of Economics*, 123 (2), 2008, pp. 703-45.

T. Fujiwara, "Voting Technology, Political Responsiveness, and Infant Health: Evidence from Brazil", Princeton University Working Paper, 2014.

T. Fujiwara and L. Wantchekon, "Can Informed Public Deliberation Overcome Clientelism? Experimental Evidence from Benin", *American Economic Journal*, *Applied Economics*, 5 (4), 2013, pp. 241-55.

E. Galasso and M. Ravallion, "Decentralized Targeting of an Anti-poverty Program", *Journal of Public Economics*, 89 (4), 2005, pp. 705-27.

S. Galiani, P. Gertler, and E. Schargrodsky, "Water for Life: The Impact of the Privatization of Water Services on Child Mortality", *Journal of Political Economy*, 113 (1), 2005, pp. 83-120.

S. Galiani, P. Gertler, and E. Schargrodsky, "School Decentralization: Helping the Good Get Better but Leaving the Poor Behind", *Journal of Public Economics*, 92 (10-11), 2008, pp. 2106-20.

C. Gervasoni, "A Rentier Theory of Sub-national Regimes: Fiscal Federalism, Democracy and Authoritarianism in Argentine Provinces", *World Politics*, 62 (2), 2010, pp. 302-40.

S. Gonçalves, "The Effects of Participatory Budgeting on Municipal Expenditures and Infant Mortality in Brazil", *World Development*, 63 (1), 2014, pp. 94-110.

Y. Gorodnichenko and G. Roland, "Culture, Institutions and the Wealth of Nations", unpublished, 2013.

J. Habyarimana, M. Humphreys, D. N. Posner, and J. M. Weinstein, "Why does Ethnic Diversity Undermine Public Goods Provision?" *American Political Science Review*, 2007, 101 (4), pp. 709-25.

P. A. Hall and D. Soskice (eds.), *Varieties of Capitalism: The Institutional Foundations of Comparative Advantage*, Oxford University Press, Oxford, 2001.

R. Harding and D. Stasavage, "What Democracy Does (and Doesn't Do) for Basic Services: School Fees, School Inputs, and African Elections", Department of Politics, New York University, 2012.

A. Harrison and A. Rodriguez-Clare, "Trade, Foreign Investment, and Industrial Policy for Developing Countries", in D. Rodrik and M. Rosenzweig (eds.), *Handbook of Development Economics*, vol. 5, Elsevier, Amsterdam, 2010, pp. 4039-4214.

O. Hart, A. Shleifer, and R. W. Vishny, "The Proper Scope of Government: Theory and an Application to Prisons", *Quarterly Journal of Economics*, 112 (4), 1997, pp. 1127-61.

R. Hausmann and D. Rodrik, "Economic Development as Self-discovery", *Journal of Development Economics*, 72 (2), 2003, pp. 603-34.

L. Iyer and A. Mani, "Traveling Agents: Political Change and Bureaucratic Turnover in India", *Review of Economics and Statistics*, 94 (3), 2012, pp. 723-39.

A. Leander, "Wars and the Unmaking of the States: Taking Tilly Seriously in the Contemporary World", in S. Guzzini and D. Jung (eds.), *Contemporary Security Analysis and Copenhagen Peace Research*, Routledge, London, 2004.

M. Levi, *Of Rule and Revenue*, University of California Press, Berkeley, 1988.

M. Levi, "Why We Need a New Theory of Governmen", *Perspectives on Politics*, 4 (1), 2006, pp. 5-19.

X. Li, X. Liu, and Y. Wang, "A Model of China's State Capitalism", Hong Kong University of Science and Technology, unpublished, 2012.

S. Michalopoulos and E. Papaioannou, "Pre-colonial Ethnic Institutions and Contemporary African Development", *Econometrica*, 81 (1), January 2013, pp. 113-52.

D. Mookherjee, "Political Decentralization", unpublished, Boston University, 2014.

K. Muralidharan, P. Niehaus, and S. Sukhtankar, "Payments Infrastructure and the Performance of Public Programs: Evidence from Biometric Smartcards in India", NBER Working Paper no. 19999, 2014.

R. Myerson, "Democratic Decentralization and Economic Development", unpublished, 2013.

D. C. North and B. R. Weingast, "Constitutions and Commitment: Evolution of Institutions Governing Public Choice", *Journal of Economic History*, 49 (4), 1989, pp. 803-32.

D. C. North and B. R. Weingast, "Institutional Analysis and Economic History", *Journal of Economic History*, 60 (2), 2000, pp. 414-7.

D. C. North, J. Willis, and B. Weingast, *Violence and Social Orders: A Conceptual Framework for Interpreting Recorded Human History*, Cambridge University Press, New York, 2009.

N. Nunn and D. Trefler, "Domestic Institutions and Comparative Advantage", in G. Gopinath,

E. Helpman and K. Rogoff, *Handbook of International Economics*, vol. 4, Elsevier, Amsterdam, 2014.

M. Olson, *The Logic of Collective Action: Public Goods and the Theory of Groups*, Harvard University Press, Cambridge, MA, 1965.

P. Osafo-Kwaako and J. A. Robinson, "Political Centralization in Pre-colonial Africa", *Journal of Comparative Economics*, 41 (1), 2013, pp 6-21.

D. Parker and C. Kirkpatrick, "Privatization in Developing Countries: A Review of the Evidence and the Policy Lessons", *Journal of Development Studies*, 41 (4), 2005, pp. 513-41.

T. Persson, G. Roland, and G. Tabellini, "Separation of Powersand Political Accountability", *Quarterly Journal of Economics*, 112 (4), 1997, pp. 1163-1202.

T. Persson and G. Tabellini, "Democratic Capital: The Nexus of Economic and Political Change", *American Economic Journal: Macroeconomics*, 1 (2), 2009, pp. 88-126.

S. C. A. Pincus and J. A. Robinson, "What Really Happened during the Glorious Revolution?", NBER Working Paper no. 17206, 2011.

Y. Qian and G. Roland, "Federalism and the Soft Budget Constraint", *American Economic Review*, 88 (5), 1998, pp. 1143-62.

Y. Qian and B. Weingast, "Federalism as a Commitment to Preserving Market Incentives", *Journal of Economic Perspectives*, 11 (4), 1997, pp. 83-97.

D. Ray and R. Vohra, "Coalition Formation", in H. P. Young and S. Zamir (eds.), *Handbook of Game Theory*, Elsevier, Amsterdam, 2014.

J. A. Robinson and T. Verdier, "The Political Economy of Clientelism", *Scandinavian Journal of Economics*, 115 (2), 2013, pp. 260-91.

J. Rodden and S. Rose-Ackerman, "Does Federalism Preserve Markets?", *Virginia Law Review*, 83 (7), 1997, pp. 1521-72.

D. Rodrik, "Political Economy and Development Policy", *European Economic Review*, 36 (2-3), 1992, pp. 329-36.

D. Rodrik, "Normalizing Industrial Policy", Commission on Growth and Development Working paper, World Bank, Washington DC, 2008.

D. Rodrik, "Second-Best Institutions", *American Economic Review*, 98 (2), 2008, pp. 100-04.

D. Rodrik, *The Globalization Paradox: Democracy and the future of the World Economy*, Norton, New York, 2011.

C. Sabel, E. Fernandez-Arias, R. Hausmann, A. Rodriguez-Clare, and E. Stein (eds.), *Export Pioneers in Latin America*, *Inter-American* Development Bank, Washington DC, 2012.

P. Seabright, "Accountability and Decentralization in Government: An Incomplete Contracts Model", *European Economic Review*, 40 (1), 1996, PP. 61-89.

A. Sen, *Development as Freedom*, Oxford University Press, NewYork, 1999.

R. S. Sharma, *Aspects of Political Ideas and Institutions in Ancient India*, Motilal Banarasidass, Delhi, 1996.

A. Shleifer and R. W. Vishny, *The Grabbing Hand: Government Pathologies and Their Cures*, Harvard University Press, Cambridge, MA, 2002.

T. Skocpol, "Bringing the State Back In", *Items*, Social Science Research Council, New York, nos. 1 / 2, 1982.

I. Slinko, E. Yakovlev and E. Zuravskaya, "Laws for Sale: Evidence from Russia", *American Law and Economics Review*, 3 (1), 2005, pp. 284-318.

D. Stasavage, *States of Credit: Size, Power, and the Development of European Polities*, Princeton University Press, Princeton, 2011.

J. Sutton, *Competing in Capabilities: The Globalization Process*, Clarendon Press, Oxford, 2012.

B. D. Taylor and R. Botea, "Tilly Tally: War-Making and State-Making in the Contemporary Third World", *International Studies Review*, 10 (1), 2008, pp 27-56.

R. Thapar, *From Lineage to State*, Oxford University Press, New Delhi, 1984.

C. M. Tiebout, "A Pure Theory of Local Expenditure", *Journal of Political Economy*, 64 (5), 1956, pp. 416-24.

C. Tilly, "War Making and State Making as Organized Crime", in P. Evans, D. Rueschemeyer and T. Skocpol (eds.), *Bringing the State Back In*, Cambridge University Press, New York, 1985.

R. Wade, *Governing the Market: Economic Theory and the Role of Government in East Asian Industrialization*, Princeton University Press, Princeton, 1990.

L. Wantchekon, "Clientelism and Voting Behavior: Evidence from a Field Experiment in Benin," *World Politics*, 55 (3), 2003, pp. 399-422.

O. Williamson, *Mechanisms of Governance*, Oxford University Press, New York, 1996.

O. Williamson, "The New Institutional Economics: Taking Stock, Looking Ahead", *Journal of Economic Literature*, 38 (3), 2000, pp. 595-613.

C. Xu, "The Fundamental Institutions of China's Reforms and Development", *Journal of Economic Literature*, 49 (4), 2011, pp. 1076-1151.

F. Zakaria, *The Future of Freedom: Illiberal Democracy at Homeand Abroad*, Norton, New York, 2004.

比较之窗

Comparative Studies

Comparative

奥巴马医改法案的实施过程及其暗淡前景

杨 洲

一、奥巴马医改法案出台过程及其实施情况

《患者保护与平价医疗法案》（简称 ACA），常被称为奥巴马医改法案，是奥巴马总统任职期间的主要成就之一，也是美国历史上为建立方便可及、费用合理和质量可靠的全民医疗保障体系取得的一个里程碑式努力。2010 年，利用一个复杂特殊的国会程序，即调解原则，奥巴马医改法案得以通过。所有共和党议员和 34 位民主党众议员投了反对票。该法案最终在众院仅仅以 5 票之差得以在国会通过。奥巴马医改法案长达 908 页，相关税法和联邦政府对于医疗服务的规定空前复杂。法案涉及美国医疗体系的方方面面，并提出了一个持续到 2025 年的高达 1.2 万亿美元的联邦预算。奥巴马医改法案的通过，导致民主党在 2010 年中期选举中失去众议院多数议席。2011 年以来，参众两院的共和党议员多次试图废除该法案，均未成功。与此同时，最高法院接到了多起诉讼，质疑奥巴马医改法案的宪法依据以及其他法律依据。国会和联邦法院废除了其中部分法案，但是整个法案的核心部分依然保留了下来。

---

* 作者为艾默里大学公共卫生学院助理教授。主要研究方向是 Medicare 财政改革、人口老龄化、慢性病防治和政策估计预测方法等。

奥巴马医改法案的实施亦历经坎坷。在美国卫生与人类服务部（简称DHHS）和其他几个联邦机构的领导下，该法案开始逐步实施。2013 年末至 2014 年初的几个月建立的政府医疗保险交易平台（Health Exchange），标志着奥巴马医改法案的实施取得了明显进展。Health Exchange 是一个互联网线上交易平台，使用者可以在该平台上购买含有联邦政府补贴的医疗保险。但是，这一线上交易平台存在着大量的技术漏洞和行政障碍，甚至多次出现网站关闭现象，消费者深受其苦。2014 年 4 月 11 日，卫生与人类服务部部长凯瑟琳·西贝利厄斯（Kathleen Sebelius）辞职，并由西尔维娅·伯韦尔（Sylvia Burwell）接任。

运行两年来，根据患者、医疗服务提供者和保险承办者（商业保险公司）反馈的各种意见，2016 年奥巴马医改法案面临更为严峻的考验。2016 年 4 月和 7 月，奥巴马医改法案的两个主要保险承办商，联合健康保险集团（United-Health）和 Humana 宣布，他们将大幅减少对政府医保交易平台的参与。8 月，奥巴马医改法案的另一家主要医保承办公司，美国安泰保险（Aetna），宣布完全撤出该平台。在大多数州，医保交易平台保留下来的保险项目，预期在 2017 年保费将上涨 22% 或者更多。美国媒体与大众强烈质疑奥巴马医改法案的可行性和可持续性。该法案目前的支持率仅有 44%。①

本文将介绍奥巴马医改法案的主要内容，并讨论其前景。

二、奥巴马医改法案的主要组成部分

奥巴马医改旨在实现医保全民覆盖，不管收入水平如何，也不管身体状况如何，每一个美国人都享有医疗保险。同时保障每个美国人均能获得方便可及、费用合理、质量可靠的医疗服务。奥巴马医改法案的两大目标首先是实现全覆盖，为 4900 万没有医疗保险的美国合法居民提供医疗保险（相当于美国 2012 年总人口的 15%），其次是降低人均医疗成本，提高医疗服务效率和价值。

为实现这两个目标，奥巴马医改法案的主要措施是提高联邦税收，向医疗服务体系提供更多的联邦补贴，并且对医疗的几乎所有交易环节进行复杂的政

① More Americans Negative Than Positive About ACA Gullup Poll Sep 8th, 2016 http://www.gallup.com/poll/195383/americans-negative-positive-aca.aspx? utm_source=alert&utm_medium=email&utm_content=morelink&utm_campaign=syndication.

府管制。可以说，奥巴马医改法案将全美五分之一的竞争性市场的控制权集中到了华盛顿。它重塑了美国医疗系统，也影响了所有美国人。该法案的主要内容如下：

1. 提高税收

奥巴马医改法案新增了多种形式的税收项目和法令，其中对个人和企业影响最大的有以下几种：

（1）强制个人参保：奥巴马医改法案要求绝大多数美国人购买医疗保险，不购买医保者要缴纳罚金，除非获得豁免资格。2016 年，每个未购买医保的成年人要缴纳 695 美元罚金、儿童 347 美元，每个家庭罚款的上限是 2085 美元。

（2）雇主强制保险：法案要求雇佣全职员工数量达到 50 人及以上的机构至少向 95% 的全职员工及其 26 岁（含）以下的家人提供医疗保险，否则要处以罚款。不过，截至 2016 年，迫于巨大的政治压力，特别是由于雇工少于 100 名的雇主的强烈不满，奥巴马政府尚未实施这一雇主强制保险法令。

（3）提高联邦老年医保薪资税率（Medicare payroll tax）：对于合计报税收入达到 25 万美元的夫妻、分开报税收入达到 12. 5 万美元的已婚者，以及收入达到 20 万美元的单身者、一家之主和需抚养儿童的丧偶人士，联邦老年医保薪资税率提高 0. 9%.

（4）凯迪拉克税（Cadillac Tax，对高额保单征税）：从 2018 年起，对于由雇主提供或购自商业保险的单人保费超过 10200 美元，或者家庭保费超过 27500 美元的医保，联邦政府将对超出部分征收 40% 的消费税。许多团体目前正在游说国会废除凯迪拉克税。

（5）医疗器械税：法案规定自 2013 年 1 月 1 日起，医疗器械供应商需要缴纳 2. 3% 的销售税。由于医疗器械行业四处游说，多个民主党议员也纷纷施压，这项税收在 2015 年 12 月的税收和支出法案中被暂停。①

2. 扩大医保覆盖

在奥巴马医改法案实施之前，大多数美国人从不同途径获取医疗保险。大

---

① Fiercebiotech，“Updated：Medicare device tax suspended in ＄1. 8 T federal budget” http：//www. fiercebiotech. com/medical-devices/updated-medical-device-tax-suspended-1-8t-federal-budget.

多数就业者及其家庭成员由雇主提供商业医疗保险，年满 65 岁的老人由联邦老年医保即 Medicare 覆盖，低收入的老人、孕妇、母亲及婴幼儿由政府医疗救助项目即 Medicaid 覆盖；贫困的青少年群体则由儿童保健（简称 SCHIP）覆盖；老兵援助项目则覆盖退伍军人。

大多数没有医保的美国成年人主要是两类人：（1）小企业雇用的低收入雇工。他们的雇主无力为其提供医保，而这些工人也没有达到加入 Medicare 的年龄，或者收入又高于 Medicaid 规定的最低收入门槛；（2）身体状况良好的年轻雇员，自身基本没有医疗需求。在没有医保的这些人中，最需要医疗保险或者医疗救助的是那些慢性病患者，如糖尿病或癌症患者等。这部分人若自费购买个人商业保险，需要缴纳极高的保费，而他们又付不起这个保费。奥巴马医改法案强制个人必须参保的最初目的就是强迫健康的无保险年轻人加入政府医保交易平台建立的保险风险池，以此来分摊高风险人群如老人和患有慢性病人群的风险。①

随着联邦政府收入的提高，增加的税收用于资助扩大保险覆盖。奥巴马医改法案主要通过以下两个方式扩大对先前无保险人群的覆盖：

（1）扩大 Medicaid 覆盖面：Medicaid 是早已建立的一个通过财政融资的医保项目，该项目致力于覆盖贫困儿童，部分情况下包括他们的父母、低收入孕妇及老人，还有一些低于 65 岁的残障人士。州政府和联邦政府各自承担 Medicaid 经费的 50%。州政府会同联邦医保与医疗救助中心（简称 CMS）共同管理 Medicaid。奥巴马医改法案实施后，收入水平低于联邦贫困线 138% 的低收入者，即总收入低于 26347 美元的三口之家，或收入低于 15417 美元的个人，均纳入 Medicaid 覆盖范围。Medicaid 扩面导致的经费增加，2017 年之前全部由联邦政府负担，2017 年之后，联邦政府逐步降低负担比重，到 2020 年这一比重降低到 90%。最初的 ACA 法案中规定，如果州政府拒绝扩大 Medicaid 覆盖面，联邦政府可以撤出目前用于 Medicaid 的财政补贴。但在 2012 年关于“医疗保健案”（National Federation of Independent Business et al. vs. Sebelius Secretary of Health and Human Services et al.）的裁决中，最高法院裁决此条款违宪，表示州政府可以选择不扩大 Medicaid 覆盖面，同时不会失去联邦财政对现有 Medicaid 的补贴。迄今为止，共有 32 个州/地区扩大了 Medicaid 覆盖面，19 个

① 详细分析见后文。

仍未执行。

（2）政府医保交易网络平台：Health Exchange 是一个政府医保交易网络平台，为了方便各州居民个人或家庭购买含有联邦政府补贴的医疗保险而设立。同意加入奥巴马医改法案的商业保险项目可以在该平台上交易。不同于针对不同人群提供各式各样商业保险项目的竞争性保险市场，该平台只提供政府管理的标准化医疗保险，消费者在此购买保险可以享受联邦财政补贴。总收入在联邦贫困线 400% 以下的家庭（例如收入低于 88200 美元的四口之家）可以享受联邦财政补贴，家庭收入越低，享受的财政补贴越高。四口之家每年享受的最高补贴约为 15000 美元。加入该平台的保险项目不得测评投保人的健康状况，也不得因投保人患有疾病而提升保费。13 个州/地区由州政府管理平台，11 个州/地区选择联邦政府与州政府共同管理，还有 27 个州选择联邦政府管理。

3. 保险行业的监管

通过许多联邦管制措施，奥巴马医改法案强化了对医疗保险行业市场结构和运营的控制，主要措施如下：

（1）基本保障范围：要求所有保险项目必须涵盖一系列基本的医疗服务项目，包括急诊服务、母婴保健，以及这些医疗服务所需要的医疗耗材等。

（2）避孕措施：要求所有保险项目必须涵盖避孕项目，包括避孕药物和绝育手术，以及提供给所有有生育能力女性的健康教育与咨询服务。

（3）风险管理：奥巴马医改法案为保险提供商提供三种风险控制措施，分别是短期再保险、短期风险控制联邦救助措施、长期风险调整。前两个措施于 2016 年停止，这导致主要的商业保险公司撤出政府医保交易平台。

4. Medicare 管理及医疗服务供给模式改革

（1）改革前的 Medicare

Medicare 是美国最重要的公共筹资医疗保险项目。它通过联邦收入所得税进行筹资，覆盖 65 岁及以上的退休人员及部分残障人士。Medicare 支付的医疗费用占美国医疗总支出的 20% 。Medicare 的医疗保险分四个部分，通过美国财政部的两个基金账户来支付医疗服务费用，这两个账户中的资金也只能用于医疗服务。

A 部分。第一个账户是住院保险（hospital insurance）信托基金。该基金仅用于 A 部分覆盖下的住院医疗。其资金来源是工资税，奥巴马医改前，美国雇主和雇员各自缴纳的工资税是 1.45%，自雇群体缴纳的工资税是 2.9%，但是在计算收入税时可能会从收入中扣除一半的税收。住院保险信托基金的其他资金来源包括：领取社保福利金的收入税、信托基金的投资收益，以及无资格免除 A 部分保费的人群所缴纳的保费。

B 部分。第二个账户是补充医疗保险（Supplement Medicare Insurance）信托基金。该账户基金主要用 B 部分覆盖的门诊临床服务以及医疗检查和医疗器械，以及 D 部分覆盖下的处方药。补充医疗保险信托基金的主要资金来源是参与 B 部分和 D 部分的人群所缴纳的保费。其他资金来源包括信托基金的投资收益。

C 部分（医疗优势计划）。Medicare 还有一种医疗保险计划是由与之有签约关系的私人公司经营的，该类保险计划可提供 A 部分和 B 部分的福利。医疗优势计划包括医疗维护组织（HMO）、优选提供商组织、按服务项目付费（fee-for-service，FFS）计划、特殊需要计划、医疗储蓄账户计划。如果一个人参与了医疗优选计划（Medicare Advantage，简称 MA），他将获得该计划项下的大部分医疗服务，并且不需要额外付费。大多数医疗优选计划都覆盖了处方药。

不同于 A 部分和 B 部分，C 部分的医疗保险计划不能基于“按服务项目付费”从美国医疗保险和医疗救助服务中心（Centers for Medicare and Medicaid Services，CMS）报销。它采取每人每月固定比例报销的方式。Medicare 的所有受益人可以自由选择参与或退出 C 部分。但是，目前 C 部分要求有最低 6 个月的锁定期。

D 部分。D 部分只覆盖处方药。类似于 C 部分，私人医疗供应商（private benefit carriers）与 Medicare 签订合同，并用联邦政府的补贴来覆盖参与人的处方药开支。全美约有 2000 家私人医疗供应商。D 部分被认为是医疗福利项目最成功的部分，获得了患者较高的满意度，并且实现了成本的有效控制。

（2）奥巴马医改法案对 Medicare 的改革

目前大多数 Medicare 参保者享受待遇确定型医疗保障，会同联邦医疗保险与医疗救助服务中心以按服务项目付费为基础，补偿 Medicare 涵盖的医疗服务。30% 的 Medicare 参保者参加了 Medicare 优选项目。由于 Medicare 的付费是医院尤其是教学医院最重要的收入来源之一，Medicare 支付规则的任何改变都会给医院带来显著影响，并改变其行为模式。奥巴马医改法案中有 165 个章节涉及 Medicare。2010 年以来 Medicare 的主要变化总结如下：

Medicare 支付规则的变化。利用行政手段改变支付规则，通过实施新的支付机制，奥巴马医改法案鼓励医院将个体执业医生整合到同一个组织中。最具代表性的变化就是责任医疗组织（Accountable Care Organization，简称 ACO）的创立，以及打包付费模式的确立。责任医疗组织是一种将医院和医生组织在一起共担经济及医疗责任的医疗服务供给网络，目的是向病患提供一体化的医疗服务，尤其是针对那些慢性病患者，以此提高诊疗效率。每一个责任医疗组织三年内至少管理 5000 名 Medicare 参保者。在 Medicare 优选项目提供的那种“封闭式”医疗服务系统中，病人只允许在保险公司限定的医疗服务提供网络中选择 Medicare 涵盖的医疗服务。ACO 与之不同，其服务网络是开放的，但支付方式仍然是由 CMS 按项目付费。不过，CMS 为责任医疗组织提供了经济激励机制，鼓励其降低医疗服务成本，或者满足由 CMS 设置并进行评估的质量标准。此外，由于有关组织结构和经济联系的变化仅发生在大医院、保险公司及 CMS 之间，病人并不参与和责任医疗组织的组成及支付有关的决策，因此病人一般无需关注其是否享受了责任医疗组织提供的服务。自 2011 年起，774 个医疗服务组织成为责任医疗组织，2.35 亿美国人接受了该组织提供的服务，尽管很多人并没有意识到这一点。① 打包付费又称按服务单元付费，是以“临床上确定的医疗服务单元”的预期成本为基础，向相关的一系列医疗服务提供者支付费用。在这种付费方式下，针对患者需要的同一个“诊疗服务单元”中的所有相关诊疗服务提供方，CMS 进行一次性付费即可，而不用像按项目付费方式那样对不同的医疗服务提供者分别支付。骨科治疗尤其适用打包付费，如老年人的髋关节置换和膝盖置换。相较于慢性疾病，这些手术所含项目更为规范明确。打包付费迫使部分医生，尤其是高收费的骨科医生不得不放弃个体执业，加入医院成为其雇员。

优选项目（C 部分）缴费和付费标准的变化。对于参加 Medicare 优选项目的参保人，CMS 向承保的商业保险公司按人头缴费的标准降低 4 个百分点，

---

① Accountable Care Organizations，Explained http：//khn. org/news/aco – accountable – care – organization – faq/.

从之前 Medicare 参保者人均按项目付费标准的 106% 降低到 102%。

药品费用补偿（D 部分）的变化。奥巴马医改法案实施后，Medicare 的 D 部分即药品费用补偿部分，向其参保者提供了更为慷慨的医保补偿。首先，Medicare 的 D 部分参保者用完初始的医保补偿，同时又未达到重特大疾病医保补偿起付线之前，购买品牌药享有半价优惠。上述这个费用区间，美国人俗称为“甜面包圈之洞”①。此外，“甜面包圈之洞”这个纯自费费用区间将逐步缩小，直至 2020 年完全取消。这意味着 Medicare 的 D 部分将不再有封顶线，参保者处方药费用补偿中的政府补贴不再有上限。

三、奥巴马医改法案的暗淡前景

尽管奥巴马医改法案的通过与实施历经艰难，该立法行使着强有力的权力，并对美国医疗行业产生了很大影响。不过，该法案从落地到实施迄今已经 6 年，其前景越来越暗淡。原因在于：奥巴马医改法案很不完善的筹资与补偿方案，尤其是其缺陷众多的医保交易平台，以及 Medicare 矛盾重重的补偿规则调整，均使政策专家和医疗服务提供者很难相信，若非对其进行重大的调整和改革，该法案还能得以持续执行。在此，我简要总结一下奥巴马医改法案的成功之处及其未来的不可持续性。

1. 成功之处

奥巴马医改法案的成功之处在于它扩大了医保覆盖面。2012 年无医保人口为 4900 万，占美国总人口的 15%，到 2016 年，这一数据降至 2900 万，占总人口的 8%②。这是迄今美国历史上最高的医保覆盖率，也是 ACA 法案的主要成就。根据兰德公司的估算，截至 2015 年，有 1120 万美国人通过政府医保交易平台获得保险，其中包括 410 万刚被医保覆盖的美国居民，以及 710 万从其他种类医保转移到 ACA 覆盖的美国人。另外还有 1260 万美国人新加入 Medicaid。③

---

① 这个药品费用区间美国人俗称“甜面包圈之洞”（the donut hole），指药品总消费额超过一定限度（Medicare 基本支付的上限），但又未达到重特大疾病补偿起付线之间的这个区间，处于这个区间的药品费用没有任何医保补偿，因形似美国流行的甜面包圈而得此名。

② Obama B 2016，“United States Health Care Reform：Progress to Date and Next Steps”，JAMA 316（5）：525 –532.

③ Health Coverage Under Affordable Care Act http：//www.rand.org/news/press/2015/05/06.html.

2. 暗淡前景

奥巴马医改方案筹资与补偿方案的不完善，从根本上导致了其前景的暗淡。其筹资方案的设计本就相当脆弱，近几年变得更加不稳定。ACA 法案的长期可持续端赖于以下四个核心要素的实现：

（1）全面实施奥巴马医改法案设计的新增税种和收入所得税提高法令，以充实政府医保交易平台风险池；

（2）与州政府充分合作，实现 Medicaid 的扩面增费，以及政府医保交易平台的全面实施；

（3）建立可靠的再保险机制，充分实现对加入医保交易平台的商业保险公司的风险补偿；

（4）责任医疗组织成功地将医院整合在一起，组成大型医院集团，以更低的成本向 Medicare 参保者以及那些获得奥巴马医改法案覆盖的非 Medicare 参保者提供更高价值的医疗服务。

然而，目前这四大核心要素均未落地，因此现实不足以支撑奥巴马医改法案实现长期可持续。

关于收入所得税。虽然个人收入所得税提高法令已经实施，但是企业所得税法令尚未施行。对医疗器械征收消费税的法令业已暂停，上文提及的凯迪拉克税也因强大的游说压力面临被废除的可能。面对政府医保交易平台上剩余的医保项目在 2017 年保费飞涨的前景，更多的青壮年人群会选择宁愿支付罚金也不缴纳高额保费参保。如果没有足够的税收收入或足够多的青壮年加入政府医保交易平台，很难预期剩余的医保项目能够可持续。

关于州政府的合作。到 2020 年，联邦政府将降低对 Medicaid 扩面的财政补贴。因此，对于那 32 个已经进行了 Medicaid 扩面的州/地区来说，面对因此出现的 Medicaid 扩面预算缺口，州长和州政府将面临如下困难选择：要么提高州税收；要么削减花在其他公共服务上的预算，如在教育、治安或交通上的预算。Medicaid 预算上的不确定性，必将给州选举及未来 Medicaid 的参保率带来明显的不确定性。对于那 19 个选择拒绝 Medicaid 扩面的州/地区，其州政府同样面临困难的选择：要么不顾本州居民的需求，继续抵制联邦政府扩大 Medicaid 覆盖面的法案；要么扩大 Medicaid 覆盖面，但是想方设法应对因联邦政府减少补贴而导致的州财政困境。所以，为了平衡联邦政府与州政府的关系，同时也考虑到不同州和地区之间的差异，Medicaid 扩大覆盖面这一计划必须做出调整。

关于再保险。如果政府医保交易平台的风险池没有大到足以支撑现存的所有慢性病患者，那么参与该平台的商业保险公司便要承担所有财务风险。奥巴马医改法案禁止保险公司测评投保人健康状况，也禁止保险公司拒绝给投保人续保。为了消除保险公司的担心，在最早的奥巴马医改法案中，设置了临时性风险控制联邦救助方案，如果参加该平台的保险公司面临穿底破产风险，联邦政府将给予救助。但是，在 2015 年 12 月 9 日通过的税收与支出法案中，来自佛罗里达州的参议员马科·鲁比奥（Marco Rubio）领导的政治伏击成功地废除了这一风险救助法令①。这导致两个令人难堪的结果：（1）三大保险公司（联合健康保险集团，Humana 和安泰）撤出政府医保交易平台；（2）剩余的其他保险项目保费将飞涨。

关于责任医疗组织。该组织的成立导致了医院合并风潮，也促使医院对分散在全国的医生集团进行并购。但是现有责任医疗组织的成本控制效果令人失望，没有证据表明责任医疗组织能够为 Medicare 节约费用。2016 年 9 月 10 日，作为一个标志性的行动，达特茅斯—希区柯克（Dartmouth - Hitchcock）医疗系统以责任医疗组织模式不可持续为由退出了该组织。达特茅斯的经济学家艾略特·费希尔（Elliot Fisher）教授是美国国内领先的政策研究者，也是责任医疗组织模式的主要倡导者，而达特茅斯也被认为是责任医疗组织模式的发源地。因此，这一戏剧化的行动再次将 ACA 医疗服务供给体制改革的可行性问题推向风口浪尖。

四、政策走向及解决方案

目前，随着特朗普的当选和共和党控制参议院和众议院的多数，奥巴马医改法案的前景十分暗淡。参议院共和党领袖和众议院议长都表示：废除奥巴马医改法案是下届国会和政府的重点。具体路径有可能是两条：（1）由特朗普总统发一个行政命令，禁止 DHHS 继续补偿医疗保险交易平台；（2）由国会再次通过“调解原则”这一复杂的立法程序，彻底废除奥巴马医改法案的主

---

① Marco Rubio Quietly Undermines Affordable Care Act New York Times Dec 9, 2015 http://www.nytimes.com/2015/12/10/us/politics/marco - rubio - obamacare - affordable - care - act.html.

要条款。但是特朗普和国会都表示不会影响已经自愿在2017年参保的人群，已经通过医疗保险交易平台购买2017年保险的人也不受影响。

然而，即使废除奥巴马医改法案，联邦政府也不能回避解决医保覆盖和降低医疗成本这两大政策难题，为达到这两个目标，需要设计一个以患者为中心的全国范围的医保筹资与补偿机制，该机制要求技术上可行、政治上有吸引力、现实中可操作。仅仅调整医保支付方式或者医疗服务体系的组织结构并不能达到这两个政策目标，反而会进一步挫伤医生的积极性，伤害患者的利益。就医疗服务体系而言，首要目标应该是建立公平竞争的医疗服务市场，竞争应该在社区层面展开，目的是在合适的联邦预算范围内提高医疗服务价值。先从Medicare而不是政府医保交易平台启动这一新方案，方可充分展示该方案的优势，因为Medicare是一个拥有充足联邦财政支持的医保项目。然后，以收入评估和年龄为依据，对联邦补贴规则逐步微调，Medicare改革展现出来的成功效果完全可以复制到更年轻的人群身上。如果下届美国政府，包括总统领导的行政部门和国会，愿意做出负责任的决策，改革美国的医疗筹资与补偿机制，将联邦补贴的控制权和服务选择权交还给病患与医生，美国的医疗服务体系将会更为强大、也更富有效率。

美国医疗体制的特征及其对中国的启示

昝　馨　朱恒鹏

作为世界上最发达的经济体，美国拥有最先进的医疗技术，最前沿的诊疗方案，最优质的医学人才等。同时，美国的医疗绩效长期受人诟病，医疗费用全球最高，卫生总费用占 GDP 比重已经达到 18%，与此同时仍有 15% 左右人口没有任何医疗保障，人均预期寿命在 OECD 国家中倒数第二，这两个事实让很多人认为美国医疗体制极为失败。2010 年通过的奥巴马医改法案致力于解决无保险人群的就医保障，实施至今，尽管缩小了无保险人群，但在控制医疗费用、提高医疗质量方面并未实现预期目标，很可能难逃被废止的命运。

中国大陆作为发展中经济体，已经实行了全民医保，但快速增长的医疗费用侵蚀了全民医保本应有的保障水平，很多统筹地区医保基金濒临穿底边缘，同时给财政和城乡居民带来沉重的负担。

一、美国医疗系统概况

在发达经济体中，美国的医疗系统是个特例。与欧洲国家、加拿大、日本等发达经济体普遍建立覆盖全民的社会医保制度不同，美国政府主导的社会医疗保险集中于保障老年群体（Medicare）和弱势群体（Medicaid），工作人群

---

* 作者任职于中国社会科学院经济研究所公共政策研究中心。

的医疗保险则由商业保险机构提供。一种相当流行的看法认为，美国卫生总费用之所以高达 GDP 的 18%，就是因为政府没有提供面向全民的社会医保，商业医保主导的体系必然因趋利而导致费用高企。但这种说法理据不足，真正的原因我们下文会阐述。

政府提供强制性社会医保，并且由公办机构来经办医保，是否就能降低费用，需要实证的检验、科学的分析；而美国的医疗费用高企多少源自商业医保机构，乃至多少源自整个需方（医疗保险）体系，多少源自供方（医疗服务）体系，还需一一予以厘清。

以下将对美国的医疗服务体系、医疗保险体系进行简要的介绍，并对其存在的问题以及推高医疗费用的各种成因，做出分析。

（一）美国的医疗服务体系概况

不管是从经济角度，还是从社会角度，医疗医药行业在美国都占据着重要地位。2014 年，美国卫生总费用 3 万亿美元，占 GDP 比重已达 18%，若将美国医疗行业看作是一个独立的经济体，它将是全球第五大经济体，排在德国之后，超过法国、英国、俄罗斯和巴西。在这 3 万亿美元中，占比最高的是医院收入，达 32%（GDP 的 5.6%），医生（含医生诊所）收入占比 20%（GDP 的 3.6%），两者合在一起超过卫生总费用的一半，实际上，医院和医生服务（含诊所）是美国经济中行业规模最大的两个行业，超过建筑行业（占美国 GDP 的 3.6%）、广播和电信行业（2.5%）、采矿和石化行业（1.95%），计算机和电子行业（1.29%）。医疗保险占卫生总费用的比重是 5.6%（GDP 的 1%），药品占比为 10%，和中国药品占比常年超过 40% 呈现巨大不同，这反映出医院运营（主要是新型医疗技术）和医疗人力资源在美国具有更高的市场价值。另一方面也说明，尽管美国因高药价备受诟病，但药费并非导致美国医疗费用高昂的主因。

与此相应，医疗行业也成为美国就业人数最多的行业，高达 1550 万人，占总就业人口的 10.3%①。其中，门诊业务（含日间手术中心）就业占比最多，达总就业人口的 4.5%，医院则只有 3.5%，表明医院属于技术密集型行业，其余 2.3% 则在家庭护理和长期照护领域。

---

① 2014 年，中国医疗卫生人员数 1023 万人，占全社会总就业人数的 1.3%。

医生和医疗机构是支撑整个医疗服务体系的核心。供方体系的组织模式和商业运营模式，既影响着医疗服务质量，也关系着医疗费用的走势和增速。近年来其组织模式和商业模式的演变趋势，反映了美国面临的问题及供方体系对社会和政策环境演变的应对策略。

1. 医生和医疗机构的基本概况

目前，美国约有医生 96.7 万人，护师 17.5 万人，护士 390 万人，医疗机构 784626 家。其中，大约 63 万医生（占比 65%）是诊所执业医生，只有 11 万医生（占比 11.8%）是医院雇员。诊所执业医生中，41% 提供初级医疗服务。

医生中占比最多的是家庭医生，占到医生总数的 21.4%，但在医生产生的医疗费用中，家庭医生占比只有 13.1%；其次是内科医生，人数占比大约 13.2%；其余心脏、肿瘤等专科，占比在 1%—5% 不等。心脏科医生以 3.3% 的人数占比，产生了大约 12.8% 的医生费用，这也是医生费用中占比最高的部分。

医生诊所是整个服务体系的基石，也解决大多数常见病、多发病，和中国几乎所有外科手术在二三级医院完成不同，美国 68% 的外科手术由诊所（含日间手术中心）完成。病情较急或较严重的病人一般在门诊中心（多科室联合诊所）、急救中心等诊治，更严重的在急病治疗医院（Acute Care Hospitals），但这种医院提供的服务主要是住院，同时住院时间较短，平均在 5—6 天，出院后也可能转去康复医院和长期照护医院。值得指出的是，中国大陆的医院没有这样的分别，绝大部分医院将这三类服务混在一起。

医生对执业地点拥有充分的自主选择权。自主选择的结果是，84% 的社区医生只在一个地点执业，但也有 25% 的诊所是专科医生的联合诊所，数量上大约有 27 万个。51% 的诊所中只有一名医生，这类诊所的医生数量占医生总数的 18%；38% 的诊所拥有 2—5 名医生。也就是说，接近 90% 的社区医生在不超过 20 人规模的诊所执业。

保险支付是医生和医疗机构的主要收入来源，支付标准与支付方式由双方定期协商。其中，政府举办的 Medicare 采用行政定价的方式，医生和医疗机构只能选择接受或不接受，若不接受，就不能接诊 Medicare 参保患者。商业保险机构以上述 Medicare 支付标准为基准，与医生和医疗机构协商议价。

Medicare 的支付标准全美统一。美国医学会为所有可能的治疗、诊断、手术过程等，都设置了5位数编码，称为“现代诊治专用码”（Current Procedural Terminology，简称CPT），总共涉及7000多项医疗服务。每个代码设有加权值，叫作“相对价值单位”（Relative Value Unit，RVU）。相对价值单位反映的是提供一项医疗服务所需的相对资源，其加权值越大，说明该医疗服务所要求的工作量越多，操作成本越高，购买医疗过失保险所需的成本越高。相对价值单位的值还要根据上述三项内容在不同地区的地区操作成本指数（GPCIs，geographic practice cost indices）进行调整。特定医疗服务的费率，由相对价值单位与转换指数（CF，conversion factor）相乘得出，转换指数是根据美国医疗保险和医疗补助服务中心（CMS）精算办公室给出的法定方程式计算得出的特定值。

需要指出的是，与中国不同，在美国，医生是作为独立的服务提供方单独和医保部门议价的，在医院中执业的医生也是如此。作为议价方，医疗机构谈判力要高于医生，一个例证是高服务质量的医院可能会得到更多的保险支付，类似于“优绩优酬”；医生只能在同质化的按项目付费基础上，由医生团体统一与商业保险公司议价。不同于医疗机构，医生很难因为服务质量不同而获得差异化支付。因此，医院的门诊服务往往可以比诊所的门诊服务获得更高的保险支付。

不过，这不代表医院的门诊医生收入一定高于诊所医生，因为医院运营成本更高。事实上，私人执业医生平均收入要高于受雇医生。根据医景（Medscape）2014年医生薪酬报告，私人执业医生平均年收入为28.1万美元，而受雇医生为22.8万美元。

医疗机构的所有制在美国并不受关注，机构和医生只要在统一的质量监管框架下提供合规的医疗服务即可。全美医院协会统计报告显示，2014年，非营利性医院数量在美国医院总量中占比为51%，营利性医院为18.7%，联邦政府举办的公立医院只有3.8%，州政府医院为17.8%。从床位占有率看，非营利性医院近年维持在59%左右，营利性医院呈逐年上升态势，2012年达到14.7%；联邦政府和州政府举办的公立医院逐年下降，2012年仅有17.2%。

2. 医疗服务体系的组织模式及近年演变趋势

美国的医生均为自由执业者，大部分是独立执业而非医院雇员，只是会利用医院的床位、仪器设施、护理人员等，对患者进行诊疗。诊疗费由医生单独收取，与医院无关。由于医疗服务有连续性要求，同时，受保险付费方式影响，目前美国的医生、医疗机构及彼此之间，发展出更多的组织和合作模式。

首先，独立执业的医生会参加独立执业医师协会组织。这种组织多为非营利组织，和医生间没有行政管理关系，仅代表其成员和保险公司签约，协商支付标准和支付方式。保险公司按照协议标准，与每个医生独立结算。

其次，医生和医疗机构之间的合作方式也变得多样化。除了传统的医生和固定医疗机构建立转诊关系以及作为医院雇员外，还出现了医疗机构和医生的联盟关系。联盟的组织模式也是多种多样的。在医师团队组织这样的传统模中式（如 Organized Medical Staff Model），同一个医院执业的医生由这个组织管理，包括调查所有医生的学历、执照、执业历史、医疗事故等。医师团队组织不受医院管理层管理，也没有直接的经济利益关系。在组织内部，医生可以建立各种委员会，对医院的管理和运营提出意见，与医院管理层沟通磋商。

上世纪 90 年代后，医生医院合作组织（Physician Hospital Organization，简称 PHO）兴起，即医院和医生联合成一个独立法人，和保险机构签约，医院开始介入对医生的管理。

同时出现的还有管理服务组织（Management Service Organization），是为医生群体提供行政服务和执业辅助服务的机构，可以隶属于一家医院，也可以由医院和医生共同拥有。医生保留独立行医以及与保险机构直接签约的权利。

近年来，美国的医疗服务系统展现出不同程度、不同维度的整合，既包括地区层面医院系统的水平整合，也包括不同功能医疗机构的垂直整合（如医院收购诊所）。原因在于 20 世纪 90 年代后管理式医疗兴起，保险日趋介入医疗服务过程，控制成本，考核绩效，以迫使医疗机构在保证质量的前提下控制费用。这使得医疗服务供方走向整合，以获得对保险公司的谈判优势以及规模经济。一些医院在收购诊所的同时，甚至还收购保险公司，以此争取掌控费用的主动权。

根据美国医院协会 2015 年报告，2010—2014 年间，全美宣布兼并重组的医院，每年都超过 100 家，其中 2012 年和 2013 年达到 244 家和 296 家。不过，迄今为止，这种整合并未表现出医疗控费优势。实证分析结果是，这种整合既没有明显的成本控制成效，也没有明显的质量提升效果；门诊支出还在上涨，患者选择高成本、低质量医院的可能性在增加。

受服务系统整合的影响，前述医生医院合作组织在近年医院中占比均有所下降。根据美国劳工统计局统计，医生医院合作组织主导的医院比例从 2001

年的23%下降到2014年的16%，独立执业医师主导的医院同期从17%下降到10%，管理服务组织主导的医院2014年仅占9%。

（二）美国医疗保险体系

医保以商业保险为主，在美国有其历史原因。美国政治具有三个显著特点：联邦制（分权化）、有限政府和自由主义意识形态。包括医疗服务在内的社会服务，一直属于州政府管辖范围，而非联邦政府责任。一些雇主为员工提供基本医疗保险，更契合美国人普遍的政治和经济理念。政府介入医疗保障，长期得不到足够支持，难以在联邦层面立法。

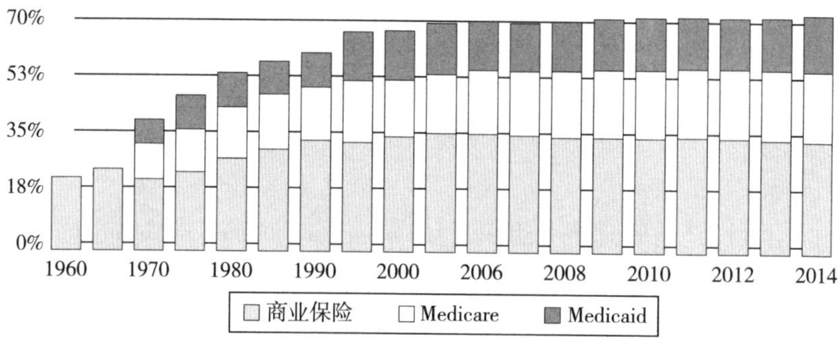

图1　商业保险、Medicare 和 Medicaid 在卫生总支出中占比变化（1960—2014）

“二战”期间美国实行工资管制。雇主不能提高工资，遂转向通过提供医保等福利来吸引人才。1954年，美国对企业为其雇员提供医保的费用实行免税，从此，雇主成为美国国民获得医疗保险的主渠道。

60年代后，美国针对无保险人群，特别是老年群体和残障人士等弱势群体建立了政府医保。1965年，覆盖65岁以上老人的Medicare以及覆盖弱势人群的Medicaid建立，其中Medicare的资金主要由联邦政府支出，Medicaid大部分由州政府支出，各州仍然可以自行制定自己的政策。

目前，美国的医保体系主要包括以下三方面内容：一是针对退伍军人、现役军人、印第安人等建立的公费医疗体制；二是政府举办的Medicare和Medicaid，另外也有州政府主办、面向儿童的儿童健保（State Child Health Insurance Program，简称SCHIP）；三是商业医保。

从覆盖人群来看，2014年政府举办的公共医保覆盖1.17亿人，占总人口的36.5%；购买商业保险的人群大约66%。从卫生支出来看，2014年Medicare 支付占比 20%，Medicaid 支付占比 16%，商业医保支付占比 33%。三者的总占比为 69%，较 1970 年的 38% 上升了 31 个百分点。

1. 政府办医保——以 Medicare 为例

由于 Medicaid 的支付政策更多受 Medicare 影响，以下主要介绍 Medicare 的基本情况。

Medicare 包括四个部分，分别为住院保险（Part A）、门诊保险（Part B）、商业医保公司提供的医保优势项目（Part C）以及 2006 年 1 月开始实施的处方药计划（Part D）。

住院保险筹资来自工资税。对于个人年薪 20 万美元、家庭年薪 25 万美元以下的人群，工资税率为其薪酬的 2.9%，雇员与雇主各承担一半；如果年薪超过上述标准，则个人承担 2.35%，雇主不再承担。这部分税金专门用于医保基金，专款专用。

门诊保险和处方药计划则来自参保人群每月自行缴纳的保费，以及部分政府税收。与住院保险不同，这两个保险计划不要求强制参加。

商业医保公司提供的医保优势项目始于 1985 年。参保者可以选择参加传统的 Medicare 项目（Traditional Medicare，简称 TM），也可以参加优势项目（Medicare Advantage，简称 MA）。按照规定，MA 至少要覆盖住院保险和门诊保险的保障范畴，除了按项目付费的部分外，还要覆盖处方药计划。

传统的 Medicare 项目和优势项目的区别体现在如下方面：第一，传统项目参保者基本可以自由选择医生或医院，付费标准也几乎完全一致，而优势项目参保者的就医选择相对受限，只能是商业医保公司有签约关系的服务提供方，如果想选择其他服务方，就要支付更多的费用。第二，传统项目和服务方之间的关系，失于被动，议价能力不强，医生有更强的主导作用，而优势项目则更为主动，会介入诊疗过程，可能会对认为没有必要的服务拒绝支付，也可能对认为有必要的服务或药品增加保险偿付比例，更接近管理式医疗，在健康管理方面也更为主动。第三，传统项目参保者自付费用要高于优势项目参保者，但前者可以选择再购买商业保险来降低个人自费支出。第三，传统项目对医生主要采用按项目计费、对医院主要采用按诊断组（DRG）付费等方式（近年也有其他付费方式），而优势项目参考传统项目的历史费用，同时将优势项目参保者的性别、年龄纳入考量范围，由 Medicare 对承办优势项目的商业医保机构按人头付费，商业医保可以从中获取结余，参保者也可能因健康状况良好、医疗支出较少而获得项目的资金返还或者降低保费。

目前，大约 69% 的 Medicare 参保者选择传统项目，31% 选择优势项目。选择优势项目的比重近年呈上升趋势，越来越多的低收入群体选择优势项目。对患有慢性病的参保者，优势项目给予更多偿付。研究显示，优势项目会更关注参保者的预防保健，减少可能的医疗支出。同时，同口径下，优势项目参保者的服务利用率要低于传统项目。

由于传统项目患者自费较高，商业医保公司在传统项目的基础上建立了商业补充保险，称为 Medigap。Medigap 覆盖了 Medicare 参保者需要自费的部分。自 2006 年起，18% 的 Medicare 参保者被 Medigap 所覆盖。2012 年资料显示，Medigap 提供的补充保险方案大约 10 种，补充险保费不同，补偿水平不同。有的方案设定了患者自付的上限，即超过上限后全部由保险支付，也有方案承诺偿付所有自费部分。参保者可以根据自己的经济能力、购买意愿、健康状况等自行选择。

不过，购买了补充保险的参保者，因为较低的自费压力，往往可能使用更多的医疗服务，客观上也带来了更多的 Medicare 支出。这在美国形成争议——经济能力更强的人占用更多的公共医保基金，是否合理？有观点认为，应对商业医保公司提供的补充保险征税，通过二次分配回归公平，但目前还没有足够的政治支持立法实行。

近年来，传统项目也在尝试从传统的按项目计费，转向打包付费等多种付费方式。联邦医疗保险和救助总局下设的创新中心，设计了诸多实验项目，检验不同设计模型下相关各方的行为模式、费用变化等。以关节置换（Comprehensive Care for Joint Replacement，CJR）为例，2016 年 4 月 1 日启动，强制 67 个卫星区域超过 800 家医院参与，覆盖全美大约 30% 的人口，实行打包付费。实验期限为 5 年，参与医院只要达到了费用和质量考核目标，就可以得到 Medicare 经过调整的结算（可能会高于当年预算），或是第二年得到更高的支付预算。

打包付费的优势在于激励服务方控制成本，同时在竞争和保险考核双重压力下，保障质量；但其存在的问题是，当占据市场优势的公共医保采用打包付费时，会促使服务方走向联合或兼并，以寻求谈判优势及规模经济。而这种整合很可能推高医疗费用。

此外，打包付费等付费方式并不是真正的刚性约束。以前述关节置换为例，只要通过考核，就可以得到调整后的支付，那么医疗机构仍然有动力超出预算，或者本年度得到更多的支付，或者为下一年换取更多的预算额度。

2. 商业医保

商业医保中，由雇主提供的医疗保险是最主要部分。据凯撒家庭基金会调查，2014 年美国的医保覆盖中，49% 的美国国民是由雇主提供医疗保险，私人商业医保只有 6%。很多企业通过商业医保建立或独立或联合的保险基金池，向自己的员工提供医疗保障。

商业医保的组织模式主要有以下几种：

一是健康维护组织（Health Maintenance Organization，简称 HMO），1973 年《健康维护组织法》颁布后，快速发展。这种保险计划的保费相对便宜，参保人就医的自付比例也较低，目标是通过健康管理，提高参保人整体健康水平，减少医疗费用支出。相对于其他保险计划，健康维护组织提供更多预防性服务。参保人必须选择一名初级保健医生作为其就医“守门人”，负责参保人的常见病诊疗及需要的转诊服务。保险公司对初级保健医生按人头付费，由此激励医生提高签约人的健康水平，减少就医支出，从而能从结余中获利。健康维护组织往往有自己的医生和医院网络，非急诊情况下，参保人只能在网络内就医，如果去网络外，保险公司可以拒付医疗费用。

二是优选提供组织（Preferred Provider Organization，简称 PPO）。优选提供组织不要求患者必须签订初诊医生，参保人可以直接找专科医生就医。虽然优选提供组织也有自己的医生和医院网络，但允许参保人在网络外就诊，只是要承担较高的自付比例（40%）。相对于健康维护组织，优选提供组织的管控更灵活，但保费和自付比例也较高。一般来说，优选提供组织的月保费是健康维护组织的两倍。优选提供组织对医生的管控也较为宽松，支付费率通常是 Medicare 的两倍。

三是定点服务组织（Point-of-Service，简称 POS）。这是一种结合健康维护组织和优选提供组织特色的保险形式，比健康维护组织有更多就医选择，但也比优选提供组织的费用更低。定点服务组织也有自己的医疗服务网络，需要参保人选择初诊医生。

除此之外，还有健康储蓄账户等商业医保计划，参保人缴纳不同的保费，享有不同的就医选择自由度。

根据联邦医疗保险和救助总局资料，2002 年以来，雇主提供的医保中，健康服务组织所占比例越来越小，由 27% 下降到了 2014 年的 13%；而优选提供组织所占份额越来越大，2014 年达到 58%。健康储蓄账户计划的市场份额也达到了 20%。

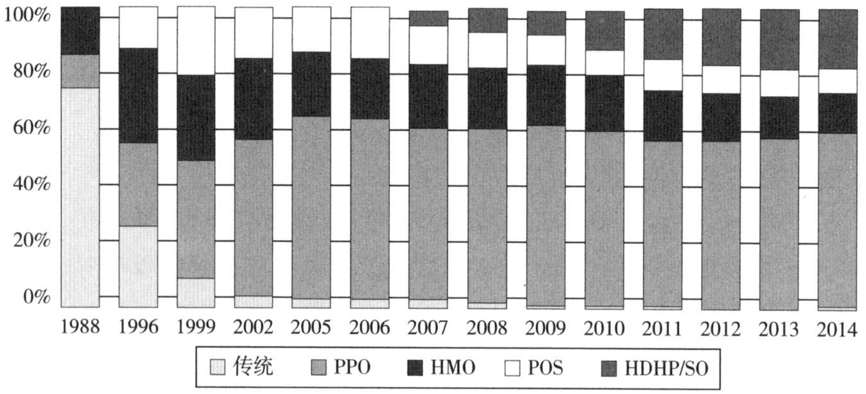

图 2　雇主提供的医疗保险计划参保分布，1988—2014 年

资料来源：联邦医疗保险和救助总局

需要指出的是，虽然商业医保在美国的医保体系中占有最大份额，其医保体系也一直被认为由商业力量主导，但事实上，相对于 Medicare 等公共医保，商业医保对医疗服务体系的影响有限。一个可能的原因是，美国至今没有形成较大的商业健康保险公司，商业医保公司数量众多但各自市场份额不大，很难同 Medicare 这些政府医保比肩。

美国国家保险委员会数据显示，2015 年，美国保险市场份额排名前十的公司，加起来占有的份额也不过 50.8%，其中最大的一家 UnitedHealth Group Inc. 只有 11.4% 的份额，从第五名开始，每家份额都在 4.1% 以下。

健康保险具有显著的规模经济特征，就其自身特征而言是能够发展出全国性的大型健康保险公司，从而形成对医疗服务供方的有效制衡。但是，由于美国健康保险的监管立法权限在各州，各州监管规则差异较大，健康保险基本不能跨州经办，这就导致商业健康保险市场出现上述“多、散、小”特征，不仅未能形成制衡供方的市场力量，也无从实现规模经济产生的降费效应，还因此导致经办商业医保的行政成本居高不下，始终占到保费收入的 15% 左右，而 Medicare 的这一比率只有 5%。当然，商业医保的管理水平高于 Medicare，医疗服务滥用和骗保现象更少一些。

商业医保市场“多、散、小”格局的另一个后果是，参保者更换工作机构或者居住地一般就不得不更换承保机构，导致大部分商业医保公司没有积极性提供那些着重于预防的健康保障服务①。

美国医疗体系总体上“重治疗，轻预防”，上述问题是原因之一。

二、为什么美国医疗费用如此高昂

医疗费用高昂，是各方对美国医疗系统的一致看法。2013 年，美国人均医疗费用 9255 美元，是 OECD 国家平均水平的 2.7 倍。2000—2010 年，人均医疗费用增长率为 5.6%，而 GDP 同期增速只有 4.3%。在政府经常性项目支出中，卫生支出占比由 2007 年的 19.9% 逐年上升为 2014 年的 22.6%，财政卫生支出也相应地由 9058 亿美元增至 13105 亿美元。

联邦医疗保险和救助总局 2015 年发布报告指出，2014—2024 年之间，预计每年美国医疗卫生支出增长 5.8%，比 GDP 增速高 1.1 个百分点。由此，到 2024 年，卫生费用占 GDP 比重将由 2014 年的 17.3% 上升为 19.6%，卫生总费用预计将达到 5.4 万亿美元，各级政府支出费用将达到 2.5 万亿美元，占医疗卫生总支出的 47%②。

由于商业医保覆盖的人口超过一半，对于更多人来说，这种费用攀升的压力主要体现在保险金上。根据凯撒家庭基金会的调查，1999—2015 年，在职人群的收入增长 56%，通胀率增长只有 42%，但保险金增长 203%，其中雇员对保险金的贡献增长了 221%。

尽管世界各国普遍面临医疗费用快速攀高压力，但没有哪个国家像美国这样。按照 OECD 统一口径比较，2013 年美国卫生总费用占 GDP 比重为 16.4%，德国为 11%，法国为 10.9%，英国只有 8.5%。

美国医疗费用如此之高，原因来自多个方面。综合各类分析资料，我们从供求两个方面给出几个主要原因③：

---

① 美国的研究文献中有如下两种说法：一是由于医疗服务体系的碎片化和医疗保险体系的碎片化（即便是政府医保，针对不同人群也是不同的风险池，还分为联邦和州两级），导致美国整个医疗和医保的行政成本极高，大约占到美国医疗总费用的 1/4；二是美国医疗诉讼泛滥，导致防卫性医疗费用太高，盖洛普调查给出的估算数据是这一费用达到每年 6500 亿美元，占到美国医疗总费用的 22%！但是也有文献认为这两个比例明显高估。

② 见 CMS 发布于 2015 年 11 月 16 日的报告 Brief Summaries of Medicare and Medicaid。

③ 由于医疗费用水平和经济发展水平密切相关，此处只将美国和其他 OCED 国家进行比较。

(一) 医生因素

医生是医疗服务的主体。如前所述，医师（含诊所）费用占据了美国医疗总费用的23%，是第二大医疗费用支出，无疑是推高美国医疗费用的主因之一。医生因素推高医疗费用主要体现在两个方面：

一是美国医师协会通过抬高医师准入门槛控制了医生数量，形成了职业垄断格局，形成并维持了美国医生的高收费和高收入水平。已故诺贝尔经济学奖得主弗里德曼和2015年诺贝尔经济学奖得主安格斯·迪顿分别在各自的著作《自由选择》和《逃离不平等》中提出，美国医师协会为了保护医生的市场谈判能力、话语权以及较高的收入水平，人为抬高了行业准入门槛①。

除前述医师费用占比23%这一数据支持这一结论外，如下一系列数据也支持这一结论。

首先是医师的数量，根据OECD Fact Book 2015—2016年的统计，2014年，美国每千人医师数只有2.6人，而OECD国家的中位数是3.4人，平均数是3.1人。其中德国是4.1人，法国为3.4人，英国为2.8人，瑞典和瑞士均为4.0人。尽管美国的医护比要明显高于其他三个国家，达到4.4∶1（2011年，其他国家在3∶1左右），但考虑到医师是医疗系统的核心生产力，护理人员更多是围绕医师提供服务，仍然可以看出，美国的医师数量明显偏少②。

美国医生的收费水平和相应的收入水平全球最高，比如，美国普通门诊医师平均收费水平超过加拿大和法国的3倍；2015年4月医景发布的美国医生薪酬报告显示，2014年美国专科医生年均收入为28.4万美元，全科医生为19.5万美元。前者是美国人均GDP（54501美元）的5.2倍，后者是美国人均GDP的3.6倍。人均GDP超过美国的荷兰、挪威、瑞典，2014年荷兰全科医生平均收入12.9万美元，专科医生平均收入19.5万美元，挪威专科医生平均

---

① 对此有一种辩护，即美国作为经济最发达的国家，对医疗服务的质量也有较高的要求，因为在医疗行业设置更高的准入门槛，保证只有第一流的人才才能在美国行医，由此限制了供给的总量。

② 不过，日本的这一数据只有2.3人（2010年），加拿大以及中国台湾和美国持平，也是2.6人，加拿大、日本和中国台湾地区，因为严厉的社保控费而遏制了资源的增长。德国的情况比较特殊。

收入 13.4 万美元，瑞典专科医生平均收入 12.7 万美元，明显低于美国。

二是由于历史原因，美国医生以专科医生为主，占全部医生的 87.5%，全科医生明显不足，只有 12.5%。而 OECD 国家全科医生平均占比为 38.7%。在美国，每千人只有 0.3 个全科医生，大大低于 OECD 国家的平均数 1.23 个，而专科医生的情况完全相反，在美国，每千人有 2.1 个专科医生，超过 OECD 国家的平均数 1.93 人，简言之，美国严重缺乏全科医生。研究文献表明，更高的专科医生/全科医生比率会推高医疗费用①。原因在于，全科医生的确能够发挥医疗守门人作用，一方面能够用成本更为低廉的方式诊治常见病多发病，另一方面全科医生能够更好地进行预防、健康管理和慢性病管理，而专科医生则不擅长也不愿意从事预防和健康管理，因为预防和健康管理与专科医生职业发展路径是冲突的，专科医生的职业特征是倾向于用费用高昂的高新复杂技术诊治各种病症包括常见病、多发病，从而推高了医疗费用。

这一结论和卫生经济学领域的国际比较文献得出的结论相吻合。学术界经过实证研究已经证明的一个事实是，以家庭医生为主导的医疗服务体系，比专科医生主导的医疗服务体系，更有可能提供“物美价廉”的医疗服务。英国卫生总费用占 GDP 比重只有 8.5%，学术界的一个基本共识是它拥有强大的全科医师队伍，相当完美地承担了医疗“守门人”的职能，花费了低于 10% 的英国总体医疗费用完成了英国 80% 以上的门急诊业务（包括由日间手术中心完成的大量外科手术），有效地抑制了英国医疗费用的攀升。主要由专科医生完成的住院业务则花费了英国 90% 以上的医疗费用，约占英国 GDP 的 7.7%，而美国的住院业务则花费了美国 60% 的医疗费用，约占美国 GDP 的 10.8%。可以看出，完善的全科医生守门人制度是导致英国医疗费用明显低于美国的主要原因。

（二）医院因素

如前所述，在美国整个医疗费用中，医院花费了 32%，是第一支出大户，

---

① Baicker 和 Chandra 通过分析美国各州 Medicare 参保者的诊疗数据发现，千人全科医师数更多的州，患者更多地使用费用较低的有效诊疗技术，带来低费用高疗效的总体效果，而千人专科医师数更高的州情况则相反，患者普通接受的是高成本的复杂治疗，总体效果反而是高费用低质量。K. Baicker and A. Chandra，2004，Medicare Spending，The Physician Workforce，And Beneficiaries’ Quality Of Care，Health Affairs online，April 7，2004。

美国的次均住院费用是18000美元，远超过OECD国家平均6200美元的水平，医院产业成为美国第一大产业，也成为推高美国医疗费用的“罪魁祸首”。导致美国住院费用高昂的原因当然很多，但核心原因有三个：一是美国医院行业是美国的一个强势利益集团，拥有强大的政府游说能力，一直能够成功瓦解各种试图控制医院费用的政策努力；二是各种先进仪器设备、耗材、检查手段和治疗技术总是在美国医院普遍得到优先使用，美国医院也常常是全球先进医疗设备和技术的发源地，美国医院的高昂医疗费用很大比例是高新技术的费用；三是美国的住院服务比欧洲的更为奢华：美国有比欧洲更多的单间或者半单间病房，美国人在诊断和检查上花费的排队时间更短①。数据也支持这一说法，我们简要给出一些数据例证。

首先，美国千人床位数只有2.6张，低于OECD国家中位数3.7张，患者平均住院床日6.6床日，低于OECD国家中位数8床日。由此可以看出，美国医院的技术效率和管理水平明显高于OECD国家平均水平，但其住院费用则要大大高于OECD国家平均水平，美国的日均住院费用为1850美元，而OECD国家的中位数只是600多美元。

（三）技术进步

正如2015年诺贝尔经济学奖得主安格斯·迪顿在其著作《逃离不平等》中所说：“美国医疗系统的一个重要特征是新的发明总会很快被付诸应用。”美国是医药领域新技术、新仪器设备、新耗材和新药品的最迅速使用者和最广泛使用者。文献表明，“二战”以后美国医疗费用的上涨60%以上可以用医药技术进步说明。本文简要给出一些数据予以说明：

1. 大型医疗设备拥有率和使用率；美国市场医疗设备销售额占全球市场份额是44%，美国检查检验（包括核磁共振MRI和CT）的使用率是其他OECD国家平均水平的2倍，收费水平也明显超过其他OECD国家，比如MRI和CT的平均收费水平超过英法两国的3倍、加拿大的4.5倍。

2. 新型医疗耗材使用率，美国每千人的膝关节置换手术是OECD国家平均水平的2倍，冠状动脉搭桥手术是OECD国家平均水平的1.5倍。

---

① 先进同时昂贵的肿瘤治疗技术和药物在美国的使用率最高，美英德法四国中，美国的恶性肿瘤年龄标准化死亡率最低。与此同时，90%的美国成年人自报健康状况良好，而OECD国家这一指标的平均水平只有69%。

3. 创新药品使用率，美国市场的药品销售额占全球药品市场的44%。大致说来，创新药（品牌药）美国售价高出其他OECD国家少则1倍，多则七八倍，比如，全球销量最大的药品、辉瑞公司研发生产的降脂药立普妥（lipitor）美国的平均售价是英法等国的3倍左右。

一个主流的看法是，美国的医疗体制是技术进步促进型或者说创新友好型的，在OECD国家中是最有利于新技术的推广和普及的，Medicarc的支付机制尤为如此。甚至有学者认为，由Medicare主导的美国医疗体制具有医疗医药创新融资体制的特征，其医疗费用融资机制和支付机制起到了促进医疗医药技术创新和推广的作用，极大地助推了以美国为主体的全球医疗医药创新。比如说，Medicare由政府筹资，但政府并不利用其市场地位主动抑制医疗医药价格，比如Medicare的D部分作为老年人政府医保的处方药补偿保险，本具有很强的市场议价能力，但美国国会禁止Medicare利用这种市场势力进行药价谈判。退伍军人医疗保险（VA）和Medicaid倒是可以获得药价折扣，据美国国会预算办公室（CBO）测算，即便仅仅是Medicare参保者中的低收入者能够享受和Medicaid参保者一样的药价折扣，联邦政府过去10年也可以减少1160亿美元的Medicare支出，但美国国会不允许Medicare这么做。

以上是从医疗医药供方角度说明美国医疗费用高昂的原因。

（四）医疗保险体制的影响

当然，美国医疗费用之所以如此高昂，其特殊的需方制度安排也是重要原因。需方也就是其医保体制。如前所述，美国医保体制由两大部分组成，一是政府主导的Medicare、Medicaid、儿童健保和退伍军人医保体制（VA），奥巴马医改实施后的2014年总共覆盖了38%的美国人口；另一个是商业保险，覆盖了53%的美国人口。

尽管Medicare只覆盖了65岁以上的老年人，约占美国人口的17%，其支付也仅占美国医疗费用的22%，但如前所述，Medicare确定的医疗费用支付方式和标准构成整个美国医疗行业的支付标杆，因此它对美国医疗费用的影响并不仅仅体现在这22%的市场份额上。Medicare支付方式的核心特征，形象地描述就是“亲供方”或者说“供方友好型”，以及“创新友好型”或者“技术进步促进型”。

Medicare的覆盖范围和支付方式，直接决定了Medicaid、退伍军人医保和儿童健保的覆盖范围，而这三个政府医保的市场份额为33%。研究显示，

Medicare 显著提高了医生和医院的市场地位及收入水平。

呈现“多、小、散”格局的商业医保自然也只能以 Medicare 的覆盖范围和支付标准为标杆，而且其覆盖范围总体要比前者宽泛，实际上，相当比例的 Medicare 参保人购买商业补充保险来支付 Medicare 不支付的部分，支付标准也明显高于 Medicare。Bernstein 2016 年的研究报告显示，美国各地区商业保险的门诊支付标准都在 Medicare 的 1.5 倍以上，多数超过 2 倍；而住院支付标准则都在 2.5 倍以上，相当部分地区超过 3 倍。

政府医保和商业医保这样一种“供方友好型”而非“供方管控型”格局，使得美国成为全球医药新技术、新设备、新耗材、新药物投入市场最迅速、使用范围最广泛、进入医保覆盖最迅速、医保覆盖范围最广泛的地区。也使得美国成为医药领域研发创新的集聚地，医药领域的跨国公司基本都在美国成立了研发基地，包括那些母公司不在美国的外国公司，在其他国家完成的医药创新一般也在第一时间申请美国专利和美国市场准入，争取第一时间投入美国市场，美国国民成为享受全球医药新技术最迅速、最广泛的群体。自然，美国人也不得不承担全球最为高昂的医疗费用。

之所以形成如此格局，可以从两个方面予以解释。第一个方面就是利益集团视角。美国医学会（American Medical Association，AMA）①、美国医院协会（American Hospital Association，AHA）、美国药品研究与制造商协会（Pharmaceutical Research and Manufacturers of America，PhRMA）拥有历史悠久的、强大的政府公关能力。通过他们持久的政府公关，美国每次医疗医药政策调整，几乎都走向了维护甚至强化供方市场地位的方向。Medicare 的建立是一个经典案例。几乎任何抑制供方市场力量、抑制医疗费用的政府立法努力都难逃失败命运。另外一个强大的利益集团就是美国老人②，也就是 Medicare 所覆盖的人

① 很多文献提到美国医师协会在代表医生利益反对医疗保险的控费努力方面的作用。美国医师协会反对医保控费的理由是医生的职业特权，以及维护医生自由行医权对医患关系的重要性。

② 随着婴儿潮一代进入老年，美国的老龄化压力也在增加。2015 年，65 岁以上人口占总人口比例达到了 15%。但是，所有发达经济体都处于老龄化和慢性病增加局面，所以这个理由可以解释费用增加，却解释不了美国医疗费用为什么比其他 OECD 国家高一大截。实际上，相对于欧洲国家，美国的人口结构仍然要相对年轻，如果老人医疗费用高昂的确是美国医疗费用高昂的一个原因，也更可能是由于面向老年群体的 Medicare 提供了较高的保障，释放了老年群体的就医需求。Medicare 总共覆盖了 17% 的美国人口（传统项目覆盖 12%，优势项目覆盖 5%），其支出占美国医疗总费用的比重是 22%（其中传统项目占 15%，优势项目占 7%）。

群，尽管只占美国人口的17%，但是由于其强大的经济实力、社会及政治影响力，利用美国民主政治的特征，他们不断扩大Medicare的医疗医药覆盖范围和保障水平，最大限度地扩大其自身的医疗保障福利，使得Medicare支出在美国联邦政府预算中的比重稳步上升，2015年这一比重已经达到15%，按照美国国会预算办公室的预测，到2026年，Medicare和Medicaid占联邦预算的比重将超过30%。退休老人团体的这一作用进一步强化了供方的市场力量和市场份额。

第二个解释来自于美国医药市场在全球的市场份额，解释逻辑则是经济学视角。由于美国医药器械市场占据全球市场的份额均超过40%，属于典型的寡头买方市场，尽管医疗医药创新具有明显的外部性，创新福利是向全球扩散的，但是因为并不存在一种创新成本全球分担机制，美国承担大部分创新成本，从这种创新中分享到的自身收益（国民福利、创新利润加上以技术领先地位为支撑的全球霸主地位）依然超过其承担的创新成本（直接的研发成本加上国民共担的高昂医疗费用），因此，对于美国来说，即便是独立承担这些创新成本，依然是合算的。

从另一个角度看，美国的专利政策以及美国一直力图主导的WTO框架下的医药产业专利政策，也体现了美国尽可能收割美国医药行业创新利润的战略企图。

美国跨国医药公司的定价策略（分国别差别定价）和相应的市场份额及利润水平，和经济学中对寡头市场中领先者最优策略的分析和结论相吻合。下列数据证实了这一点。

一些医疗费用和药价明显低于美国的OECD国家和地区，比如加拿大、挪威、澳大利亚，几乎没有医药产业。基本没有支持本国医药产业创新的政策考量，因此在既定的医保筹资水平下追求降低医药费用扩大医保覆盖范围的单一目标，可以充分利用团购形成的市场地位尽最大可能压低来自以美国企业为主导的医药创新产品价格，从而使其国民能够以比美国国民更低的价格享受同样的医药创新产品和技术。这种策略属于典型的“搭便车”策略：不承担医药创新成本，但是尽最大可能享受医药创新红利。对于没有具有发展前景的医药产业的小国来说，这是一种最优策略。与之对应的是瑞士，尽管也是医药市场上的小国，由于拥有强大的跨国药企诺华（Novartis）和罗氏（Roche），其医保政策和药价管制政策就与加拿大、澳大利亚和挪威具有很大不同，更倾向于创新促进型的医保支付和价格管制政策。

图3显示，在过去20年中，由美国食品药品监督管理局首先批准上市的新药约占全球市场中上市新药的一半，并且这一比重呈现稳步递增趋势，2011年这一比例达到了64%，也就是全球市场上新药的64%是首先在美国上市的。该图非常直观地展示了美国市场的"创新友好型"特征。

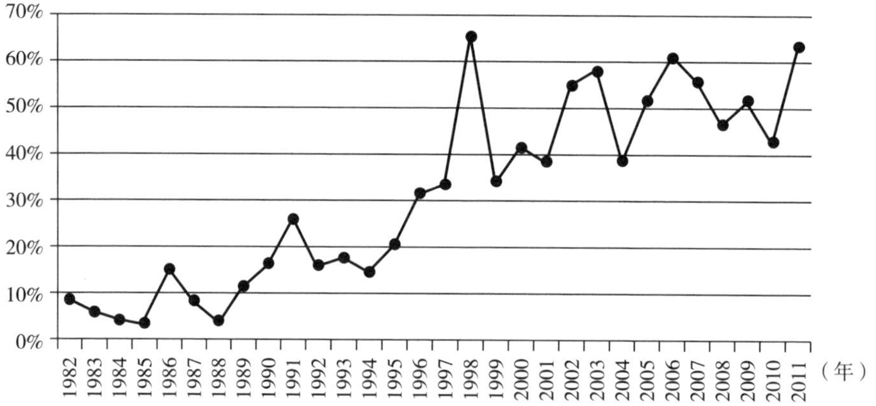

图3　美国市场首次上市新药占全球市场首次上市新药比重

图4展示了美国跨国药企中销量最大的药品占全球市场的份额，也从一个角度反映了美国创新性药企在全球市场中的地位。

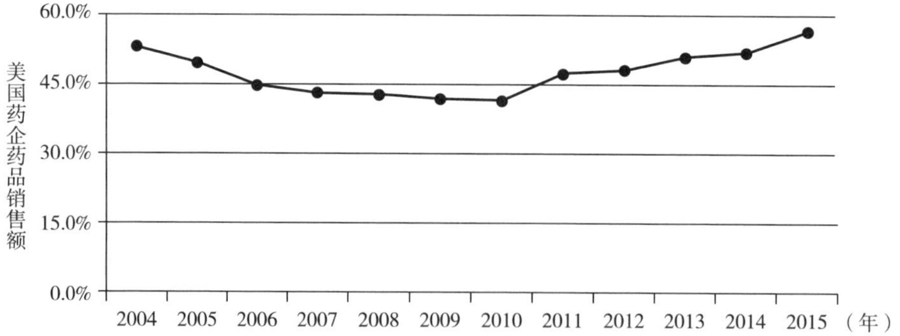

图4　全球销售额前20位药品中美国药企药品所占比重

表1表明，全球销售额排名前10位的医疗设备和诊断器材公司中，有7家是美国公司；排名前20位的公司中，有12家是美国公司。仅仅这12家公

司，就占据全球市场份额的三分之一多。

表1　销售额前20位医疗设备和诊断材料公司占全球市场份额　　（单位：%）

排序	公司	所属国家	2014	2015
1	Medtronic	美国	5.3	7.8
2	Johnson & Johnson	美国	7.3	6.8
3	Siemens	德国	4.8	4
4	Philips	荷兰	3.2	3.4
5	Roche	瑞士	3.1	3
6	Stryker	美国	2.6	2.7
7	Abbott Laboratries	美国	2.6	2.6
8	General Electric	美国	2.6	2.6
9	Becton Dickinson	美国	1.9	2.5
10	Boston Scientific	美国	1.9	2
11	Danaher	美国	1.8	2
12	B. Braun Melsungen	德国	1.9	1.8
13	Baxter International	美国	1.9	1.8
14	Essilor International	法国	1.7	1.7
15	Novartis	瑞士	1.7	1.6
16	Zimmer Biomet	美国	1.2	1.6
17	St Jude Medical	美国	1.5	1.5
18	3M	美国	1.4	1.4
19	Olympus	日本	1.3	1.4
20	Smith & Nephew	英国	1.2	1.2
	前20总计		51.1	53.4
	前20中美国公司全球占比		**32.0**	**35.3**

（五）商业医保为主是否推高医疗费用

需要指出的是，国内相当普遍的一个看法是，美国医疗费用高昂是因为保险体系由商业医保主导，这一看法不符合事实。从基金支出占医疗费用比重看，商业保险占比只有 34%，以 Medicare 为代表的政府医保占比则高达 55%，表明政府医保占据市场主导地位。并且如前所述，医保支付标准是以 Medicare 为基准的，在医保支付方式和支付标准上，商业医保完全是政府医保的跟随者。因此，决定美国医疗费用规模和格局的并不是商业保险，而是政府医保以及其背后体现的社会利益分配理念和格局，以及奠基于社会力量平衡后面的战略考虑。实际上，面对强大的医疗医药供方和强势的参保人团体，美国的商业健康保险机构很难获得丰厚利润，美国国会预算办公室数据显示，商业医保机构所收取保费的 81%—87% 用于支付参保人的医疗费用，扣除行政成本后能获取的利润只有 2%—3%。而医药行业，长期以来一直是美国各大产业中利润率排在前三位的行业。表 2 和表 3 分别给出了美国财富 500 强中 13 家商业健康险公司和 13 家医药企业最近五年的利润率水平，显然，商业医保公司利润率水平明显低于医药企业。

表 2 美国财富 500 强中 13 家健康险公司 2012—2016 年利润率 （单位：%）

企业名称	2012	2013	2014	2015	2016
联合健康集团（UnitedHealth Group）	5.0	5.0	4.6	4.3	3.7
Anthem 公司（Anthem）	4.4	4.3	3.5	3.5	3.2
大都会保险公司（MetLife）	9.9	1.9	4.9	8.6	7.6
安泰保险（Aetna）	5.9	4.5	4.0	3.5	4.0
美国保德信金融集团（Prudential Financial）	7.5	0.6	-1.6	2.6	9.9
哈门那公司（Humana）	0.0	0.0	3.0	2.4	2.4
美国纽约人寿保险公司（New York Life Insurance）	1.6	3.9	3.7	4.1	0.6
美国麻省人寿保险公司（Massachusetts Mutual Life Insurance）	3.6	3.4	0.6	4.0	3.7
西北互助人寿保险公司（Northwestern Mutual）	2.6	3.0	3.0	2.5	2.9
美国家庭人寿保险公司（Aflac）	8.9	11.3	13.2	13.0	12.1
美国再保险集团（Reinsurance Group of America）	6.8	6.4	4.1	6.3	4.8
太平洋人寿（Pacific Life）	11.5	6.7	8.9	7.6	7.6
Molina Healthcare 公司（Molina Healthcare）	0.4	0.2	0.8	0.6	1.0

表3　美国财富500强中13家医药企业2012—2016年利润率　（单位：%）

企业名称	2012	2013	2014	2015	2016
强生（Johnson & Johnson）	14.9	16.1	19.4	22.0	22.0
辉瑞制药有限公司（Pfizer）	14.7	23.8	40.9	18.4	14.2
默沙东（Merck）	13.1	13.0	10.0	28.2	11.2
吉利德科学公司（Gilead Sciences）	33.4	26.7	27.5	48.6	55.5
艾伯维（AbbVie）	0.0	0.0	22.0	8.9	22.5
安进公司（Amgen）	23.6	25.2	27.2	25.7	32.0
雅培公司（Abbott Laboratories）	12.2	15.0	11.8	10.2	21.4
礼来公司（Eli Lilly）	17.9	18.1	20.3	12.2	12.1
百时美施贵宝公司（Bristol – Myers Squibb）	17.5	11.1	15.6	12.6	9.5
Biogen公司（Biogen）	24.4	25.0	26.9	30.2	33.0
百特国际（Baxter International）	16.0	16.4	13.2	14.7	9.7
Celgene公司（Celgene）（新基）	27.2	26.4	22.3	26.1	17.3
St. Jude Medical公司（St. Jude Medical）（圣犹达）	14.7	13.7	13.1	17.8	15.9

进一步说，如果将以Medicare为主导的公共医保、医疗医药供方和商业医保这三方视为一条食物链的话，Medicare位于食物链顶端，即Medicare要比医疗服务提供方更加强势，支持这个判断的证据是，超过99%的医疗机构和医生接受了Medicare的行政定价。而商业医保则处于食物链的底端，也就是说，医疗机构和医生倾向于并且能够将公共医保带来的收入抑制，转嫁给市场谈判能力更弱的商业医保机构身上。

根据美国医院协会年度调查数据，自1992年至2014年，Medicare和Medicaid对综合医院的支付成本比率，除了在1996年到1998年超过100%，其余年份都低于100%，有的年份甚至低于90%；而商业医保的支付成本比率波动上升，几乎和公共医保成负相关关系，2014年达到了143.7%。

2012年通过的奥巴马医改法案有三大政策目标，扩大医保覆盖面、控制医疗费用、提高医疗服务质量。从2012年正式实施至今，在扩大医保覆

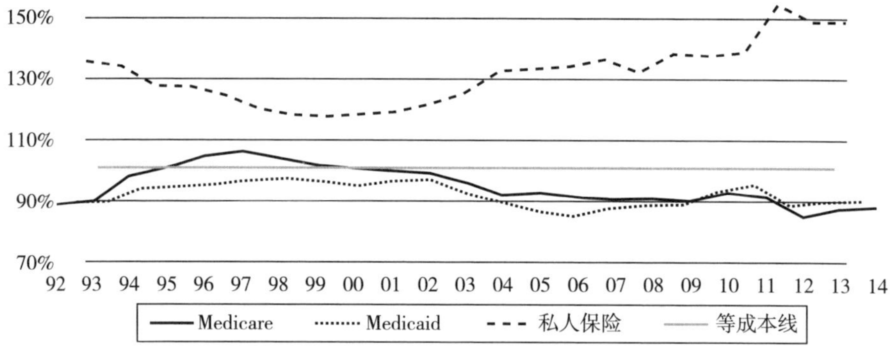

图5 1992—2014年私人保险、Medicare和Medicaid综合医院支付成本比率

资料来源：美国医院协会年度调查数据

盖面方面成效明显：2012年无医保人口为4900万，占美国总人口的15%。到2016年，这一数据降至2900万，占总人口的8%，但后两个政策目标收效甚微。

如前文所述，美国医疗系统中一个明显特征是供方力量强势，需方尤其是商业医保弱势，政府通过严格管制商业医保公司来将更多个人家庭纳入保险覆盖范围，也只是让更多资金通过保险公司最终流向医疗服务供方。

简言之，在整个医疗系统根本问题没有解决甚至没有触及的情况下，削弱本已处于弱势的商业医保力量，来让本就强大且日益强大的供方获得更多收益，不仅对解决根本问题丝毫无补，甚至还在巩固和加强旧的体制。

正如杨洲博士文中所言，川普总统的当选和共和党控制参众两院多数，奥巴马医改法案很可能会被废止，美国下一步医改的关键是解决融资和支付机制问题。

三、对中国医改的启示

美国医疗系统的问题及奥巴马医改的经验教训，至少给中国医改提供了以下几点启示。

首先，在任何一个国家，医改问题既是经济问题、社会问题，更重要的，也是政治问题。“应该拥有一个怎样的医疗系统”，在任何一个国家，都没有定论，也没有一个各国普适的模式，而只能是公共选择以及各方长期博弈的结果，并且是一个动态调整和适应的过程。博弈各方的理念、利益和力量，都应得到重视，政府忽视任何一方利益而强制推行改革，都可能给改革的可持续性造成压力。

奥巴马医改自推行以来即争议不断。迄今为止，美国共和党已向最高法院提交60次针对该医改法案的诉讼，基于自由主义政治理念，反对“政府接管医疗”。同样抱怨不断的还有中产阶级和医师群体。中产阶级从法案中获益甚少，还要面临税收和保险金同时增加的财务风险；医师群体在供需方同步整合中，不得不从坚守已久的传统私人执业模式，越来越多地走向医生组织雇员或者医院雇员，医师的收入也受到一定的影响。来自各方的不同声音，可以认为是奥巴马医改推行的阻力，但也可视为是对整个医疗系统改革方向的提醒与校正参考。奥巴马医改法案中筹资与补偿方案的缺陷，从根本上导致了该法案前景暗淡。医保交易平台保留下来的保险项目保费的急剧上升很可能成为压垮该法案的最后一根稻草。

美国医疗体制及其改革历程对中国有哪些启示？如果从公平和效率的角度追问，无论政府对医疗领域的干预程度为何，任何一个国家医改都必须回答的问题是，政府的职能边界如何划定，财政的支持边界如何划定，行政干预对市场的影响，在不同的阶段如何评估其积极与消极作用等。

回答上述问题以及回答上述问题的方式，显得极为重要。各方的利益如果不能在阳光下博弈，不同的观点不能进行公开交锋，只会让改革陷入胶着，或者在扭曲的体制上越陷越深。

进入新世纪以来，中国医疗服务体系改革逐步进入了迟滞格局，甚至出现局部回归旧体制的情况，主要原因就在于改革过多为政府一方主导，处于行政垄断地位的公立医院不仅没有通过改革削弱垄断地位，反而利用行政化特权形成了虹吸现象，进一步强化了垄断地位，扩大了既得利益，使得公立医院及其编内职工进一步丧失了改革动力。而其他医改相关各方，如患者、社会办医力量、医药行业、行业协会、第三方组织等话语权缺失，使得改革中许多政策难以落地，无法推行，以至于医改七年，诊疗行为进一步扭曲，分级诊疗体系渐行渐远，医患矛盾日趋尖锐，医疗费用高速上涨，导致全民医保的保障效果大大弱化。

过去十多年中国医改的最大成就毫无疑义是全民医保的建立。2015年城镇职工医保覆盖了2.89亿城镇职工，2.14亿在职职工和其所在企事业单位以人均4254元的缴费水平保障了自身和7531万离退休职工的医疗保障待遇。与此同时，各级政府共投入4082亿元财政补贴，加上个人缴费，形成了5400亿元左右的城乡居民医保基金，使10.47亿城乡居民住院可以享受50%左右的实际补偿。

但是，如上所述，医疗服务体系改革严重滞后，致使全民医保的成效显著弱化。我们可以从两个方面说明这一点：

第一，政府投入巨额财政资金建立的城乡居民医保，其首要目标是“保基本、兜底线”降低城乡居民因疾病产生的财务风险，缩小全社会的收入差距。遗憾的是，由于公立医疗机构扭曲的逐利机制没有改变，城乡居民医保资金没有得到有效使用。以致新农合制度建立后，参合农民住院自费金额不但没有下降，反而有所上升，加上公立医疗机构过分地诱导住院现象，农民住院人次非正常高速增长，2015年，参合农民百人住院人次竟然达到了15%，十年间近乎翻两番，农民医疗支出占消费性支出或者人均纯收入比重不降反升（表4）。

表4　2005—2014年农村居民医疗保健支出统计

年份	人均年消费支出（元）	人均医疗保健支出（元）	医疗保健支出占消费性支出（%）
2000	1670.1	87.6	5.2
2003	1943.3	115.8	6.0
2005	2555.4	168.1	6.6
2006	2829.0	191.5	6.8
2009	3993.5	287.5	7.2
2010	4381.8	326.0	7.4
2011	5221.1	436.8	8.4
2012	5908.0	513.8	8.7
2013	7485.1	668.2	8.9
2014	8382.6	753.9	9.0

换言之，由于公立医疗机构扭曲的逐利行为没有改变反而因为新农合而加剧，财政巨额投入建立的医疗保障不仅没有降低农民经济负担，反而加重了农民的经济负担，巨额财政补贴不仅没有缩小低收入群体（主体是农民）和高收入群体（包括公立医疗机构医务人员）的收入差距，反而加大了两者之间

的差距。这显然不是建立城乡居民医保制度的本意。

第二，占城职保参保人数 25% 的离退休职工，花费了 60% 的城职保基金支出。换言之，占全国人口 5.5% 的城职保离退休职工花费的城职保基金占全国医疗总费用的比重约为 15%。前文讲过，由联邦财政筹资的 Medicare 为占美国人口 17% 的 65 岁以上老人支付的医疗费用占美国总医疗费用的 22%，相比较而言，中国离退休职工花费的医保资金比重明显高于美国，这一方面说明中国离退休职工得到了相对更高的医疗保障，该群体属于强势利益群体。另一方面再次反映了公立医院扭曲的逐利机制对（城职保）医保资金的无效使用。我们在调研中发现，公立医院主导医疗服务体系的地区，离退休职工百人住院人次普遍超过 50%，存在着明显的诱导需求过度住院现象。这一方面浪费了大量医保资金，弱化了医保本可达到的保障水平；另一方面加剧了在职职工的缴费负担，加剧了代际分配不公平，以及不同收入水平群体之间的收入分配不公：城职保在职职工承担沉重的缴费义务，其中大部分缴费职工是企业职工，包括 4000 万农民工，而这些缴费最终通过过快增长的医疗费用，相当比例形成了公立医疗机构医务人员收入，带来公立医疗机构编制内医务人员个人收入的高速增长，扩大了包括医务人员在内的机关事业单位职工和企业职工尤其是农民工之间的收入差距。这显然不是政府建立全民医保制度和推进医改的政策本意。

美国医疗体制的一个弊端是强势的供方获得了过多的经济利益和社会地位，导致了美国畸高的医疗费用，供方强势利益集团成功狙击了历次试图调整这种利益格局的医改企图，导致了美国医改的步履维艰；美国的这种利益格局是在长期的历史演进中形成的，同时与其社会政治体制密不可分。如前所述，这种利益格局的一个正面效果是美国形成了强大的医药创新促进机制，美国人承担高昂的医疗费用的同时享受到了医药技术进步的显著收益，也因此形成了医药领域乃至更广泛领域的全球霸主地位。

美国给我们的这一启示是，即便是在美国这样以市场化力量为主导的国家，供方体系一旦因历史、文化、政治等原因占据市场中的强势地位，都会对整个医疗系统产生深远的消极影响，造成市场力量对比的长期扭曲，这是对中国的一大警示，特别是超过 80% 的医疗市场被公立医疗机构垄断的情况下。中国大陆以行政主导、公立医疗机构行政垄断为特征的医疗服务供给体系形成了供方强势的利益格局，也导致了医疗费用过快增长、医改步履维艰的格局，但是和美国不同的是，我们并未能建立以创新为特色的医药产业，反而形成了“多、散、小、乱”的医药产业格局。

改革总要触及既有利益格局的再调整。对于中美两国来说，供方体制的改革是医改的重点，也是难点。美国医疗系统有待改革的症结，在于供方的强大力量如何在市场机制中消解，让供需力量走向良性的平衡，包括公共医保领域更多的市场化运作，也包括商业医保机构发挥更多更灵活的力量。而中国的改革还要更加艰难。于供方，中国超过八成的医疗资源被公立机构垄断，也就是说，超过80%的医疗资源，还在以计划经济方式配置，不能因应市场化的需求；对于中国来说，需方体制即医保体制是在建立市场经济体制的过程中建立的，基本制度架构是适应市场经济体制要求的，但依然不可避免地染上了行政主导特色。具体讲，本应引入市场机制、引领医疗服务体制改革的社会医保制度，也由政府举办的机构经办，按照计划经济思维管理医保，由此形成条块分割、行政主导、供需长期错配的医疗和医保体系，既制约供方中非公立医疗机构与医师私人执业的发展，也制约需方中商业保险的力量，无法培育打破旧体制的市场力量。

第三，政府举办的医保如Medicare，哪怕只占20%的份额，也对整个医疗系统有成败攸关的影响。美国的一大问题在于，Medicare作为需方中的强势方，过于举足轻重，一旦Medicare将资源配置导向错误的方向，就可能将体系中既有的问题进一步加剧。而美国的Medicare管理团队还是一支专业化的队伍，即便如此，也不能有效杜绝战略上的失误。

如杨洲博士文中所言，Medicare优势项目可能是一个带动Medicare转型的契机。考虑到近年来选择优势项目的参保者逐年增多，随着商业医保公司管理的参保人群增加，越来越多的Medicare基金由竞争性的商业医保机构管理，同时提供给参保人越来越多的保障选择，客观上会导致传统Medicare影响力的削弱。但优势项目可以走多远，将来还会有怎样的变化，目前很难在现实层面预测，还受很多政治上的其他因素影响。

对于中国来说，商业医保机构代表的市场化力量同样重要。毕竟，相对于步履维艰的非公立医疗机构，商业医保机构发展得相对容易一些，至少还有来自政府层面（如保监会）的政策支持和保驾护航。同时，商业医保也积蓄了一部分力量，支持供方中非公立机构和医师私人执业的发展。

但最终，中国商业医保的发展空间，还要取决于整个社会医保体系筹资、运营、保障等各方面的政策调整。如果医疗机构长期保持超过60%的收入来自社会医保，医生仍然不能实现自由执业，同时社会医保拒绝商业医保对基本医保、补充医保等经办介入，商业医保发展的道路，也依然道长且阻。

第四，在供需方市场格局没有根本改变的情况下，打包付费等付费方式改革，只能是技术层面的有限改良，甚至还可能起到固化垄断、推动整合的负面作用。

近年来，中国同样热衷于“医联体”等医疗机构间的整合模式，同时结合以总额预付等新型付费方式。但从美国经验来看，医疗机构的联合，特别是当越来越多的私人执业医师成为医院雇员后，是推高而不是抑制总体医疗费用的作用。而医疗机构的市场力量还因此进一步增强。

第五，尽管美国的医疗系统存在如前所述的若干问题，但商业力量为主的体系天然携带的好处是，对市场需求更敏感，运营模式的调整更快捷。

高昂的医疗费用压力下，美国近年已经发展出若干新型医疗服务模式，如迅捷诊所（RediClinic）和分钟诊所（Minuteclinic）等。美国微型诊所领域专家斯科特（Mary Kate Scott）统计，在正确的技术支持下，总计60—100种左右病症可以由微型诊所处理，虽然种类有限，但这些病症占去美国家庭医生所诊治病症的17%，而微型诊所处理这些病症的费用，要比看家庭医生的费用低32%—47%。其方便快捷、无需排队的特点，大大减少了患者就医的时间，也大大提升了患者的满意度。

前文讲到，美国医师构成的一个缺陷即全科医生不足，这是推高美国医疗费用的一个重要原因。培养足够多的全科医生以纠正这一缺陷，即便不考虑利益格局和观念调整的艰难，仅仅考虑培养周期，亦可知道需要漫长的过程。但上述商业模式的适应性创新，很可能能够缩短这一过程。

和美国相比，我们医疗服务的这一弊端更为严重，美国尚有12.5%的医生是全科医生。新医改启动时，中国甚至没有全科医生，大量门急诊蜂拥三甲医院部分原因即在于此。同样，即便不考虑体制改革和利益调整之艰难，按照传统的培养路径，中国要培养并留住满足社区守门人基本需要的全科医生队伍，所需要的时间也极其漫长。幸运的是，移动互联网的发展给中国提供了一个弯道超车的难得历史机遇，如果中国医疗服体系的市场应变能力足够强，利用技术进步带来的这一历史性机遇，中国建立全科医生社区守门人制度的周期能够大大缩短。但中国由于整个医疗体系中存在的过度行政干预，导致互联网医疗等新兴医疗服务模式发展艰难，甚至医生能否进行网上诊疗，至今在中国还处于不合法状态。如果不是行政权力过多干预，同时专业组织、行业协会力量过于薄弱，这样的问题，本来并不会成为问题。能否抓住这一历史性机遇，取决于决策者对此的认识和改革魄力，也取决于业界商业模式创新和激励机制构建的智慧和实践。

五、小　结

由于政治体制、文化传统等各方面的不同，美国的医疗系统和中国的医疗体系有着巨大差异，但也面临着相同或类似的问题，如医疗费用过快增长等。美国卫生费用过度攀升的教训，其背后的成因，有许多值得中国镜鉴，美国医药行业的创新能力，其背后的成功经验，也多有值得中国学习借鉴之处。

医疗卫生体制改革，既是“世界性难题”，也与本土的政治、经济、社会、文化等各方面息息相关；既是改革医疗卫生体制，也是改革一国一地的政治理念和治理理念。一个国家能够享有的医疗系统，始终与其自身的政治、经济、社会、文化环境相匹配，也与该社会的学习适应能力息息相关。他人走过的路，也许并不能让我们少走一点弯路，但至少，在我们走弯路的时候，还可以提醒我们不要走得太远。

前沿

Guide

Comparative

技术焦虑的历史和经济增长的未来
这次会不一样吗？

乔尔·莫克尔　克里斯·维克斯　尼克拉斯·齐巴思

人们普遍认为技术是经济进步的主要原因，但在历史的长河中技术也引起了文化焦虑。世世代代，文学经常把技术描绘成异化的、令人费解的、日益强大且具威胁性，也许还会失控（Ellul，1967；Winner，1977）。如果没有这些关于技术影响不可控的警示故事，那普罗米修斯的神话故事也就无足挂齿了。西格蒙德·弗洛伊德（Sigmund Freud）在其《文明与缺憾》一书中指出，技术对智人的影响是把他变成了装着义肢的上帝，“人类可以说已经变成了被修复的上帝。当他用上他所有的辅助器官时，他确实很伟大；但是，他并不具备这些器官，有时，这些器官也给他带来许多麻烦。”

所以，发达国家正在经受的又一轮焦虑并非没有先例。事实上，在经济增长乏力时经常会出现关于技术变革的担忧。例如，在阿尔文·汉森（Alvin Hansen）1938 年的《完全复苏还是停滞？》一书中，大萧条是长期停滞的第一种模式。基于凯恩斯的宏观经济学思想，汉森担心随着人口增长以及技术创新的枯竭，经济增长也将停滞。凯恩斯也被卷入了争论并在他的著名论文“我们后代的经济前景”中表达了对未来技术和失业的思考。该文初稿完成于

---

*　Joel Mokyr，西北大学艺术和科学 Robert H. Strotz 讲席教授，经济系教授；Chris Vickes，奥本大学经济学助理教授；Nicolas L. Ziebarth，艾奥瓦大学经济学助理教授。原文发表于 *Journal of Economic Perspectives*，Vol 29，2015。

1928年，也就是英国经济表现不佳十年之后，最初是系列演讲稿，然后在1930年进行了修订，纳入了关于经济大萧条的评论（Pecchi and Piga，2008）。凯恩斯（1930）在面对令人震惊的失业状况时仍对未来保持乐观态度，他指出："现在我们遭受的痛苦，不是老年性风湿病，而是发育过快引发的发育性阵痛，是两个经济阶段之间重新调整引起的痛苦。技术效率的提高快于经济吸纳劳动力的速度，生活水平提高的步子也稍微大了一些。"在不远的过去，温纳（Winner，1977）的《自主性技术：作为政治思想主题的失控技术》在经济处于低潮的20世纪70年代中后期出版。如今，著名经济学家劳伦斯·萨默斯（Lawrence Summers，2014）在面向美国企业经济学家协会的演讲中，公开表明了经济长期停滞的可能性。在马丁·费尔德斯坦（Martin Feldstein）纪念演讲中，萨默斯（2013b）谈论了关于技术对长期就业趋势影响的"新勒德主义"立场（19世纪英格兰那场著名的抗议技术创新的运动）。

技术焦虑呈现多种形式，本文主要探讨我们认为最突出的三种焦虑。前两种焦虑基于"乐观"的看法：技术将继续发展，也许还会加速。首先，最普遍的担心之一是技术创新会引起机器对劳动力的广泛替代，从而导致技术性失业，短期内进一步加剧不平等现象，即便其长期影响是有益的。其次，人们一直担心技术进步对广义人类福利的道德影响。在工业革命时期，人们担忧工作的非人化影响，尤其是工厂劳动的常规化。在现代，或许人们更担忧的是出现像库尔特·冯内古特（Kurt Vonnegut）在1952年写的小说《自动钢琴》中描绘的世界，在那里，失去工作本身就是非人化的原因（例如Rifkin，1995）。正如萨默斯所说［Kaminska（2014）"不是完全一字不差"地引用道］，"本质上所有经济学的前提是……闲暇是好的，工作是不好的……但经济学家不得不承认人类的基本满足源于做出贡献……"。第三个顾虑则截然相反，认为技术的主要发展时期已经过去。近些年来，即便面对信息技术令人眼花缭乱的变化，戈登（Gorden，2012）、维吉格（Vijg，2011）和科恩（Cowen，2010）这样的悲观主义者仍然认为，最大的担心应是经济和生产率的过慢增长，因为西方经济面对"逆风"时缺乏技术进步。这些所谓的"逆风"因素，包括生产率和人口的缓慢增长，构成了汉森（1939）长期停滞假说的基础。本文认为这些顾虑对于现代时期来说并不新颖，理解了历史，就能明白"这次是否真的不同"。下一部分将分析18世纪末到20世纪初这段历史时期，经济学家的这三种忧虑。最后一部分给出了对于这三种焦虑，历史上和现在的表现有何不同。

从工业革命到大萧条时期的技术焦虑

短期混乱，长期受益

我们从经济学家和许多人广泛论述过的第一次技术转型即工业革命开始谈起。从18世纪末起，争论的核心就是技术进步对劳动力有何影响，这些影响在长期和短期有何不同。在短期内，技术创新是否会导致更高的失业率和更低的工资？如果有长期的负面影响，这些创新还值得吗？

那个时代杰出的经济学家对此也有分歧。比如托马斯·莫蒂默（Thomas Mortimer，1772）写道，他希望永远也不要见到伐木机和碎石机，因为它们会“排挤掉数以千计的能被有效利用的人劳动力……”大卫·李嘉图（David Ricardo）在他的《政治经济学原理》第三版中添加了备受争议的一章，坦率地承认了观点的转变。李嘉图（1821［1971］）指出，他之前曾相信，任何一个生产部门应用机器都是好事，但是他而后又得出结论：“机械取代人力劳动常常会损害工人阶级的利益……也许会致使人口冗余，并恶化工人的处境。”柏格（Berg，1980）强调了关于技术变革的长期与短期影响的李嘉图经济学。李嘉图承认，在某些特定产业，技术性失业并不是技术进步的必然结果。然而，他的工资基金理论认为，用在机械设备上的花费是从本要付给工人的可用基金中抽取的，因此对机械设备投资可能会减少对工人的雇佣。李嘉图感觉这只是暂时现象，从长远来看，更高的生产率将会导致更高的储蓄，并最终提高对劳动力的需求。

虽然很多人承认短期内机器对就业率可能存在负面影响，但他们通常能将短期混乱与长期影响区分开来。被认为是亚当·斯密之前在经济方面最具洞察力的作家詹姆士·斯图亚特爵士（Sir James Steuart，1767）写道，他只在“可能迫使一个人变成闲人”的情况下才会反对机器，也就是说，这个人除了当前的就业没有别的养家糊口之道。但斯图亚特认为，通常情况下，只有突然发生技术创新时，才会出现技术性失业。即便如此，这种混乱也只是暂时的，但高生产率这一优势却能长久保持。后李嘉图派学者例如约翰·穆勒（John Stuart Mill）承认，技术进步会暂时对工人不利，但是穆勒（1848［1929］）很快补充道：“我并不认为……这种生产进步总是对劳动阶级不利，即便是也是暂时的。”卡尔·马克思从一个相当不同的视角，也认为在资本主义制度使得工人贫困化的大背景下，技术性失业在短期内是个很严重的问题。但对马克思来说，技术进步还是社会进步的一部分，最终将会导致普遍的繁荣。（当然，马克思主义者眼中的进步最终是要推翻现有的资本主义经济制度。）

对于技术的长期影响，一些最有意思的思考来自“反动派”（我们找不到更好的词汇）。这些人虽然承认技术的威力，但对其能否让社会整体受益始终深表怀疑。然而他们中的大多数还是勉强接受了这种变化，甚至出于非经济原因转而支持技术应用。例如，威廉·米尔梅（William Mildmay，1965）承认机器也许会“摧毁劳动的必要性”，但仍然建议引进机器，因为如若不然别的国家就会在同英国的竞争中胜出。这种技术宿命论或许在美国南北战争前南方知识分子的文章中得到最好的体现，就像杰诺维塞（Genovese，1992）引用的几个例子，“托马斯·克林曼（Thomas L. Clingman），北卡莱罗纳州有影响力的政治家，声称俄罗斯在克里米亚战争中的命运告诉人们，铁路在军事中的重要作用。即使是最‘反动’的南方人，如乔治·菲茨休（George Fitzhugh），也不得不承认”。其他的南方人，比如弗吉尼亚州的托马斯·迪尤（Thomas Roderick Dew），看出了奴隶制和如下事实之间的冲突：“军事力量可能有赖于被大肆鼓吹的经济进步”（Genovese，1992，第19页）。对这些作者来说，技术采用在某个方面就像囚徒困境，其中每一方都认为让最新的优势从手上溜走十分愚蠢，即使最终的结果让每个人的境况都变得更糟。

鉴于短期内这些技术代价，也许会有人认为工业革命时期技术性失业是个严重的问题。然而，认为在特定情况下引进“机器”造成短暂失业是一回事，论证实际上发生过大规模技术性失业是另一回事，而且证据确实显示这是子虚乌有的（Mokyr，2002）。事实上，仔细考察英国著名的反对纺织业技术革新的各种运动，如勒德（Luddite）暴动（1811—1816）和斯温（Captain Swing）暴动（1830—1832），劳工们对机器会取代自己的忧虑在这些运动中发挥的作用实际上被极力夸大了。这些动乱和“占领华尔街”运动（尽管对附近的人来说的确比较吓人）一样，具有多种原因，实际上目标并不明确。勒德暴动从诺丁汉开始，那里的工人总体而言更关心低工资和工作方式，而不是机械化本身。在兰开夏，在资本家与雇员的争端中，机器只不过是便于攻击的目标，导致工人们捣毁机器。另一方面，在约克郡，剪羊毛工人组织起来，减缓机械化的速度（Thomis，1970）。类似的，斯温暴动旨在反对新式蒸汽脱粒机，很大程度上就如同反对廉价的爱尔兰移民劳动力一样（Stevenson，1979），不过，这些是为数不多的几个通过政治运动真正减缓机械化的例子。

确实，19 世纪前几十年英国工人阶级领导人普遍声称，抵制机器的原因是它导致技术性失业，这种理由很难与“长时间在工厂孤独地劳动，迅速扩张的工业化乡镇中的烟尘疫病”（Berg，1980）这样的抱怨对上号。工厂的问题不在于提供的就业岗位较少，而在于车间里的工作条件不好。

即便总体而言工业革命并没有减少劳动需求总量，但它仍毫无疑问地冲击了对某些类型劳动力的需求，从而引起不小的焦虑。在 19 世纪早期的英国经济中，受资本投资热潮影响最大的是那些受雇于家庭工业的工人，这种传统工业的资本密集度和生产率都很低。手摇纺织机工人和架机编织工人以及他们的小作坊在 1815 年后迅速被工厂取代（Bythell，1969）。尽管工厂的薪水在提高，但绝大部分本土工人和独立工匠的实际收入在减少（Allen，1992；Lyons，1989）。戈尔丁和卡茨（Goldin and Katz，1998）的现代研究证明了美国 20 世纪初以来的技能偏向型技术变化，而卡茨和马戈（Katz and Margo，2013）的研究则发现 19 世纪美国制造业的技能分布出现“空洞化”。在 19 世纪初期，工资差距构成了市场“信号”，对于乡镇工业的生活方式和基于家庭工业的作坊文化而言，丧钟正在敲响。这样的过程当然是痛苦的。维克斯和齐巴思（Vickers and Ziebath，2012）曾提出，这种痛苦可能会导致那些有一技之长却因机械化而贬值的人群有更高的犯罪率。而且，这种过渡大致持续了一代人的时间（Lyons，1989）。此外，在 1840 年之后，对那些失去了生计来源的人来说，迁移到北美洲越来越成为一种可行的选择。

在 19 世纪新兴工业化行业工作的工人对薪水、生活水平和不平等现象的担忧是合理的。准确地说，在英格兰，工业革命中的创新何时能转化成较高的中值生活水平就曾是个备受争议的问题。费恩斯坦（Feinstein，1998）提出，在 1815 年之前工资几乎没有增加，他估算，即便到了 19 世纪 50 年代中期，相较于 18 世纪 80 年代也增加不到 30%。有关那个时期美国的工资记录都是有争议的，增长也不均衡；马戈（Margo，2000）发现，在 1820—1860 年之间，实际工资增长总体为正，但不同地区、不同时间和不同职业阶层之间差异很大。以中西部的工匠为例，在这段时间里他们的工资事实上略有减少。在东北部，实际工资在 19 世纪二三十年代缓慢增长，在 40 年代有了相对较快的提升。

当然，工资并不能完全衡量生活水平，工业化对幸福生活的非货币影响也饱受议论。莫克尔（Mokyr，1988）利用商品数据发现，在 1815—1819 年和

1845—1849 年间，消费增长率每年远不到 0.5%，甚至大部分集中于后面几年。另一方面，像威廉姆森（Williamson，1981）这样的学者认为与工业化相关的城市不舒适“微不足道”：比如，煤烟也许是不健康的，但是廉价燃料可以提供温暖的住所和更加可口的食物。然而，有关悲观境况的证据越来越多。在一篇评论中，沃斯（Voth，2004）提出，1850 年之前获得的微薄的实际工资都是“有代价的，这些代价包括更长时间的高强度工作，工作场所更危险和更不健康”。对于这个时期不平等现象的估计某种程度上还是一种推测，因为容易受到测算问题以及不同层次价格指数构建的影响。林德特（Lindert，2000）也提出，在 1740—1810 年间，英国的不平等快速上升，在此之后速度稍微减缓。艾伦（Allen，2005）认为，在 1780—1850 年，英国的收入不平等骤增。在美国，不平等现象加剧的时段更有争议。尽管如此，即便技术性失业本身很大程度上也被夸大了，但从工资、生活水平和不平等程度来看，劳动者的处境苦乐极其不均。

最后，勒德分子对机器使劳动者贫穷的担忧并没有成为现实，其主要原因很好理解。19 世纪早期的机械化只取代了有限数量的人类劳动。同时，技术变革增加了对其他类型劳动的需求，这些劳动力是新技术内嵌的资本品的互补品。增加的劳动需求不仅包括像修理新机器的机械师这样显而易见的工作，还有其他一些延伸工作，包括监督新工厂系统的管理者、在那些以空前规模运营的公司里工作的会计师。更重要的是，技术进步还表现为产品创新，因此也在经济中开创了全新的行业，而这个时期的经济学家在讨论时根本忽略了这一点。那些被取代的手摇纺织机工人的孩子不仅可以选择在机器密集型的纺织厂工作，还可以做一个受过训练的工程师或电报员。19 世纪的政治经济学家没能预测到 21 世纪的新工种，包括个人时尚顾问、网络安全专家以及网络声誉经理。

最终证明，大量的技术性失业和劳动替代现象在这一时期并不明显，使用新技术的劳动者的待遇和生活水平问题却变得越来越大，因此我们看到这样一个迹象，就是 19 世纪末的“机器问题”从传统的非马克思主义政治经济学讨论中很大程度地消失了（Berg，1980）。虽然公众注意力还是时常会回到技术性失业问题上，经济学家却对此不屑一顾。生活水平上升这一趋势是无法否认的，就像沃伊罗（Woirol，1996，第 20 页）指出的，“技术变革对就业的影响不再是一个重要的问题”。在他的例子中，提到了威尔斯（Wells，1889），威尔斯曾提出“毫无疑问，劳动阶层有一种就业机会不如以前的忧虑感”，但还是得出结论说：“迄今为止没有什么证据表明机器妨碍或打压了劳动”。相似的，沃伊罗提到经济学家（后来的耶鲁大学校长）亚瑟·海德里（Arthur Hadley，1896），海德里提出“那些机械改进最大的行业明显增加了就业”，以回应机械化“取代了大量的人类劳动，因此夺去了雇员的收入”这类言论。

在20世纪初克努特·维克塞尔（Knut Wicksell，1901［1934］）的文章中，的确又旧话重提了，他提出，在纯粹的新古典主义模型中，技术进步既能降低也能提升劳动边际产量，因此工资取决于这种技术是劳动节约型还是劳动扩张型。维克塞尔得出结论说（第16页），“因此从根本上讲资本主义储蓄者是劳工的朋友，而技术发明者经常是他们的敌人”。然而，维克塞尔小心地将短期潜在有害影响与长期结果区分开来，并由此认为，“间或引起工业翻天覆地变化的伟大发明一开始都会减少大量员工，让他们一贫如洗……（但这之后）随着继续积累，这些灾祸必将消失……薪水就会上涨”。大约在同一时间，克拉克（J. B. Clark，1907，第452页）在一个被广泛引用的评论中指出：“工人们的福祉提升需要这种进步继续下去，但是这势必暂时引发对劳动力的取代。”来自维克塞尔和克拉克的这些评论大体上概述了20世纪早期经济学界的共识。

大萧条是一个看上去永无尽头的高失业率时期，因此技术性失业假说的吸引力是无法抵制的。在1946—1965年之间作为劳工部劳动统计专员的劳动经济学家伊万·克莱格（Ewan Clague，1935）在《美国统计学会杂志》上声称：“当前的情景是，取代劳工的速度超过再吸收的速度，因此技术性就业问题仍然很大。”他总结指出：“一段时间过后……上了年纪的过剩工人会被岁月和死亡淘汰。”部分这种忧虑并非基于制造业的快速革新，而是来源于农业中的劳动节约型变革，类似于拖拉机这种驱使大规模人流从乡村涌入城市的因素。其他一些人，如埃德娜·罗尼甘（Edna Lonigan，美国劳工部的一名经济学家），在了解了关于劳动节约型技术的争论后，反驳了这种论点。罗尼甘（1939，第255页）直截了当地指出：“我们当前的失业与机械几乎没有关系”，并进而提出技术革新与失业之间没有必然联系。反之，是“价格体系的失灵，导致不能创造新的就业机会，这才是工人们不安全感日益增加的根源”。当然，对高失业率的长期供给侧解释并非仅仅针对20世纪30年代的大萧条。很多人在2007—2009年大衰退及以后的岁月里也迅速倒向这种解释，即便在总需求不足时这也能提供一个貌似更加合理的解释。

最后，我们在反驳老一辈经济学家对技术进步就业效应的预测结果时应当小心。尽管普遍的技术性失业这一预测总体来说是错误的，但我们也不应该忽视那许许多多实际上被替代的工人所承担的代价。确实，从长远看来，由于生产率的大幅提升，劳动者的工资会增加。此外，很多评估也说明，在第一次工业革命中，这个过程（通过生产率传导到工资）需要的时间长于一代人的平均工作寿命，所以从长期看，我们都死了。

技术与劳动异化

除了就业与工资问题，技术革新也带来了关于工作性质的隐忧，即所谓的劳动异化（alienation of labor）。即便在工业革命之前，在赞扬专业化分工价值的间歇，亚当·斯密（1776）就警示过这一进程的道德效应，他指出："一个人终其一生都在重复这几个简单的操作……这会使人类变得尽可能的愚笨和无知。"马克思，一个比斯密更著名的工业化批评家，提出资本主义体制让个体远离自己与他人。在《1844 年经济学和哲学手稿》中，马克思写道："这种奴役状态的顶点就是：他只有作为工人才能维持自己作为肉体的主体，并且只有作为肉体的主体才能是工人。"（引自 Elster，1986）

这种把人看作机器上的螺丝钉的产业资本主义观成为马克思及其追随者关注的重中之重，但是这对左派革命者而言并不是独一无二的。这在托马斯·杰斐逊（Thomas Jefferson，1787）把"自耕农"作为民主基础的乐观看法中可见一斑："那些在地球上劳作的人是被上帝选中的人，如果说真的被上帝选中，他那与众不同的心胸中一定蕴藏着纯粹、真正的美德。"在美国，即便是许多支持奴隶制的反动分子，如卡尔霍恩（John C. Calhoun，1837）也得出了相似的结论，把所谓的北方工薪奴隶制看作社会上一部分人依靠他人劳动而活的手段，是一部分人对另一部分人彻头彻尾的奴役。对卡尔霍恩来说，所有的经济体系都需要强制和有限制的自由。奴隶制至少有这样一个特征，即某个特定阶层——奴隶主——可以过上一种免于脏活累活的生活。工业化创造出的工厂就没有提供这样的选择。一些人，例如托马斯·罗德里克·迪尤（引自 Genovese，1992），把奴隶制树立为榜样，因为"只有奴隶制……才能确保共和国有产者的自由、无产者的安全以及国家和社会的稳定"。

对工厂作业的惶恐似乎并不是凭空捏造的。在早期的工厂制度中，工作条件常常是艰辛、残酷和不近人情的。1837 年，英国议会发表了一篇报告，题为“工厂制度的罪恶：议会证据的证明”，部分聚焦于童工。它包含了对“外皮、肌肉、皮肤被剥离得可见白骨以及在一些案例中可能失去一两根手指这些意外事故的图片描述”（Wing，1837［1967］）。这样的例子十分令人作呕。接近19世纪末，伊利诺伊州的工厂检察员（1895）把工厂作业描述为“工作条件与工作者的才能不相称，与此同时，大部分工作会产生持久、单调的影响，只能直接引起困扰与萎靡不振……持久单调的工厂作业削弱了生机和活力”。

对马克思和其他人来说，肮脏危险的不仅仅是新式的工厂工作。撇开杰斐逊派的溢美之词不谈，小商店主和自耕农的田园生活也不都是干净安全的工作。与田园生活不同的是，新的工厂工作从更深层次上讲不适合人类，它是一种隐蔽的不道德的强制过程，强迫人们从事这些工作并在工作中委以惩戒。汤普森（Thompson，1963）提出，即便在劳动力得到使用之前，工厂也是受到抵制的，因为“纪律、工厂的铃声和汽笛声、守时，比健康状况、家庭安排、多种工作选择都要重要”。人们不一定像那个时期的许多社会改革者一样，接受这样一种反动观点：对领薪工人的约束使19世纪的雇佣劳动与奴隶制并无多大区别，个人对工作缺乏控制提出了一些有意义的问题。

在前工业化时期，无论从可预见的原因（农业季节性生产）和不可预见的原因（受小规模的家庭作坊驱使）来看，工作要更不固化得多，在这一点上人们分歧很少。在小规模作坊中，至少工人有权自主决定何时以及如何工作。工厂制度的崛起终结了这种自由，使得大多数工人的工作时间固化，直至今日。我们应该小心，历史学家将工业化前的工作理想化了，因此不要太当真，比如汤普森（1963）提出，前工业革命经济体呈现的是“工作与生活的平衡”。弗罗伊登伯格和卡明斯（Freudenberger and Cummins，1976）认为，工业革命前相对短一些的工作周，与其说反映了人们消费闲暇的欲望，倒不如说主要是在疾病和营养不良状况下工作的必要恢复。

工厂工作更不可控制的部分原因在于家和工作地点的物理距离。然而如今人们却在担心着截然相反的现象，即家庭与工作的分界线模糊不清，这种分界，连同对工作区和休闲区的分隔，起初引起了极大的焦虑。前工业化社会“没有明确界定的闲暇活动，但一些经济活动如打猎、购物等，显然也有娱乐消遣的一面，比如在工作时唱唱歌或者讲讲故事”（Thomas，1964，第52页）。那些“因为不能随心所欲进出而相当不满”（Pollard，1963）的工人不得不屈从工厂制度，比如罚款、锁大门以及其他惩罚措施。相比之下，工业化之前的家庭作坊制度则有更大程度的灵活性。

工业化进程也减少了工业革命前基于人际关系的大量交易。在没有完善的正式法律制度的情况下，前现代化商业机构基于人际关系能够开展大量的交易［像 Grief（1993）探讨的那样］。随着工厂制度的出现，人际关系在劳动力市场中变得越来越不重要。一些人如祖克（Zucker，1986）曾提出，为了应对由人格化交易推动的传统信誉机制的崩溃，包括银行业和保险业之类中介在内的“社会间接资本部门”在 19 世纪末大幅增加。

最后，有人声称随着工作和个人生活的分离，对日常行为或善举的看法或许也发生了变化。由于 19 世纪的工业化侵蚀了技工们所理解的努力与成功之间的联系，随着所谓“道德经济”的消失，人们对工作的道德理解也发生了变化。工作性质的改变为那些将工业化带来的生活水平提高视为毒酒的人提供了口实。美国内战前的许多南方人，如亨利·威廉·罗夫奥（Henry William Ravenel），都坚持这种观点。正如罗夫奥（引自 Genovese，1992）写道：“令人悲哀的是，事实证明，尽管在艺术与科学方面取得了这些进步……尽管在制造业和物质繁荣方面实现了这些巨大提升，但人类并不比以往任何时期更好——我们欲壑难平，而且很容易被它们牵着走……”

技术进步界限的历史视角

这种持续性进步是否会不可避免地遇到技术或别的什么界限，这个问题可以追溯到古典时代（classical antiquity）。罗伯特·尼斯贝特（Robert Nisbet，1980）在其著作《思想进步史》（*History of the Idea of Progress*）中提出，古代人把“人类的道德境界和经济状况都有可能改进”这种主张归结于“思想进步”。举个例子，普罗米修斯的故事表明了混合的进步观点，尼斯贝特指出，普罗米修斯申辩时声称，他发现了人类的糟糕处境以及人类得到火种后可以取得怎样的成就。这种乐观主义延续到了古罗马人这里，尤其体现在卢克莱修（Lucretius）的《物性论》（*De Rerum Natura*）中，他描述宇宙起源于虚无空间中的微粒，这或许是关于宇宙的最早的进化观。不过，尽管“进步是可能也是可取的”这一理念对 18 世纪和 19 世纪的古典经济学家来说都不新颖，或者更宽泛一些，对启蒙时期来说也不新颖，但是直到启蒙运动，对进步的信念才变成讨论社会动态变化的核心概念。这种进步包括物质进步，也就是我们今天所说的经济增长。人们对社会不断进步的可能性持有的信念以及为实现社会进步而提出的一系列具体药方，都是与启蒙运动相关的创新（Mokyr，2010，第33页）。

这些启蒙思想家最引人注目的也许是对进步的“信仰”（找不到一个更合适的词汇来表达）。他们坚信这种进步是有可能的、可取的，也知道该如何实现。其他人却没有这么确定。当然，工业化时期也有怀疑论者和悲观主义者。但我们这里关注的是技术“悲观论者”，他们认为未来没有多少能做的。例如，诺贝尔物理学奖得主阿尔伯特·迈克尔逊（Albert Michelson，1903，第23—25页）评论道：“物理学的规则和定律已完全被世人所知，它们如此牢靠，被新发现取代的可能性微乎其微。”他接着引用了开尔文（Lord Kelvin）的一句讽刺：“我们未来的发现应当到小数点后第六位去寻找。”

至于经济进步，19世纪的许多经济学家都接近开尔文的观点。穆勒在他的《政治经济学原理》（1848，第四编第六章）中写到了“静止状态”：“只有在落后国家，增加生产仍是一个重要目标；在最先进的国家，经济上所需要的是更好地分配财产……”对穆勒来说，这种静态状态并不意味着没有任何进步。“资本和人口的静止状态并不意味着人类进步也处于静止状态……即便是工业技术也会同以前一样得到悉心培育，不断得到改进，同以前的区别只是，工业改良不再只为增加财富服务，而会产生其合理的结果，即缩短人们的劳动时间。”这一观点与19世纪中期社会主义者的普遍看法很相似，他们传承了马克思的设想，认为在共产主义社会工人的劳动异化将会终结。

凯恩斯（1930）在他的论文“我们后代的经济前景”中发表了有关技术进步的看法。凯恩斯看到了遥远的技术界限，那是“有史以来，人类将首次面对一个真正永恒的问题——如何利用工作以外的自由与闲暇，过快乐、智慧与美好的生活”。对凯恩斯来说，人类“汗流浃背”才能糊口这一老旧的格言（像《创世纪》第3章第19节写的那样）将随着时间缓慢改变：“在未来的岁月里，人类的基本需求仍然会十分强烈，所以，任何人如果想要生活得舒心畅意，他就必须得干点儿工作。与现在的富人相比，到那个时候我们将做更多的事情。即使承担一些小任务、小职责、料理日常琐事，也会让我们感到高兴。3小时轮班制或者一周工作15小时足够让问题推迟好长一段时间。对大多数人来说，每天工作3小时就足以满足基本需求了！”凯恩斯对这样的结果抱有很大的希望，但是在功能意义上，这种观点看上去与2008年电影《机器人总动员》中的敌托邦（dystopias）没有什么区别，人类在摆脱经济忧虑后漂浮在未来版本的“懒人河”上。

至少在凯恩斯那个时代（相比于前几辈的经济学家），将现实趋势做简单外推，就会自然而然地得出工作时间急剧缩减的结论。瓦布里斯（Whaples，2001）指出，美国制造业一周的总工时从1900年的59.6小时减少到1930年的50.6小时。以这种速率下降，到2015年，一周的总工时可能下降至25.4小时。从就业人数减少的角度看，如果不考虑经济周期，19世纪末和20世纪初的工作变化主要集中于青年和老人。从1880年到1920年，65—69岁的男性劳动参与率从87.3%跌至78.8%，但实际上40—44岁的男性劳动参与率却从97.5%增长到了98%，增幅不大（Sobek，2001）。

关于工作终结和“静止状态”的推测都建立在人们最终实现愿望并且经济进步再无必要的模式之上。达到这一阶段所需要的技术进步是有可能实现的，这被视为既定的前提。至于之后是否会有额外的技术，那并不重要。如今一些技术悲观主义者借用了一个他们最爱的类比，即技术进步中低垂的果实已被采摘完，接近于“静止状态”理论家的主张；其他人则把技术进步的界限归结为认识论，即我们的认知范围存在界限。

展望未来

技术与工作的终结？

我们不该挑剔19世纪的政治经济学家在预测未来工作时缺乏想象力，从现代视角来看，他们认为对人类劳动的利用有界限确实令人奇怪。第一次工业革命中的机器革新充当了人类（和动物）力量与敏捷的替代品，但那时的机器不能思考、比较、计算、阅读、嗅闻、感知、倾听或者当机立断。然而，如果人工智能和机器人技术以现有的趋势继续下去，未来的机器将至少在某些领域、某种程度上可以替代人类的上述能力。因此，这一次会真的不一样，劳动力市场大部分都会错位，或者用卡茨和马戈（2013）的术语来说，都会“空洞化”。一些学者如博德里等人（Beaudry、Green and Sand，2013）曾提出，对高技能工人和认知工作的需求巅峰出现在2000年左右。在一些理论模型中，如萨克斯等人的研究（Sachs、Benzell and LaGarda，2015），“机器人生产率”的提升完全取代了劳动，将导致消费下降，至少短期内是如此。但值得提醒的是，这种预测曾被反复提及。例如，19世纪90年代中期，里夫金（Rifkin，1995）把技术传播描述为“像致命的传染病在商界无情地按着自己的方式扩散，这种奇怪的、看上去令人费解的新型经济病在其爆发之时大肆传播，摧毁生灵，引起整个社会动荡”。他还非常赞成地援引了一位工会领导者的预测：“在30年内，仅需世界现有劳动力的2% ‘就能生产出所有的必需品’。”

当我们探察迷茫的未来时，会发现，区别资本取代劳动的两种潜在影响是很有用的：（1）平均而言人们的工作量是多少；以及（2）这样的工作是如何分配的。从中长期来看，闲暇时间增加了。麦迪森（Maddison，2001）的计算显示，在1870—1998年之间，高度工业化的西方经济体每个雇员的年工时几乎下降了一半，大致从1870年的2950个工时到1998年的1500个工时。自2000年以来，经济合作与发展组织（OECD）的数据显示还在下降：经合组织平均每年下降75个工时（虽然比美国少）。对经济学家来说，过度担心长期工作时间下降看上去很奇怪：确实，前面的讨论指出，因为经济学家一直就预测或希望技术将缩减工时。

另一方面，一些经济学家和社会理论家曾提出，缩减工时并非完全有益，因为人们出于自身原因对成就和劳动有一种潜在的偏爱。例如弗里曼（Freeman，2008）曾提出：“进化过程可能给我们植入的是为生存而工作的伦理，而不是一个伊甸园般的存在。”菲尔普斯（Phelps，2008）写道：“如果一个充满挑战的职业生涯不是自我实现的主要希望，那还有什么能是呢？”我们还记得萨默斯对经济学家的要求［如Kaminska（2014）引用］，“承认人类的基本满足源于做出贡献”。工作态度以及工作本身看来都不是人类与生俱来的普遍共性，而更像是一种受文化条件制约的信念，在面对由技术变革诱致的经济结构变化时，工作态度和工作本身并不会以相同的形式存在。毕竟以前确实存在过一个（主要由）地主组成的有闲阶级，他们几乎从来不觉得“十指不沾阳春水”有什么不对。而凯恩斯（1930）认为古老格言“汗流浃背”非常重要。

上文提及，凯恩斯（1930）指出，随着工作的减少，人类必须面对如何利用闲暇时间这一问题。显然，技术进步改变了游戏规则。21世纪技术进步被低估的一个方面，就是随着闲暇种类的增加和闲暇导向性技术成本降低，闲暇的边际效用增加了。当然，闲暇活动的最终价值取决于个人判断。正如边沁（Jeremy Bentham，1825，第206页）的名句所言：“图钉（一种小孩子玩的游戏，被认为是浪费时间）与音乐诗歌的艺术创作和科学研究是等价的。”不过，可以毫不夸张地说，在工作上少花一些时间，包括沿着美国州际高速公路开车，或者到伦敦地铁站卖地铁票，又或者多耗些时间运用现代技术，对人类福利来说都是净增益的：比如，可以在高清晰的平板显示器上欣赏各种各样的戏剧或者体育赛事；观看一场虚拟的摇滚演唱会或高品质音效的歌剧；在客厅用游戏手柄来打败特洛伊木马或赢得库尔斯克坦克战的胜利；或者通过社交媒体与朋友联系。相对于前工业化时期大部分人们呆坐在黑暗中的闲暇来说，现代社会中闲暇与工作的差异十分显著。如前所述，在历史上存在过一个有闲阶级，他们的生活看上去很惬意，但他们的休闲活动是像高尔夫、打猎、正式舞会这种资源和劳动力密集型活动。美国历史上不同寻常地缺少这一阶级，而欧洲的“造访者对内战时期北方各州杰克逊式美国人憔悴的面孔和疯狂的忙碌以及有闲阶级的缺失”进行了评论（Rodgers，1978）。真正让如今不同的是，如此多高质量的休闲活动，人们只需很低的平均成本和几乎为零的边际成本就能享受得到。

如果劳动工时的减少在就业人口中均匀分布，那么这种减少就不值得担忧——特别是随着闲暇“质量”的提升。相反，就像收入和财富分配一样，不同人群的工时各不相同。根据美国的数据，阿吉亚尔和赫斯特（Aguiar and Hurst，2007）的研究表明，高中文化水平及以下的人每周闲暇时间从 1965 年到 2003 年增长了将近 10 个小时（主要是看电视时间增加），而大学毕业生每周增长不到 1 个小时（社交活动的大幅减少抵消了看电视的增加）。同样，阿吉亚尔、赫斯特与卡拉巴布尼斯（Aguiar、Hurst and Karabarbounis，2013）发现，在近期的经济衰退中，美国劳动者失去的工时有将近一半被重新分配给了休闲活动，其中大部分都用于睡觉和看电视。就像《经济学人》（2014）一篇文章指出的：“现在的工作时间最长的劳动者……恰巧也是受教育程度最高、薪酬最高的人。所谓的有闲阶级从来不曾如此忙碌”。经济中劳动和闲暇的双重不平等现象的福利含义值得进一步探索。

工时不平等加剧不仅是因为高技能水平的劳动者在提高工作努力程度，还因为低技能劳动者工作彻底减少。这一改变反映在只有高中学历的人失业率相对较高，例如，2015 年 3 月，只有高中文凭的人失业率为 6%，与之相对应的是拥有学士学位的人失业率为 3.5%，根据美国劳工统计局的数据，这两组人的劳动参与率有 17 个百分点的差异。近几年的一个共同模式是，几乎没有意外变化的日常工作都容易被机械化，而那些需要对新信息、新物理环境做出不断调整，以及需要良好的感官运动协调的工作，则很难实现自动化。在制造厂和办公室中，许多中等技能的工作更容易受到自动化的影响。然而，那些中等技能劳动者最终可以竞争低技能工作。在这方面，我们已经看到劳动力节约型技术对低技能劳动力供给侧的一些影响（Jaimovich and Siu，2014；Charles、Hurst and Notowidigdo，2014）。如果这些技术发展导致越来越多的人口挣取相对较低的工资，但仍可以通过多种低成本的休闲机会，享受较高的生活水平，那么政治混乱也许可以达到最小化。但我们也不排除这样一种可能，即这些变化将导致政治混乱，需要重新界定政府应负责提供什么，是经济大萧条时期的新政还是德国 19 世纪建立的福利国家。

最后，重要的是承认我们的想象力具有局限性。畏惧技术的人在预测未来劳动力市场时认为，计算机和机器人与人类相比在所有活动上都拥有绝对优势和相对优势，而这本身是荒谬的。未来必定会有现在难以想象的新产品，但在 2050 年或 2080 年的公民看来完全是必需品。这种产品创新将伴随着现在根本想象不到的新职业和新服务。对技术如何影响劳动需求的讨论通常聚焦于现有的工作，从中可以洞察出哪些职业会遭受最大的破坏，却很少讨论未来会出现什么目前尚不存在的职业。如果像李嘉图那样伟大的人都会在技术减少劳动需求总量这一问题上出现如此严重的错误，那么现代经济学家在声称工作将会终结的时候，就该慎之又慎。

技术和工作特征

即便正在进行的技术进步不会导致工作的终结，但肯定会使某些工作特征退回到工厂模式之前，如“在何时何地工作”具有较大的灵活性。这种灵活性提高的一个重要方面就是瓦解了工作和家庭生活之间的分离。这种灵活性的主要表现方式并不是增加额外的自我雇佣，而是通过正在兴起的充当经纪人的劳务派遣公司，这是一种由技术驱动的现象。例如，奥托（Autor，2001）指出，在 1995—1999 年，也就是信息技术产业扩张的高峰年间，独立承包商、独立咨询师、自由职业者占劳动者的比例出现下降，尽管劳务派遣公司雇佣的工人比例大幅增加。美国人口普查局统计了“无雇主企业”，其中包括《最新人口普查》报告中所说的拥有全职工作但同时有外部咨询收入的人群。无雇主企业的数量从 2002 年的 1760 万家增长到 2012 年的 2270 万家。在所谓的“共享经济”中，像 Uber（优步）和 AirBnB 这样的公司，通过集中化的网络在线机制进行协调和管理，提高了弹性就业的可能性，改变了出租车和酒店管理等行业。像 oDesk 和亚马逊 Mechanical Turk 这样的公司则考虑把可以细分为多个部分的任务通过互联网外包出去。

毫不奇怪，这种更大的灵活性有利有弊。一方面，它可以帮助平衡工作和家庭。例如戈尔丁（Goldin，2014）提出的，在工作时间弹性更大的行业，男女收入更加平等。在一项针对雇主的调查中，马托斯等人（Matos and Galinsky，2014）发现，自2008年以来，工作中某些程度的灵活性变得更加普遍，尤其是时间和地点方面的灵活性，让员工们有可能满足个人或家庭的需要。另一方面，灵活性也让雇主预期雇员总能随时可用，从而为其更多地榨取雇员的劳动打开了方便之门。经济顾问委员会（Council of Economic Advisors，2010）在关于工作场所灵活性的报告中提出，自1998年以来，这种以缩短工时为特征的工作分担（job-sharing）的流行趋势几乎没有改变。此外，兼职工作的害处在很多国家凸显出来（Bardasi and Gornick，2008）。灵活性也常常意味着薪酬不稳定。在“随叫随到经济”（on-demand economy）中，对临时工和合同工（也被称为非固定员工或“不稳定工人”）的利用，也意味着这些工人将面临许多不确定性，包括工作多少小时以及何时会被雇主调用。将近50%的兼职工人只能提前一周收到通知［像Greenhouse（2014）中报告的一样］。最近，《经济学人》（2015）的一篇封面文章指出，“随叫随到经济”中工人最终既可以变得灵活自由，也可以变得漂泊不定。这就产生了许多激励问题和监督成本。

灵活的工作安排增多以及包括远程办公在内的其他技术驱动型变化，弱化了工作和家庭生活的分隔。大部分时间在家里工作的工人所占比例从1980年到2010年几乎翻了一番，从2.3%上升至4.3%（根据GlobalWorkplaceAnalytics.com的数据）。同时，因为在家工作而被克扣工资的现象也几乎消失了（Bloom、Liang、Roberts and Ying，2013）。这种变化可能使工作时间变得更加令人愉悦，但有时候也会使在家的时间没那么愉快。许多职业白领都苦恼有种“一直在上班”的感觉，包括随时待命的医生、办案的律师以及在学期中的学者。但受影响最大的还是像法蒂玛（Fatimah Muhamma）这样的低收入人群，格林豪斯（2014）写道：“法蒂玛说，每天早上都要给Joe Fresh服装店打电话，看是否需要她在当天工作。‘我觉得有些不知所措，我无法制订计划’。”

技术的界限

对技术或经济的未来做出具体预测通常是不谨慎的。有人声称，我们距离技术进步的界限和消费需求普遍得到满足的界限越来越近，甚至会在数十年内达到。我们有许多理由怀疑这种说法。首先，我们并不能预见到人类在近期能解决一些紧迫的技术问题。在许多情况下，这些问题都是先前技术进步的副产品。例如，对清洁能源的需求就是源于工业化及其产生的温室气体。另一个明显的例子就是对新抗生素的需求，以治疗对盘尼西林和磺胺制剂这样的第一代灵丹妙药产生抗药性的细菌。我们也希望企业、国家、主要贸易集团之间开展竞争，为技术红利的实现提供不竭的动力。即便是怀疑技术变革会影响工人的18 世纪英国作家（像之前提到的 Mildway），也觉得必须接受这种创新，只有这样才能确保英国不落后。

最后，科学技术研究人员可用工具的增加被严重低估了。在如今的科学领域，已经储存和可查阅的数据极多。新发现可以通过全球科研网络迅速传播开来。正如里德利（Rildley，2010）指出的："比方说，亚洲和欧洲之间原来的相互交流要用好几年、好几十年、好几个世纪，如今可以在几分钟内完成，同时澳洲、美洲和非洲在一旁偷听。"受新工具发展影响尤为显著的是遗传学领域，尤其是聚合酶链式反应，按顺序排列一个人的基因组的花费从计划耗资的30 亿美元，在 2013 年减少至将近 5000 美元（Hayden，2014）。

我们认为，现代一些比较极端的焦虑，看上去都不大可能发生。这些焦虑或是关于长期根深蒂固的技术性失业，或是关于工作模式改变而引起的工作意义广泛缺失。正如迄今为止两个多世纪以来的那样，技术进步将继续以引人注目又不可预见的方式提高人们的生活水平。然而，基本的经济学原理仍然继续有效。稀缺仍会伴随我们左右，尤其是时间。比较优势法则强有力地证明了，即便在一个机器人性能和自动化技术已大大增进的经济体系中，大部分劳动者仍可以发挥作用。

对一些劳动者和产业来说，向这种未来经济转型的道路是痛苦的、破坏性的，因为转型往往如此。无论如何，最早的转型，如工业革命，是在被替代者很少得到政府支持的情况下完成的，这一次则需要公共政策，以减轻错配带来的恶劣影响。特别是，我们相信，可以通过一些收入再分配手段，为某些劳动阶层提供薪水之外的补充。除此之外，很有必要扩大公共品范围，使之包括某些"基本物品"（Rawls，1971），例如食物、住房、教育和医疗卫生这些能让现代生活更加安稳的必需品。对许多其他人来说，廉价的商品，越来越多的自动化和免费提供的服务，都有助于提高物质财富水平和健康水平。

我们猜测，在这个新世界里，食物、衣着和住房之类的物质商品都变得相对没那么昂贵，产出水平和人类福祉之间的联系（争论的长期根源）将变得更加脆弱。西蒙·库兹涅茨（Simon Kuznets，1934）的名言"一国的福祉绝不能从国民收入的度量中推知"，在这个世界真正实现了。在一个充满廉价商品的世界里，虽然就财富或收入而言，不平等状况或许会加剧，但“基本”资源获得的不平等现象将会极大地减少。拥有更多闲暇时间这一长期趋势将会继续下去，甚至可以想象，经济将达到这样一个阶段，即只有想工作的人才会真的去工作。在一个不断创新的世界里，工作的故事可以很好地说明所谓的阿玛拉定律（Amara's Law）（以长期担任营利性智囊团未来问题研究所所长的系统工程师 Roy Amara 的名字命名）：“我们往往会高估一项技术的短期影响，同时又低估其长期影响。”当我们反思这种新经济的经济学时，凯恩斯（1930）当年的所言就是一个很好的建议：“到那时为自己的命运做一些适当准备，鼓励并体验生活的艺术和有目的的活动都没什么坏处。”

（银清扬　译）

参考文献

Allen, Robert C. 1992. *Enclosure and the Yeoman: The Agricultural Development of the South Midlands, 1450-1850*. Oxford: Clarendon Press.

Allen, Robert C. 2005. "Capital Accumulation, Technological Change, and the Distribution of Income during the British Industrial Revolution." Department of Economics Discussion Paper 239, Oxford University.

Aguiar, Mark, and Erik Hurst. 2007. "Measuring Trends in Leisure: The Allocation of Time over Five Decades." *Quarterly Journal of Economics* 122 (3): 969-1006.

Aguiar, Mark, Erik Hurst, and Loukas Karabarbounis. 2013. "Time Use during the Great Recession." *American Economic Review* 103 (5): 1664-96.

Autor, David H. 2001. "Wiring the Labor Market." *Journal of Economic Perspectives* 15 (1): 25-40.

Bardasi, Elena, and Janet C. Gornick. 2008. "Working for Less: Women's Part-time Wage Penalties across Countries." *Feminist Economics* 14 (1): 37-72.

Beaudry, Paul, David A. Green, and Benjamin M. Sand. 2013. "The Great Reversal in the Demand for Skill and Cognitive Tasks." NBER Working Paper 18901.

Bentham, Jeremy. 1825. *The Rationale of Reward*. London, England: John and H. L. Hunt.

Berg, Maxine. 1980. *The Machinery Question and the Making of Political Economy*, 1815-1848. Cambridge University Press.

Bloom, Nicholas, James Liang, John Roberts, and Zhichun Jenny Ying. 2013 "Does Working from Home Work? Evidence from a Chinese Experiment." NBER Working Papcr 18871.

Bythell, Duncan. 1969. *The Handloom Weavers: A Study in the English Cotton Industry during the Industrial Revolution*. Cambridge University Press.

Calhoun, John C. 1837. "The 'Positive Good' of Slavery in 1837." Speech in the U. S. Senate, February 6th.

Charles, Kerwin Kofi, Erik Hurst, and Matthew J. Notowidigdo. 2014. "Housing Booms, Labor Market Outcomes, and Educational Attainment." http://faculty. wcas. northwestern. edu/noto/research/ charles_hurst_noto_housing_booms. pdf.

Clague, Ewan. 1935. "The Problem of Unemployment and the Changing Structure of Industry." *Journal of the American Statistical Association* 30 (189): 209-214.

Council of Economic Advisors. 2010. "WorkLife Balance and the Economics of Workplace Flexibility." March. https: //www. whitehouse. gov/files/documents/100331-cea-economics-workplace-flexibility. pdf.

Cowen, Tyler. 2010. *The Great Stagnation.* New York: Dutton.

Clark, Andrew E. 2003. "Unemployment as a Social Norm: Psychological Evidence from Panel Data." *Journal of Labor Economics* 21 (2): 323-51.

Clark, John Bates. 1907. *Essentials of Economic Theory.* London: MacMillan.

Economist, The. 2014. "Why is Everyone So Busy?" December 20.

Economist, The. 2015. "The Future of Work: There's an App for That." January 3.

Ellul, Jacques. 1967. *The Technological Society.* Vintage Books.

Elster, Jon (ed.) 1986. *Karl Marx: A Reader.* Cambridge University Press.

Feinstein, Charles H. 1998. "Pessimism Perpetuated: Real Wages and the Standard of Living in Britain during and after the Industrial Revolution." *Journal of Economic History* 58 (3): 625-58.

Fogel, Robert W. 2009. "Forecasting the Cost of U. S. Health Care in 2040." *Journal of Policy Modeling* 31 (4): 482-88.

Freeman, Richard B. 2008. "Why Do We Work More than Keynes Expected?" Chap. 9 in *Revisiting Keynes: Economic Possibilities for our Grandchildren*, edited by Lorenzo Pecchi and Gustavo Piga. MIT Press.

Freud, Sigmund. [1930] 1961. *Civilization and Its Discontents.* New York: W. W. Norton.

Freudenberger, Herman, and Gaylord Cummins. 1976. "Health, Work, and Leisure before the Industrial Revolution." *Explorations in Economic History* 13 (1): 1-12.

Genovese, Eugene D. 1992. *The Slaveholders' Dilemma: Freedom and Progress in Southern Conservative Thought*, 1820-1860. Columbia, SC: University of South Carolina Press.

Goldin, Claudia. 2014. "A Grand Gender Convergence: Its Last Chapter." *American Economic Review* 104 (4): 1091-1119.

Goldin, Claudia, and Lawrence F. Katz. 1998. "The Origins of Technology-Skill Complementarity." *Quarterly Journal of Economics* 113 (3): 693-732.

Gordon, Robert J. 2012. "Is U. S. Economic Growth Over? Faltering Innovation Confronts the Six Headwinds." NBER Working Paper 18315.

Greenhouse, Steven. 2014. "A Push to Give Steadier Shifts to Part-Timers." *New York*

Times, July 15.

Greif, Avner. 1993. "Contract Enforceability and Economic Institutions in Early Trade: The Maghribi Traders' Coalition." *American Economic Review* 83 (3): 525-48.

Hadley, Arthur T. 1896. *Economics.* New York: Putnam's Sons.

Hamermesh, Daniel S., Daiji Kawaguchi, and Jungmin Lee. 2014. "Does Labor Legislation Benefit Workers? Well-Being after an Hours Reduction." IZA Discussion Paper 8077.

Hansen, Alvin Harvey. 1938. *Full Recovery or Stagnation?* W. W. Norton.

Hansen, Alvin H. 1939. "Economic Progress and Declining Population Growth." *American Economic Review* 29 (1): 1-15.

Hayden, Erika Check. 2014. "Technology: The $1000 Genome." *Nature*, March 19, 507 (7492): 294-95.

Illinois, State of. 1895. *Report of the Factory Inspectors of Illinois for the Year Ending Dec. 15, 1894.* Springfield: Ed. F. Hartman, State Printer.

Jaimovich, Nir, and Henry E. Siu. 2014. "The Trend is the Cycle: Job Polarization and Jobless Recoveries." NBER Working Paper 18334, version revised March 20, 2014.

Jefferson, Thomas. 1787. "Notes on the State of Virginia." University of Virginia American Studies. http://xroads.virginia.edu/~hyper/JEFFERSON/intro.html.

Kaminska, Izabella. 2014. "Larry Summers on Forwarding the Doozer Economy." *Financial Times.* FT Alphaville blog, April 17.

Katz, Lawrence F., and Margo, Robert A. 2013. "Technical Change and the Relative Demand for Skilled Labor: The United States in Historical Perspective." NBER Working Paper 18752.

Keynes, John Maynard. 1930. "Economic Possibilities for Our Grandchildren." In *Essays in Persuasion* [1963], pp. 358-73. New York: W. W. Norton.

Kuznets, Simon. 1934. "National Income, 1929-1932." Senate Document no. 124, 73rd US Congress, 2nd session.

Lindert, Peter H. 2000. "When Did Inequality Rise in Britain and America?" *Journal of Income Distribution* 9 (1): 11-25.

Lonigan, Edna. 1939. "The Effect of Modern Technological Conditions upon the Employment of Labor." *American Economic Review* 29 (2): 246-59.

Lyons, John S. 1989. "Family Response to Economic Decline: Handloom Weavers in Early Nineteenth-Century Lancashire." *Research in Economic History* vol. 12, pp. 45-91.

Maddison, Angus. 2001. *The World Economy: A Millennial Perspective.* Paris: OECD.

Margo, Robert A. 2000. *Wages and Labor Markets in the United States, 1820-1860.* University of Chicago Press.

Marx, Karl. 1844 [1988]. *The Economic and Philosophic Manuscripts of 1844.* Translated by Martin Milligan. Amherst, NY: Prometheus Books.

Matos, Kenneth, and Ellen Galinsky. 2014. "2014 National Study of Employers." Families and Work Institute.

Michelson, Albert A. 1903. *Light Waves and Their Uses.* University of Chicago Press.

Mildmay, William. 1765. *The Laws and Policy of England, Relating to Trade, Examined by the Maxims and Principles of Trade in General.* London: T. Harrison.

Mill, John Stuart. 1848 [1929]. *Principles of Political Economy*, edited by W. J. Ashley. London: Longmans, Green and Co.

Mokyr, Joel. 1988. "Is There Still Life in the Pessimistic Case? Consumption during the Industrial Revolution, 1790-1850." *Journal of Economic History* 48 (1): 69-92.

Mokyr, Joel. 2002. *The Gifts of Athena: Historical Origins of the Knowledge Economy.* Princeton University Press.

Mokyr, Joel. 2010. *The Enlightened Economy: An Economic History of Britain, 1700-1850.* Yale University Press.

Mortimer, Thomas. 1772. *The Elements of Commerce, Politics and Finances.* London: Hooper.

Nisbet, Robert. 1980. *History of the Idea of Progress.* Basic Books.

Pecchi, Lorenzo, and Gustavo Piga (eds). 2008. *Revisiting Keynes: Economic Possibilities for our Grandchildren.* MIT Press.

Phelps, Edmund S. 2008. "Corporatism and Keynes: His Philosophy of Growth." In *Revisiting Keynes: Economic Possibilities for our Grandchildren*, edited by Lorenzo Pecchi and Gustavo Piga. MIT Press.

Pollard, Sidney. 1963. "Factory Discipline in the Industrial Revolution." *Economic History Review* 16 (2): 254-71.

Rawls, John. 1971. *A Theory of Justice.* Belknap/Harvard University Press.

Ricardo, David. 1821 [1971]. *Principles of Political Economy*, 3rd edition, edited by R. M. Hartwell. Harmondsworth: Pelican Classics.

Ridley, Matt. 2010. "When Ideas Have Sex." http://www.fastcodesign.com/1662632/frog-design-when-ideas-have-sex.

Rifkin, Jeremy. 1995. *The End of Work.* New York: J. B. Putnam.

Rifkin, Jeremy. 2014. *The Zero Marginal Cost Society: The Internet of Things, the Collaborative Commons, and the Eclipse of Capitalism.* Palgrave Macmillan.

Rodgers, Daniel T. 1978. *The Work Ethic in Industrial America, 1850-1920.* Second edition. University of Chicago Press.

Sachs, Jeffrey D., Seth G. Benzell, and Guillermo LaGarda. 2015. "Robots: Curse or Blessing? A Basic Framework." NBER Working Paper **21091**.

Smith, Adam. 1776 [1965]. *An Inquiry into the Nature and Causes of the Wealth of Nations.* New Rochelle: Arlington House.

Sobek, Matthew. 2001. "New Statistics on the U. S. Labor Force, 1850-1990." *Historical Methods*

34 (2): 71-81.

Steuart, James. 1767. *An Inquiry into the Principles of Political Economy.* London: Printed for A. Millar, and T. Cadell.

Stevenson, John. 1979. *Popular Disturbances in England, 1700-1870.* New York: Longman.

Summers, Lawrence. 2013a. "Why Stagnation Might Prove to Be the New Normal." *Financial Times*, December 15.

Summers, Lawrence H. 2013b. "Economic Possibilities for Our Children." The 2013 Martin Feldstein Lecture. *NBER Reporter* no. 4, pp. 1-6.

Summers, Lawrence H. 2014. "U. S. Economic Prospects: Secular Stagnation, Hysteresis, and the Zero Lower Bound." *Business Economics* 49 (2): 65-73.

Thomas, Keith. 1964. "Work and Leisure in Pre-Industrial Society." *Past & Present* no. 29, pp. 50-66.

Thomis, Malcolm. 1970. *The Luddites.* New York: Schocken.

Thompson, E. P. 1963. *The Making of the English Working Class.* Victor Gollancz Ltd.

Vickers, Chris, and Nicolas L. Ziebarth. 2012. "Economic Development and the Demographics of Criminals in Victorian England." Unpublished paper, Auburn University and University of Iowa.

Vijg, Jan. 2011. *The American Technological Challenge: Stagnation and Decline in the 21st Century.* New York: Algora Publishing.

Voth, Hans-Joachim. 2004. "Living Standards and the Urban Environment." Chap. 10 in *The Cambridge Economic History of Modern Britain: Volume I.* Edited by Roderick Floud and Paul Johnson. Cambridge University Press.

Wells, David A. 1889. *Recent Economic Changes: And Their Effect on the Production and Distribution of Wealth and the Well-Being of Society.* New York: D. Appleton and Company.

Whaples, Robert. 2001. "Hours of Work in U. S. History." EH. Net Encyclopedia, edited by Robert Whaples.

Wicksell, Knut. 1901 [1934]. *Lectures on Political Economy*, Vol. I: *General Theory.* Translated by E. Classen. London: George Routledge.

Williamson, Jeffrey G. 1981. "Urban Disamenities, Dark Satanic Mills, and the British Standard of Living Debate." *Journal of Economic History* 41 (1): 75-83.

Wing, Charles. 1837 [1967]. *Evils of the Factory System Demonstrated by Parliamentary Evidence.* London: Frank Cass reprints.

Winner, Langdon. 1977. *Autonomous Technology: Technics-out-of-Control as a Theme in Political Thought.* MIT Press.

Woirol, Gregory R. 1996. *The Technological Unemployment and Structural Unemployment Debates.* Westport, CT: Greenwood.

Zucker, Lynne G. 1986. "Production of Trust: Institutional Sources of Economic Structure, 1840-1920." *Research in Organizational Behavior* 8: 53-111.

特稿

Feature

Comparative

拉丰对经济学和经济学教育的贡献

钱颖一

从2006年9月起至今，我担任清华大学经济管理学院院长整整十年。这些年在推动中国教育改革中，我时常会想到一个人，因为在我心中他一直是我的榜样。他是法国经济学家让-雅克·拉丰（Jean-Jacques Laffont）。

拉丰英年早逝，在2004年去世时年仅57岁。他不仅对经济学研究贡献重大，而且是20世纪后二十年在欧洲推动现代经济学教育的先驱者。2007年4月8日，在我刚刚担任清华经管学院院长后不久，我到斯坦福大学参加一个本科生组织——斯坦福中美交换论坛（Forum for American/Chinese Exchange at Stanford，FACES）的活动，我在那天的开幕晚宴的讲话中曾经这样说：

> 如果你能做一件改变世界的事，这件事是什么？许多人都这样回答：改变中国的教育体制，或者说高等教育体制。眼下，我还没有那样的雄心壮志，但是我可以集中精力在一所学院——清华经管学院。这并不容易。我的好友、法国著名经济学家让-雅克·拉丰，在20世纪70年代中获得哈佛大学经济学博士学位后回到法国。他曾告诉我，他一生的梦想就是要改变法国的教育体制。他经常访问斯坦福和中国，我们在斯坦福还一起合写了一篇论文。三年前他去世了，留下了未圆的梦。

这些年来，拉丰的榜样一直都激励着我全身心地投入于中国的教育改革。

拉丰对经济学的贡献

我最初认识拉丰是从他与梯若尔（Jean Tirole）合写的论文开始的。拉丰与我的导师马斯金（Eric Maskin）在上个世纪中期同时在哈佛读博士，他们两个人既是诺贝尔经济学奖获得者阿罗（Kenneth Arrow）的同门弟子，也是同住一个宿舍的好友，而梯若尔则是马斯金在MIT（麻省理工学院）任教时的第一个博士生。拉丰和梯若尔同是法国人，经常在一起合作写论文，他们写的论文就是以Laffont-Tirole命名的。梯若尔获得了2014年诺贝尔经济学奖。2014年12月8日，梯若尔在斯德哥尔摩大学发表诺贝尔演讲“市场失灵与公共政策”，这个题目脚注中的第一句话就是：“此演讲是为了纪念让－雅克·拉丰”。在这篇演讲所引用的36篇论文中，其中有8篇是梯若尔与拉丰合作写成的，足以看到拉丰对经济学的贡献。再加上2014年的诺贝尔经济学奖只颁给了梯若尔一个人，难怪经济学家们普遍认为，如果拉丰多活十年，这个诺贝尔经济学奖很可能就是梯若尔与拉丰共同获得。

拉丰的主要贡献是在信息经济学领域，特别是激励理论及其在公共经济学、产业组织、规制经济学、政治经济学、发展经济学等相关领域中的应用。他一生发表了200多篇论文，出版了十几本著作，包括《激励与政治经济学》(*Incentives and Political Economy*)(2000)、与梯若尔合著的《政府采购和规制中的激励理论》(*A Theory of Incentives in Procurement and Regulation*)(1993)和《电信竞争》(*Competition in Telecommunications*)(1999)，以及与马梯芒(David Martimort)合著的《激励理论：委托代理模型》(*The Theory of Incentives: The Principal-Agent Model*)(2000)。令人可惜的是，本来计划与马梯芒合作三卷本的巨著，只完成了第一卷，第二卷只完成了一部分。

若要很好地理解拉丰对现代经济学的贡献，还需从20世纪70—80年代微观经济学的演变历程说起。1971年，阿罗和哈恩（Frank Hahn）出版了《一般竞争分析》(*General Competitive Analysis*)一书，这是在完全信息、完全竞争之下的一般均衡理论的集大成之作。同样是阿罗，他在20世纪60年代就引入了不完全信息的基本概念，比如“道德风险”（moral hazard）和“逆向选择”(adverse selection)，这是他从保险业的术语中引进的。在70年代，对不完全信息的研究获得了一系列突破性进展。最早的贡献者有在1996年获得诺贝尔经济学奖的莫里斯（James Mirrlees）和维克里（William Vickery），在2001年获得诺贝尔经济学奖的阿克洛夫（George Akerlof）、斯宾塞（Michael Spence）和斯蒂格利茨（Joseph Stiglitz）。值得一提的是，在1996年诺贝尔经济学奖的颁奖典礼上，由于维克里获奖三天后不幸去世，应该由他做的诺贝尔演讲改由拉丰来做。拉丰曾说“这是一个非常尴尬的经历”，但经济学界都知道，这无疑是一种荣誉。到了2007年，赫维茨（Leo Hurwicz）、马斯金（Eric Maskin）和迈尔森（Roger Myerson）又因在不完全信息下机制设计理论方面的成就获得诺贝尔经济学奖。2014年，梯若尔获得诺贝尔经济学奖，因为他成功地将不完全信息理论应用于产业经济学、政府规制（regulation）等方面，其中的很多研究工作正是与拉丰合作的。至此，阿罗—马斯金—梯若尔弟子三人获奖。正值本文撰写之际，2016年诺贝尔经济学奖揭晓，哈特（Oliver Hart）和霍姆斯特朗（Bengt Holmström）由于他们对合同理论的重要贡献而获奖。

正如梯若尔在诺贝尔演讲中所说，在20世纪70年代后期和80年代初期，作为研究的两种必备工具，博弈论和信息经济学取得了一系列突破。这就为研究产业组织问题，即建立反垄断和规制理论，提供了机会。正是使用这些分析工具，现代产业组织理论诞生了，由此也对公共政策的制定提供了理论基础。这些突破都是使用数学模型的。这些数学模型对我们理解市场结构，以及制定相应的规制，都是必要的。理论模型的建立是为了简化，聚焦最重要的问题。

下面举一个例子来说明数学模型的建立和意义。由拉丰和梯若尔建立的非对称信息模型是一个经典的模型。在这个模型中，合同是完全的，但信息是不对称的。所谓信息不对称，就是合同的双方中，一方比另一方掌握的信息更多。比如被监管的企业比政府监管当局的信息更多，再比如企业管理者比投资者的信息更多，等等。这是显然的。但是如何深入研究呢？拉丰和梯若尔通过建立一个简单的数学模型，揭示了信息不对称时资源配置决策面临的一对矛盾，就是为有信息的一方提供信息租金（从而提供激励）和资源配置扭曲之间的矛盾，以此为切入点，就可以用模型来分析许多经济问题。

很多问题，比如公司治理和电信管制中，都存在这一矛盾，而这在信息对称的情况下是不存在的，因为价格调节就可以达到最有效率的资源配置，不会产生扭曲。但是当信息不对称时，为了给掌握信息一方足够的激励做出正确决策，没有信息的一方就不得不故意在一定程度上扭曲资源配置。这是为了提供信息租金从而提供激励，让掌握信息的一方把真实的信息披露出来。以这个模型为基础，就可以研究信息不对称情况下的很多问题，推导出最优或次优的监管政策。以此为基础，还可以扩展到动态情况。比如人们熟悉的“棘轮效应”或称“鞭打快牛”就在这个模型中完全被解释了。从中又引出“可信承诺”（credible commitment）的效率意义，得出“反直觉”的结论，比如，在限制一个人的权力之后，反而可以增加他的收益，而不是减少，因为承诺变得可信了。如果没有数学模型，这些深入的研究就不可能。

拉丰对法国和欧洲经济学研究和教育的贡献

1975 年，拉丰获得哈佛大学经济学博士学位，并获得 Wells 奖，这是哈佛大学经济系授予的最佳博士论文奖。作为一个法国爱国者，他获得学位后立即回到法国。在法国服完兵役之后，他开始在巴黎的大学教书。为了他的学术理想，面对法国僵硬的教育和学术体制，他不得已而参加并通过了法国国家的考试，成为法国国家认可的教授。而不少法国著名的经济学家，包括梯若尔在内，都由于没有参加法国国家考试，所以都不是国家认可的教授，而只是当地大学的教授，这也是当年拉丰常常哀叹的一件事。

在巴黎任教的经历，让拉丰意识到法国官僚体制的顽固性，他感到在巴黎推动大学教育改革无能为力。于是他毅然决然地回到了他的故乡，位于法国南部的图卢兹（Toulouse）。对很多人来讲，图卢兹以空中客车总部所在地闻名。在当地，拉丰家是一个非常有名望的家族，家学渊源，他父亲是一位著名的数学教授。在图卢兹，拉丰开始了他传奇的学术生涯和经济学教育使命。起初，因为当时法国的经济学教育非常落后，甚至没有合适的法语经济学教材，他不得不花费很多时间编写教材，这些教材后来都被翻译成英文，由 MIT 出版社出版。之后，由于法国的体制无法与现代经济学教育相容，他开始了一系列的实验，先后创建了几个不同性质的研究机构，有的在大学体制内，有的完全是独立的，其中最著名的是于 1990 年创建的，既与公立的图卢兹大学有非常密切的关系，又完全是私立的“产业经济研究所”（Industrial Economics Institute，IDEI）。他凭借自己的学术地位和个人魅力，通过各种方法创造条件来吸引人才。其中最典型的也是让拉丰最为得意的是成功地说服梯若尔放弃 MIT 的终身教职回到法国，来到他创办的 IDEI 工作。经过十年的发展，到 2000 年，这个研究所已经闻名全球。2006 年，在这个研究所的基础之上又成立了“图卢兹经济学院”（Toulouse School of Economics），由梯若尔担任第一任院长。今天，拉丰从零开始建立的图卢兹经济学院，已经成为欧洲乃至全球顶尖的经济学研究和教育机构。

很多经济学界同仁敬仰拉丰惊人的学术成就的同时，更加敬佩拉丰在经济学教育实践方面的成功。在拉丰回到法国之前，法国的现代经济学研究，除了与法国优秀的数学传统比较密切的计量经济学和数理经济学等少数领域外，其他领域都比较松散且不规范，更谈不上成体系。拉丰通过一己之力，把现代经济学的研究方法和博士培养模式从美国传到法国。图卢兹不仅产生了诺贝尔经济学奖获得者梯若尔，而且成为欧洲大陆培养经济学博士的重镇。拉丰的学生马梯芒就是在法国理工毕业后在图卢兹获得的博士学位。现在清华经管学院任教的白亚来（Alexander White）也是在图卢兹获得的博士学位

拉丰在法国的影响不仅局限在图卢兹，甚至波及整个欧洲。传统上，欧洲经济学研究重镇主要集中在英国，在伦敦经济学院、剑桥、牛津，但是现在欧洲大陆的经济学教育开始具有世界竞争力。在拉丰和图卢兹榜样的影响下，我在哈佛的同学，比利时人德瓦特里庞（Matias Dewatripont）从哈佛获得博士学位后回到比利时，于1991年在布鲁塞尔建立了“欧洲经济学高等研究中心”（European Center for Advanced Research in Economics，ECARE）。我在哈佛的另一位导师马斯－克莱尔（Andreu Mas-Colell）辞去哈佛大学的终身教职，于2006年在西班牙创建了“巴塞罗那经济学研究生院”（Barcelona Graduate School of Economics，BGSE）。2006年在巴黎成立的“巴黎经济学院”（Paris School of Economics）更可以看作是巴黎学界或者说法国传统领地对图卢兹经济学院崛起的直接反应。参与创建巴黎经济学院的经济学家中就有皮凯蒂（Thomas Piketty），他担任了首任院长。他的《21世纪资本论》在近年成为全球畅销书。这些研究机构已经成为欧洲大陆经济学研究和教育的重要阵地，吸引欧洲流失到美国的人才回到欧洲。

拉丰在美国，特别是在欧洲的经济学界非常有影响力。由于他对经济学的开创性贡献，他被选为美国经济学会的荣誉会员（1991）、国际计量经济学会会长（1992）、美国艺术与科学院外籍院士（1993）、欧洲经济学会会长（1998）等。值得一提的是，1993年，他同梯若尔一起获得了欧洲经济学会与芬兰的一个基金会联合首次颁发的于尔约·杨松奖（Yrjo Jahnsson Award）。在美国，克拉克奖（John Bates Clark Medal）是美国经济学会从1947年开始每两年颁发一次给40岁以下对经济学做出显著贡献的美国经济学家（自2009年起

每年颁发一次)。萨缪尔森（Paul Samuelson）在 1947 年获得首次颁发的克拉克奖，他在 1970 年获得诺贝尔经济学奖。与此相对应的，欧洲经济学会自 1993 年起，每两年颁发一次于尔约·杨松奖给 45 岁以下对经济学做出显著贡献的欧洲经济学家。在梯若尔同拉丰一起获得首次颁发的于尔约·杨松奖的 19 年之后，梯若尔在 2014 年获得诺贝尔经济学奖。

拉丰对中国经济改革政策和经济学教育的贡献

拉丰第一次到访中国是在 1990 年。那一年在北京的奥林匹克饭店举行了纪念颐和园研讨班十周年学术研讨会，拉丰作为国际计量经济学会的当选会长，应邀来中国参加此次研讨会。早在 1980 年，在邹至庄和刘遵义等华人经济学家以及此后的诺贝尔经济学奖获得者克莱茵（Lawrence Klein）的组织和在福特基金会的支持下，在颐和园龙王堂举办了计量经济学讲习班。这是改革开放后现代经济学最早系统性地被介绍到中国，是以数学和统计学在经济学中的应用的形式引入的。这在当时是很容易理解的，因为从数学和统计学切入现代经济学可以避免意识形态之争。我记得 1984 年，社科院数量经济研究所邀请赫维茨来北京在友谊宾馆讲学也是讲数理经济学，就是他的机制设计理论。我那时在美国读研究生，夏天回国休假，为他全程做翻译。虽然那时我刚刚开始学习经济学，但由于我是数学出身，所以他讲的数学我还能听懂并能翻译。

拉丰在这次研讨会上做了有关新计量经济学理论的发言。由于他当时还不是很了解中国听众，所以他的演讲充满了数学公式，估计当时能听懂者寥寥无几。但从此之后，拉丰开始了他的中国之缘，经常来中国做学术访问，并且越来越深入地参与中国经济改革和经济学教育实践。1994 年初，他第二次来中国访问，当时他正承担一个经合组织（OECD）研究中国改革实践的项目，同时他的新规制经济学著作也刚刚出版。为了更加深入地了解中国，拉丰安排了长达两个星期的访问时间，在清华、北大、社科院、电信研究院等机构举行学术讲座，通过访谈了解中国的经济改革和经济学教育情况。正是通过这次访问，拉丰结识了社科院的张昕竹。当时张昕竹刚结束在斯坦福大学的访问回国，根据社科院的安排参与接待他。通过两个星期的密切交流，张昕竹给他留下了很好的印象，并成为他最终选择的研究合作者。在拉丰的积极推动和帮助下，张昕竹于 1995 年去法国图卢兹留学，正式成为他的博士研究生，也是他唯一的中国弟子。

1996年8月31日至9月2日，我参与组织的由中国社科院数量经济研究所主办的“现代企业理论与中国经济改革国际研讨会”在北京召开。这个会议参加者除了拉丰以外，还有马斯金、霍姆斯特朗、穆尔（John Moore）、博尔顿（Patrick Bolton）、罗兰（Gérald Roland），他们都是活跃在微观经济理论和应用前沿的经济学家。应该说这是20世纪90年代在国内召开的学术水平最高的微观经济学研讨会。正是在这次会议上，马斯金宣讲了他与梯若尔合作的挑战不完备合同理论基础的著名论文的初稿，而穆尔作为长期与哈特合作的不完备合同理论的创始人之一，做了精彩回应。有趣的是，在这次会议召开的整整20年之后的2016年10月，哈特与霍姆斯特朗一起获得了诺贝尔经济学奖。

在会议期间，我同拉丰有不少交流。他对参加会议的一些中国经济学界的学者型官员印象非常深刻，这其中包括周小川、楼继伟、郭树清、李剑阁等。他说，中国的经济学界虚心学习现代经济学，对中国经济改革有历史使命感，这是这个国家的希望。他还特别拿中国的情况与俄罗斯的情况做了对比，他感到俄罗斯政府官员和经济学家就非常不同，虽然当时他们也在推进向市场经济的转轨。

正是在这次会议上，他向我介绍了他在法国图卢兹办学的经历。他特别谈到中国改革、文化和现代化历程。从他的经历可以看出，他把美国先进的经济学研究和教育引入法国和欧洲，同时，他又是一个具有爱国主义情怀的欧洲人，并不想照抄美国的一切。他对中国的文化非常尊重，结识了不少知名的中国画家和文化名流，并收藏了一些中国书画。他同我说，中国是非宗教的文化传统，在这个传统下搞现代化不同于宗教传统下的现代化。但他相信是可以走出来的。他希望我能推动中国的经济学教育事业，并邀请我去图卢兹访问。

中国从20世纪90年代中期开始全面建立市场经济的基本框架。到了90年代末，正值中国即将加入世贸组织之际，在全球化和放松管制浪潮的背景下，中国借助开放为推动力，加速了改革的步伐。2000年，在朱镕基总理的主导下，中国开始对垄断行业进行系统改革，在电信、电力、铁路和航空等行业，通过以“打破垄断，引入竞争”为基本思路的改革，试图建立适应市场经济发展的新规制框架。作为中国垄断行业改革试验田的电信业是当时改革的突出案例。

电信业是一个传统的“自然垄断”行业。但是随着技术进步的变化，特别是80年代美国电话电报公司（AT&T）被拆分，电信行业面临重组，其中有很多经济学的道理都是在改革实践中发展起来的，而拉丰正是这个领域的国际顶尖的经济学家。他那时非常关注和关心中国的电信改革，并想以电信改革为例来推动中国建立市场经济中的规制制度。而那时在中国的经济学界，对电信行业改革的争论大多停留在政府垄断还是自由市场的主张，没有深入到政府如何监管和规制这个层面。拉丰和梯若尔的著作《电信竞争》的英文版在 1999 年由 MIT 出版社出版。这本书的中文版在 2001 年出版后，立即成为国内的热销书，电信业的政府官员和企业管理者当时几乎人手一册，有点像去年在“大众创业、万众创新”热潮中热销的《从 0 到 1》。那时正是一个电信改革的火热时代和黄金年代。

2000 年，在社科院举办颐和园研讨班 20 周年纪念会时，拉丰又一次来到中国。针对中国当时的改革实践，他对时任社科院院长李铁映建议，加强规制方面的研究，并愿意提供帮助。正是在他的推动下，世界银行启动了帮助发展中国家建立规制新框架的一系列资助计划，使得中国也被纳入这个计划，获得了世界银行赠款和技术援助。

2001 年，拉丰又一次来中国访问。他在北京大学光华管理学院做了一场学术报告，之后又访问了武汉大学。他再一次深感中国经济学界对现代经济学基础理论认识的欠缺，并萌生了要系统地为中国学生和青年老师讲一门激励理论课程的想法。2002 年夏季，在邹恒甫的安排下，他结束在非洲的访问后来到武汉大学，连续讲了四个星期的课，其中前三个星期面向全国的学生和教师讲授激励理论，包括安排一周讲解文献并讨论；最后一周连续五天，面向全国电信行业的官员和企业管理者讲授规制理论，全程由张昕竹翻译。正是在那次讲课中，在紧张的讲课期间，他还同张昕竹合写了一篇论文，后来发表在 2004 年《发展经济学杂志》（*Journal of Development Economics*）上。

在武汉大学讲课结束时，拉丰发现身体有些不适。他显得非常疲惫。这似乎有些异常，因为他从来都是效率奇高、身体超棒的人，几乎没有人会怀疑他的身体会出什么问题。非常不幸的是，在拉丰此次访问结束回到法国后，不久就被检查出患了癌症。但即便如此，他在开始治疗的同时，并没有放下研究工作和事业，仍然一如既往地高强度工作。

在拉丰患病期间，他还一直惦记着中国的电信改革和中国经济学教育事业。那时，正好是中国电信改革如火如荼之时，由体改办主任王岐山领衔的垄断行业改革整体方案已经出台，由国家信息中心刘鹤领衔的新一轮电信重组方案开始实施，长期困扰中国电信行业的互联互通问题开始得到治理，中国电信业规制的新框架开始架构，并将互联互通模型研制和测算的任务交给了张昕竹。拉丰多次表示非常高兴看到中国的改革走到这一步，也很得意当初的努力开始看到效果。非常遗憾的是，他再也没有机会来到中国了。在被查出患有癌症之后不到两年，他就于2004年5月1日在法国家乡去世。

2014年6月，为纪念拉丰逝世十周年，马斯金、梯若尔、张昕竹组织在南昌的江西财大举办了一次规格非常高的研讨会，不但邀请了很多世界顶尖的经济学家莅会，还邀请了一些被公认为当今世界最有前途的青年经济学家。我未能参加，深感遗憾。马斯金后来告诉我，这是一次非常好的会议。在这次会议的四个月之后，梯若尔获得2014年度诺贝尔经济学奖。

拉丰对我的教诲

20世纪90年代我在斯坦福大学任教时，拉丰经常来访，我们在那里相识。但是与他比较多的接触，还是在1997年访问图卢兹。在拉丰的邀请下，我于1997年8月30日至9月7日期间访问图卢兹。那时，产业经济研究所创建已有六年，并且聚集了不少一流的经济学家，包括克莱默（Jacques Cremer）、雷（Patrick Rey）、梯若尔以及拉丰在那里培养的博士生马梯芒等。我在那里访问的几天中，与这些经济学家有较多接触，让我切身感受到，拉丰付出了多大努力，在欧洲的一个地方，用美国的经济学研究和教育方式，创造出一个“特区”的发展。

在那期间，我亲眼目睹每天他的办公室前都有见不完的学生在等待，每天都有见不完的资助者和来访客人。他说他的白天时间全部去做行政管理，包括筹款。他与法国电力、法国电信、巴黎银行等法国国有企业有很好的合作关系，这些企业也对他的办学提供很多长期稳定的支持。在繁忙的行政管理工作之外，他只能利用晚上的时间做研究。他说他每天只有晚上8点到11点这三个小时，才是自己不被打扰的研究时间。正是每天这三个小时和令人难以置信的高效率，拉丰做出了惊人的研究成果。他因繁忙的行政工作少写了一些学术文章，少出了一些研究成果，但他一直认为这样做是值得的。他同我讲了不少法国教育体制的问题。法国的教育体制非常集权，一切都要经过教育部。这也使我意识到，与法国相比，中国的教育体制在某些方面倒显得灵活些。

我在那里有机会与他的学生张昕竹长谈。张昕竹是中国社科院数量经济研究所的研究人员，当时正在那里攻读博士学位，也是最早在西方学习政府规制的中国经济学者。我其实早就认识张昕竹。他 1992—1994 年在斯坦福大学做访问学者，我那时在斯坦福经济系任教。在拉丰的帮助下，他 1995 年到图卢兹大学攻读博士学位，师从拉丰。他是第一个在图卢兹大学用英文写博士论文的学生，为此拉丰付出了很多努力，需要与很多教育部门周旋，打破当时法国教育当局规定的博士论文只能用法语完成的规定，这也是拉丰推进法国大学改革和国际化的一个例子。后来，在他 1997 年底博士毕业的时候，我是他的博士论文的外部评审人之一。1998 年，张昕竹学成回国，在图卢兹和中国经济学界之间，特别是拉丰和梯若尔与中国的关系上，发挥了重要的作用。1999 年中国社会科学院与世界银行发展学院联合成立“规制与竞争研究中心”，张昕竹担任主任，对规制经济学在中国的传播，特别是在电信改革上，做出了贡献。

拉丰一直对中国的经济改革和政治经济学有很强烈的兴趣。我们在斯坦福的时候，就开始一起讨论中国的经济改革问题，特别是从政治经济学的视角来分析。在图卢兹的时候，我们一起合作完成了一篇短论文，后来发表在《欧洲经济评论（论文集）》上。① 这本来是我们一个长期研究项目的开头，可惜后来我们没有时间继续研究下去。

我最后一次见到拉丰是 2003 年初在伯克利。那时我在伯克利经济系任教，他到斯坦福和伯克利访问。他告诉我他已经到南加州大学任教。他对他在图卢兹的成就感到满意，认为可以由其他人接班了。但是，他也向我感叹，他无法改变法国的教育制度，尽管他可以让图卢兹在经济学教育上崛起。他同我讲了他在武汉大学讲课的情况。我也告诉他我在 2002 年组织了一批海外华人经济学者到清华经管学院系统性开设现代经济学课程的情况。他对我的这一工作非常肯定，希望我能够坚持下去。当时他已经检查出癌症，但是他对自己的康复很有信心。我没有想到的是，这是我们的最后一次见面。

我自 2002 年开始在清华经管学院担任特聘教授，讲授现代经济学课程，主要讲授本科一年级的《经济学原理》。我于 2006 年 9 月起担任清华经管学院

① “The Dynamics of Reform and Development in China: A Political Economy Perspective” (with Jean-Jacques Laffont). *European Economic Review*, Papers and Proceedings, April 1999, 43, pp. 1105-1114.

院长，至今已经十年。拉丰在图卢兹创建产业经济研究所，从 1990 年到 2000 年也是十年。我想他如果活到今天，看到我在中国推动教育改革的工作，一定会感到欣慰。在拉丰去世之后，我曾经试图在清华经管学院建立一个以拉丰命名的讲席教授席位，但是遗憾的是此事至今一直未能实现。

作为经济学家，拉丰对信息经济学和公共经济学等很多领域做出了开创性贡献，这些贡献足以让他分享诺贝尔经济学奖。作为法国经济学家，他在法国图卢兹创建的经济学研究和教育机构已经成为欧洲现代经济学的重镇，从那里培养造就了世界级的经济学家。作为关心和投入中国经济改革和经济学教育改革的经济学家，他对中国经济改革政策的影响，对现代经济学在中国传播的贡献，尽管不太为国人特别是经济学圈外人所知，但是值得我们感激和珍惜。他对我本人而言，更是长者加挚友，在我研究现代经济学，在中国探索经济学教育改革，推动大学改革的征途上，他都是我永远的激励和榜样。

产业政策专题

On Industrial Policy

Comparative

产业政策之辩

《比较》编辑室

有关产业政策的争论从根本上说涉及政府与市场之间的关系问题。简要回顾自我国80年代引入产业政策以来，国际学术界就此展开的理论争论，大体上经历了以下几个阶段：基于新古典经济学的传统市场失灵角度；80年代初期围绕成功实现追赶的日本、韩国等经济体，约翰逊（Chalmers Johnson）等人提出的发展型政府论；90年代以世界银行的研究报告《东亚奇迹》为基础，青木昌彦等人提出的市场增进型政府论；进入21世纪，则先后有斯蒂格利茨的学习社会论、丹尼·罗德里克的增长诊断法、菲利普·阿吉翁的产业政策和竞争互补论，以及阿西莫格鲁和罗宾逊对产业政策的政治经济学分析等。对于这些新的理论进展，《比较》一直有所跟踪，陆续刊发了相关的文章，并出版了相关专著，例如菲利普·阿吉翁的“产业政策与竞争政策”、詹姆斯·罗宾逊的“产业政策和发展：政治经济学视角”、丹尼·罗德里克的“诊断法：构建增长战略的一种可行方法”、《一种经济学、多种药方》、大野健一的《学会工业化：从给予式增长到价值创造》等。

围绕这次产业政策争论，本辑《比较》组织了林毅夫、张维迎根据公开辩论修改后的文章及回应，田国强对林张之争的评论，顾昕对产业政策的经济学理论重建所做的综述，大野健一关于产业政策质量与中等收入陷阱的分析和讨论，江飞涛对小宫隆太郎等人的《日本的产业政策》一书所做的书摘，以及清华大学产业发展与环境治理研究中心（CIDEG）的产业政策研讨会实录（参与讨论的有吴敬琏、陈清泰和日本亚洲成长研究所所长兼国家战略特区咨询委员会主席八田达夫等）。我们如实地呈现其中的主要观点，任由读者自己各取所需。

产业政策与国家发展

新结构经济学视角

林毅夫

在对话开始之时，有必要对产业政策做清晰的定义，否则很容易各说各话，没有交集。新结构经济学根据学界普遍接受的定义，认为凡是中央或地方政府为促进某种产业在该国或该地发展而有意识地采取的政策措施就是产业政策，包括关税和贸易保护政策，税收优惠，土地、信贷等补贴，工业园、出口加工区，研发中的科研补助，经营特许权，政府采购，强制规定（比如美国政府规定的在某个特定期限前汽油中必须包含多少比例的生物燃料）等。但不是每个产业政策都包含这些措施，有的产业政策只涉及其中的一个，有的涉及两个或更多。只要针对特定产业进而会影响该产业发展的政策都叫产业政策。

根据在国际上非常有影响的剑桥大学张夏准教授在其获得多个奖项的名著《富国陷阱：发达国家为何踢开梯子？》（*Kicking Away the Ladder*）一书中的研究，从16世纪和17世纪英国追赶荷兰，19世纪中叶以后美国、德国、法国追赶英国，到“二战”后日本、亚洲四小龙等成功跨越低收入、中等收入进入高收入经济体，在追赶过程中政府都用了关税保护、补贴等产业政策来扶持

---

* 本文根据作者于2016年11月9日在北京大学国家发展研究院“产业政策思辨会”的主题发言整理而成。

其幼稚产业的发展，他认为现在有些发达国家反对发展中国家使用产业政策来支持新产业的发展是一种过河拆桥的行为。

同样的，由斯宾塞和索洛两位诺贝尔经济学奖得主领衔的经济增长委员会在2008年发表的《增长报告》（*The Growth Report*），对13个在第二次世界大战以后取得了年均7%以上、持续25年或更长时间发展的经济体的研究发现，这13个经济体的共同特征是：开放，宏观稳定，高储蓄率、高投资率，有效市场，积极有为的政府，也就是说，这些经济体都采用了产业政策来促进经济的发展。

实际上，不仅成功追赶的经济体使用了产业政策，发达国家也还在继续使用产业政策。以美国为例，作为高收入国家，其产业、技术是在世界最前沿，因此美国要想拥有新技术、新产业，必须靠自己研发（R&D）。据马祖卡托（Mazzucato）在《企业家型政府》（*The Entrepreneurial State*）一书中细致的经验研究发现，现在美国在世界上领先的航天、信息、生化、纳米、医药产业，早期的新产品、新技术开发所需的基础科研都是政府支持的。以大家津津乐道的乔布斯为例，1976年推出的苹果I型计算机是建立在20世纪60年代和70年代以美国政府的公共资金支持的计算技术的研发成果上，2001年推出的iPod和其后的iPhone也是建立在政府资金支持而研发出来的卫星定位、声控和大规模储存等新技术上的，乔布斯的天才在于把这些新技术组合开发成消费者喜爱的新产品。值得一提的是苹果公司在未上市之前，除了得到风险投资之外，也得到美国小企业局50万美元的风险股本投资。同样，谷歌核心的计算技术也是来自于政府资助的研究项目。并且，美国直到现在还在继续支持研发，2013年美国的研发投入中，有接近40%来自政府，来自企业的占60%。OECD（经合组织）的其他发达国家也是这样，有的多达80%，少的也有25%的研发投入来自于政府。企业的研发投入主要用于开发新产品、新技术，因为新产品、新技术可以申请专利。但是开发新产品、新技术所依据的基础科研由于投入大、周期长、风险高，企业家不愿意投入，如果政府不投入，企业新产品、新技术的开发也就成了无源之水无本之木，就不会有像比尔·盖茨或乔布斯那样车库里的创新企业家。

政府能用于支持研发的钱是有限的，不能什么基础科研都支持，政府对基础科研资金的配置，就决定了这个国家会发展哪种新产业和新技术，这种选择性配置也是一种产业政策。所以，只看到企业家发明新产品、新技术的贡献，而没有看到政府在企业新产品新技术开发之前所投入的基础科研的作用，这是只看到冰山露出水面的一角，而没有看到冰山在水面下厚厚的冰层，认为在现代市场经济中技术创新和产业升级只需要企业家，不需要政府发挥作用的观点是对现代新技术新产业创新特性的无知。

但是，因为“二战”后许多发展中国家使用了产业政策，经济发展绩效却很差，即便在成功的经济体中，包括美国、日本和亚洲四小龙等，也有许多产业政策是失败的，因此，很多经济学家反对产业政策。可是，从上面引用的研究中可以发现：尚未见到不用产业政策而成功追赶发达国家的发展中国家，也尚未见到不使用产业政策能持续保持领先的发达国家。因此，不能因为大多数产业政策是失败的，就反对所有的产业政策。如果这样做，就是把婴儿跟洗澡水一起倒掉。

虽然许多产业政策不成功，但没有产业政策的国家经济发展必然不成功，因此，经济学家的责任不是因为怕产业政策失败而凡产业政策都一概反对，或因为产业政策是经济发展的必要条件就无条件地支持一切产业政策，而是要研究清楚产业政策成功和失败的道理，以帮助政府在使用产业政策时，减少失败，提高成功的概率。

为何需要产业政策

一国经济发展的本质是人均收入和生活水平的不断提高，其前提则是越来越高的劳动生产率。劳动生产率的提高有两个途径：一是通过技术创新，提高现有产业中产品的质量和生产效率；二是通过产业升级，将现有劳动力、土地、资本等生产要素配置到附加价值更高的产业。根据新结构经济学的分析，这两者的实现需要“有效市场”和“有为政府”的共同作用。

“有效市场”的重要性在于，引导企业家按照要素禀赋的比较优势来选择技术和产业，生产出来的产品在国内国际市场的同类产品中，要素生产成本才会最低，才可能最有竞争力，企业才可能获得最大的利润，整个经济才有机会创造最大的剩余和资本积累，使得比较优势从劳动力或自然资源密集逐渐向资本密集提升，为现有产业、技术升级到资本更为密集、附加价值更高的新产业、新技术提供物质基础。企业家会按照要素禀赋所决定的比较优势来选择产业和技术的前提，则是必须有一个能够很好地反映各种要素相对稀缺性的价格体系，如果有这样的价格体系，企业为了自己的利润和竞争力，就会按照要素禀赋所决定的比较优势来选择合适的技术和产业，这种价格体系只有在充分竞争的市场中才会存在。所以，新结构经济学主张，一个经济体要发展好必须要有一个“有效市场”。因此，需要有建立有效市场所需的清晰产权界定和各种要素市场等制度安排。

然而，在经济发展过程中，“有为政府”也不可或缺。首先，这是因为经济发展是一个资源必须随着要素积累、比较优势变化，不断从现有技术和产业配置到效率更高的新技术和附加值更高的产业这样一个结构变迁过程。在技术创新和产业升级过程中，必须要有“第一个吃螃蟹的企业家”，如果没有其他必要的安排，第一个吃螃蟹的企业家倘若失败，将承担所有成本，并让后来者知道螃蟹不可吃，不去犯同样的错误；倘若成功了，后来者将会随之涌进，第一个吃螃蟹的企业家不会有垄断利润。也就是如果没有其他必要的安排，对于第一个吃螃蟹的企业家而言，失败的成本和成功的收益是不对称的；而从社会的角度看，不管失败或成功都给后来者提供了有用的信息。因此，政府需要给第一个吃螃蟹的企业家一定的激励，企业家才会有积极性去冒这个风险。发达国家的专利制度发挥的就是这种功能，在 18 世纪英国如果没有专利制度给新发明获得丰富的垄断利润的机会也就不会有罗巴克和博尔顿等人出资支持瓦特发明蒸汽机。发展中国家的技术创新和产业升级，一般是在国际的技术和产业链内部来进行，多数情况下不能给予专利，但是，仍然需要给第一个吃螃蟹的企业家以必要的激励。当然，这种激励需要找到其他合适的替代方式。

其次，第一个吃螃蟹的企业家成功与否，并不完全决定于企业家个人的勇气、智慧和企业家才能。例如，要进入一个新的产业，所要求的从业人员的技能和以往的产业不尽相同，第一个吃螃蟹的企业家如果完全靠自己培训员工，后来的企业可以以稍高的工资聘走拥有新技术的员工，而使第一个吃螃蟹的企业家蒙受损失。新产业所需的资本规模和风险也通常会比原有的产业大，需要有新的能够动员更多资本、有效分散风险的金融制度安排和其匹配，这也不是第一个吃螃蟹的企业家自己可以解决的问题。随着技术创新、产业升级，资本密集度和规模经济的提高，市场的范围和交易的价值会不断扩大，交通、电力、港口等硬的基础设施和法律、法规等软的制度环境，也必须随之不断完善，这些完善显然超出第一个吃螃蟹的企业家的能力之所及。随着一个国家的发展，技术和产业会越来越接近国际前沿，新的技术创新和产业升级需要与这些新技术和新产业相关的基础科学的突破，基础科学的研发属于公共产品范畴，其发现不能申请专利，企业家没有积极性从事这方面研究。凡此种种困难都属于市场失灵的范畴，需要一个“有为政府”来协调不同的企业加以克服，或是由政府自己直接提供相应的服务。只有这样才能随着要素积累、比较优势变化，使具有潜在比较优势的产业变成具有竞争优势的产业。

在经济发展过程中，发展中国家的政府能动员和配置的资源有限，不可能满足所有各种可能的技术创新和产业升级所需的外部性补偿，以及完善所有可能的相应软硬基础设施的要求。因此，和企业家一样，发展中国家的政府也必须对可能的技术创新和产业升级的经济与社会回报做出甄别，按“集中优势兵力打歼灭战”的精神，以“产业政策”集中有限资源，协助企业家从事那些回报最高的技术创新和产业升级，只有这样才能促进经济最好最快地发展，避免陷入“低收入陷阱”或“中等收入陷阱”。同样，发达国家的政府也必须对其企业家所要从事的新一轮技术创新和新产业发展所需要的基础科研给予支持，才能保持经济的继续发展。由于发达国家可以用来支持基础科研的经费并非无限，因此，也和发展中国家一样必须根据可能的回报来配置有限的科研资源。所以，马祖卡托才根据对美国经济产业技术创新的研究，把美国和其他发达国家的政府称为“企业家型政府”。

有效市场和有为政府在经济发展中缺一不可，这是我的一贯主张。现在国内经济学家中讲政府作用的人比较少。结果媒体报道上就卡通化，突出我重视政府作用的观点，结果以讹传讹，张维迎教授就成了市场派，我成了政府派，认为张维迎教授主张经济发展要靠市场，我则主张经济发展要靠政府。这种看法其实是不正确、不全面的。

刚才提到，增长委员会总结了 13 个快速发展经济体的五大特征。斯宾塞教授在发表了《增长报告》以后常讲这五种特征只是经济发展成功的药材，不是药方。其实是有药方的，药方就是按照新结构经济学所建议的，按照要素禀赋结构所决定的比较优势来发展经济。按照比较优势发展有两个制度前提：有效市场和有为政府，这两个就是《增长报告》中所总结的成功经济体的第四个和第五个特征。如果按照比较优势来发展，结果会怎么样？当然是开放经济，符合比较优势的就多生产并出口，不符合比较优势的就少生产并进口，那不就是开放经济，而且在产业升级、技术创新的过程当中，后发国家还有后发优势，可以靠模仿、引进、消化来取得新技术、发展新产业，这就是《增长报告》所述的成功经济体的第一项特征——开放。按照比较优势发展的话，宏观经济也会相对稳定，为什么会相对稳定？因为产品有竞争力，而且不需要政府补贴，在这种状况之下经济有竞争力，内生的危机会比较少。并且如果遭遇到国际危机的冲击，因为政府财政状况良好，外汇储备比较多，所以进行反周期政策的能力也比较强，因此，宏观会比较稳定，这是《增长报告》中成功经济体的第二项特征。第三项特征，即高储蓄、高投资前面已经讨论过了，如果按照比较优势发展能够创造最大的剩余，而且投资的回报率会最高，因此，资本的积累会最快，储蓄最高，投资最大。所以，实际上经济发展成功是有药方的，这个药方就是按照要素禀赋所决定的比较优势发展经济。

按照新结构经济学的理论，在有效市场中，政府必须发挥有为的作用，来克服在经济转型升级中的外部性和协调问题。政府的资源和执行能力是有限的。按照“华盛顿共识”，新自由主义的看法，政府应该把全国的基础设施都建设好，把全国的各种法制、营商环境都完善好，不应该对任何地区或产业有偏向，认为把这些工作做好了，新产业和新技术就会自发地涌现。这种想法意愿是好的，但是有一个问题，发展中国家基础设施普遍不好，要把全国的基础设施都完善，有那么多资源吗？如果没有那么多资源，就必须按毛主席所讲的，集中优势兵力打歼灭战，按产业发展的需要把一个局部区域搞好，降低其交易费用，那个区域经济就能够快速发展，然后，星星之火可以燎原，从一点发展，带动全面发展，这是个很实事求是的哲学思想。

这种策略性地使用资源，必须了解要发展什么产业，这些产业所需要的软硬基础设施有哪些？在哪儿建立工业园合适？这种针对特定产业在特定地区提供因势利导措施的举措就是所谓的产业政策。从历史经验来看，我没有发现没有产业政策而取得成功的国家，当然更多的是，实行产业政策也失败的国家。为什么：我发现绝大多数产业政策失败是因为违反比较优势。违反比较优势，有两种可能性：发展中国家违反比较优势，通常是过度赶超，想在资本极端短缺的情况下和发达国家直接竞争发展资本技术密集型产业。发达国家产业政策失败的原因正好相反，有些产业已经失去比较优势了，比如农业或是一些加工业，但为了维持就业，还给它很多支持，像在欧盟，每头奶牛每天可以得到2欧元的补贴。这两者都是违反比较优势的。违反比较优势的结果会怎么样？企业在开放竞争的市场中没有自生能力，就必须给予保护补贴。保护补贴会导致两种结果：一个是资源错配，一个是寻租腐败。在这种状况下，产业政策当然会失败。

从新结构经济学的角度来看产业政策若想取得成功，就是要帮助企业进入要素生产成本比较低的产业，也就是从要素禀赋结构来看是具有比较优势的产业。但国际上的竞争是总成本竞争，总成本还包括交易成本。交易成本取决于交通基础设施、法治环境、金融服务等是不是合适。如果不合适，交易成本会特别高。因此，即使某个产业符合比较优势，要素生产成本低，但交易成本太高，总成本也就太高，还是没有竞争力。这样的产业在新结构经济学中被称为具有潜在比较优势的产业。产业政策的目的是什么？产业政策的目的，就是把那些具有潜在比较优势，但因交易成本太高，在国内外市场中还不具有竞争优势的产业，经由政府帮助改善基础设施和金融法制环境，把交易成本降低。如果能把交易成本降低，这个产业就能从具有潜在比较优势变成具有竞争优势，这是产业政策的目的。

中等收入国家的产业政策

对于像中国这样的中等发达国家，怎样来界定潜在比较优势。新结构经济学把中等发达国家的产业分成五大类：

第一类是追赶型产业。这类产业的技术水平跟国际上发达国家的产业还有差距。以中国为例，中国是按照联合国的标准唯一一个各种产业部类都齐全的国家。但是，中国在 2015 年人均 GDP 是 8154 美元，代表人均生产率是 8154 美元的水平。美国是 56421 美元，德国是 41955 美元，日本是 33223 美元，韩国是 28338 美元。他们所在的行业我国都有，但是我国相同行业的劳动生产率水平比较低，代表技术和附加值的水平比较低。我国的产业实际上还是在追赶阶段。这类产业就是追赶型产业。

第二类是领先型产业。有些产业发达国家已经失掉比较优势而退出，我们的产业在国际上已经处于领先或接近领先地位，像家电、摩托车等产业即是。

第三类是退出型产业。这些产业过去符合比较优势，现在由于资本积累、工资上涨失去比较优势，像劳动密集型出口加工产业，需要退出。

第四类是弯道超车型产业。由于现代科技的特性，有些产业的新产品新技术的研发周期短、以人力资本投入为主，像互联网、移动通信设备，它的研发以人力资本为主，而且周期特短，像雷军的小米手机，100 多人的团队半年一年就研发出来了。它的研发以人力资本的投入为主，我国具有创新才能的人力资本跟发达国家其实没有多大的差距，我国跟发达国家的差距主要是在物质资本上，而且，我国有13亿多人口，具有产业类别齐全和广大的国内市场，对这一类型的产业，我国可以实现弯道超车，跟发达国家直接去竞争。

第五类，国防安全产业。这类产业跟弯道超车型产业正好相反，资本投入特别大，研发周期特别长，不符合我国的比较优势，其存在是为了国防安全的需要。

这五大类产业所需要的产业政策是不一样的。对于第一大类，历史上所有成功的国家在追赶期都有产业政策，其共同特性就是以要素禀赋结构相似、人均收入水平的差距为一两倍、发展快速的国家的成熟产业为追赶对象。产业政策基本上是帮助国内企业进入这些作为参照系国家的成熟产业。反过来讲，发展中国家失败的产业政策，是以人均收入水平差距太大的国家的产业为追赶目标。为什么要找一个要素禀赋结构接近、收入水平差距也不大、发展快速的国家的产业作为参照？要素禀赋结构相似、发展程度差距不大，比较优势也就会相似。这里如果是资源土地密集型，就必须有那种自然资源。如果是一般制造业，自然资源是不重要的，只要看资本跟劳动的比例就可以了，这是第一点。第二点，如果一个国家，能够维持二三十年的快速发展，那代表这个国家的产业基本符合比较优势，如果不符合比较优势，就不能够维持二三十年的快速发展。那么，如果它的产业在发展过程当中符合比较优势，但经过二三十年的发展，资本积累会很快，原来符合比较优势的产业就要逐渐失掉比较优势，这样，如果要素禀赋结构相似，作为参照系的国家失去比较优势的产业，正好成为追赶国家的潜在比较优势产业。

新结构经济学根据上述思路提出了“增长甄别和因势利导”的两轨六步法。第一轨甄别，什么是具有潜在比较优势的产业，第二轨，根据这个产业中企业降低交易费用的需要，因势利导，改善软硬基础设施，使其成为具有竞争优势的产业。

第一步就是找到那些高速增长、要素禀赋结构相似、人均GDP比国内高一两倍，或是二十年前人均GDP在同一个水平的经济体，它的成熟的可贸易产品是什么，那些成熟的可贸易产品很可能就是这个国家具有潜在比较优势的产业。这一点非常重要，可以帮助避免两种错误：一是政府太冒进，二是政府被国内的企业所绑架，因为国内的企业有可能为了寻租，就会游说政府扶持违反比较优势的产业。而只要违反比较优势，就必须有政府的大量保护性补贴，即使有保护性补贴，企业在开放竞争的市场中还是没有自生能力，因此那些保护性补贴就必须一直存在。所以，要避免这两种错误。

第二步，如果已经有了一个具有潜在比较优势的产业列表，那再来看国内有没有一些企业已经发现了这个机会自发进入了。如果国内已经有企业进入了这些产业，照理说，要素生产成本会低于作为参照系的国家，但为什么在国际上，不能跟作为参照系的国家竞争？如果是技术水平较低，可以帮助企业到海外并购有高技术的企业，或到海外设立研发中心雇用具有高技术的人才开发新技术新产品。如果是交易费用太高，政府就应该分析，为什么交易费用高，然后把造成交易费用高的一些软硬基础设施的瓶颈消除掉，帮助企业把交易费用降下来。

第三步，如果国内没有企业进入这些产业，或是从事出口的企业很少，那么政府可以招商引资把作为参照系国家的企业吸引过来。照理，来这里生产要素成本会比较低，作为参照系国家的企业会有积极性来，但现在为什么不来呢？很可能是不了解这个国家，或者这个国家的交通基础设施、营商环境不好，交易成本太高，在这种情况下，政府要做的就是招商引资，同时改善交通运输、营商环境等，把交易费用降下来。另外，也可以在国内设立孵化器来培育这些产业。

第四步，每个国家都可能有一些特殊的禀赋，这些禀赋可能生产出作为参照系的国家没有但在市场上有需求的产品，例如一些中药和农副产品。另外，现在的技术变化太快，有很多技术、产业，二十年前根本不存在，如果国内的企业发现了新技术新产业带来的机会，并且表现出获利的能力，在这种状况下，政府应该针对这些产业帮助企业把交易成本降下来，让它能够发展得更好。这里最明显的例子是20世纪80年代，印度的信息服务业。80年代之前，是没有信息外包服务业的，但80年代的时候，印度的一些企业家，发现了可以帮美国的企业做信息外包。刚开始的时候，是用卫星通信，所以交易成本很高，后来印度政府发展光纤通信，交易费用大量下降，印度的信息服务业就变成印度最大的、最有竞争力的产业。

第五步，发展中国家一般交通基础设施和营商环境不好。如果有能力把全国都改善当然最理想，但实际上，政府的资源有限。在资源有限的约束下，政府可以用集中力量办大事的方式，设立工业园或者经济特区，集中力量把工业园、经济特区里做好，让具有潜在比较优势的产业可以很快地发展起来成为具有竞争优势的产业，并且用这种方式也可以很快形成产业集群，进一步降低交易费用。

第六步，就是对先行企业的外部性补偿。外部性补偿可以是给予税收优惠；在有资本管制的国家，可以让先行企业优先得到外汇以进口机器设备；在有金融抑制的国家，可以让先行企业优先得到贷款。这种优惠和20世纪五六十年代许多发展中国家按结构主义的进口替代产业政策的保护补贴有何差异？结构主义的产业政策想要发展的产业是违反比较优势的，企业是没有自生能力的。因为没有自生能力，需要大力度的保护性补贴，而且，即使把企业建立起来，还要长期给予保护性补贴。新结构经济学因势利导的产业政策，所要帮助的企业是有自生能力的，政策优惠只是解决外部性问题，这种优惠通常数额少，而且是一次性或者是短期的。

上述是追赶型产业的产业政策。

对于国际领先型产业，政府的产业政策应该如何来做？国际领先型产业的新产品新技术必须自己研发。发达国家因为所有的产业技术都是国际领先的，所以，所有的产业都必须自己研发新产品新技术才能获得技术创新、实现产业升级。发达国家的研发是怎样做的？研究的产出基本上是公共品，所以发达国家的研究基本上是国家扶持的。像美国的国家科学基金、国立卫生研究院，由它们提供资金来支持基础研究，研究出来的成果属于公共知识，各个企业再根据这些知识，去开发新产品、新技术。发达国家能够用来支持研究的资源是有限的，所以，也必须对要支持的基础研究有所选择。也就是说，在配置这些基础研究资金的时候，必须针对这些基础知识的突破对新技术、新产品的开发有多大的帮助，这些新技术新产品对经济的发展有多大的贡献来决定基础科研资金的配置。所以，发达国家并不是没有产业政策，只不过在它的产业政策和追赶型产业政策中政府发挥作用的地方不同。那么，我们作为发展中国家，有些产业在国际上已经处于领先地位了，这些产业同样必须有产业政策的支持，政府要做的是支持这些产业中与新产品新技术开发有关的基础研究，来帮助这些产业中的企业比较好地开发新产品新技术。另外，也可以跟发达国家一样，以专利、政府采购等来保护知识产权和帮助企业迅速扩大新产品生产的规模。对于国际领先型产业，其产品的市场是全世界，我国政府也可以像发达国家那样，给予企业在开拓国际市场上必要的帮助，如利用高访推销产品、提高产品认知度，提供企业在海外设厂和开拓销售渠道时所需的人才培训、资金支持、领事保护等。

对于退出型产业，这个产业已经不符合比较优势，应该退出。怎么退出？除了跟国防安全有关的，可以提供人才培训的职业教育，帮助一些有条件的企业进入经营品牌、产品设计、市场渠道管理的微笑曲线的两端；对于绝大多数加工企业，帮助它们转移到海外生产成本比较低的地方，可以用国内现在常讲的抱团出海，帮助接受国筑巢引凤、招商引资，使这些加工企业迅速创造第二春，将国内的 GDP 变为 GNP。另外，对要退出去的工人，可以给予再培训，让他们有能力转移到其他行业去。

对于弯道超车型产业，政府可以设立一些“梦想小镇”、“孵化基地”把人才引进来，并且引进风险资本，加强知识产权保护等以支持大众创业、万众创新。

对于国防安全型产业，因为它违反比较优势，这种产业只能由财政给予支持，在计划经济时代，由于赶超的力度太大，所以财政上没有办法直接补贴，只能靠扭曲各种价格信号来给予间接补贴。现在国防安全产业在整个产业中的比重其实已经很小，应该由财政直接给予补贴。补贴的方式可以是财政直接拨款支持投资和生产，或是用政府采购的方式来补贴。

总之，新结构经济学根据一个国家或地区现有产业和世界产业前沿的差距，给政府产业政策的制定提供了一个分析框架，帮助政府发挥因势利导的作用，助推经济的快速发展。除了跟国防安全有关的战略性行业外，新结构经济学的产业政策不是政府主导，而是因势利导，也就是企业已经自己发现了机会，自发愿意进入这些产业，政府帮助这些企业家克服外部性和软硬基础设施不完善的协调问题，以使具有潜在比较优势的产业迅速变成竞争优势产业。新结构经济学产业政策中政府对特定产业软硬基础设施的相应完善，理应推向全国，但因资源和执行能力有限，因此，只能像毛主席所说的“集中优势兵力打歼灭战”，其目的则像邓小平所说的“让一部分地区、一部分人先富起来，以带动全面富裕”。

我为什么反对产业政策

与林毅夫辩

张维迎

首先澄清两个基本概念。

第一个是关于产业政策的含义。我理解的产业政策，是指政府出于经济发展或其他目的，对私人产品生产领域进行的选择性干预和歧视性对待，其手段包括市场准入限制、投资规模控制、信贷资金配给、税收优惠和财政补贴、进出口关税和非关税壁垒、土地价格优惠等。

这里的关键词是“私人产品”和“选择性干预”。政府在公共产品上的投资不属于产业政策，尽管对什么是公共产品，经济学家之间存在意见分歧。普遍性的政策也不属于产业政策，如统一的公司所得税不是产业政策，但扶持性的所得税减免属于产业政策。专利保护是知识产权问题，不属于产业政策。地区政策也不属于产业政策，尽管经常与产业政策伴随。①

林毅夫对产业政策的定义太宽。按林毅夫的定义，几乎政府做的所有事情都是产业政策。在他的文章和著作里，诸如政府在公共产品、基础设施、教育

---

* 本文根据作者于2016年11月9日在北京大学国家发展研究院“产业政策思辨会”的主题发言整理，作者补充了必要的参考文献。

① 尽管不同的经济学家对产业政策的定义有所不同，但“选择性干预”是产业政策的基本特征。见H. Pack & K. Saggi（2006）. Is There a Case for Industrial Policy? A Critical Survey. *World Bank Research Observer*, 21（21）, 267－297.

和科研方面的投资，甚至专利保护、法治建设，都包含在产业政策中。按照他的定义，批评产业政策就等于否定政府的作用，就是无政府主义者。这不利于问题的讨论。

第二个是目标模式和改革过程的区别。林毅夫经常把有关政府与市场关系的定位与从计划经济到市场经济的转轨路径混淆在一起。在他看来，主张市场主导、赞同新自由主义就是主张"休克疗法"，主张渐进主义改革等同于政府主导。所以他把"休克疗法"的恶名戴在新自由主义头上。这是完全错误的。

在林毅夫眼里，我大概属于"新自由主义者"，这一点我不会否认，尽管我更愿意称自己为"古典自由主义者"。但我也是改革的渐进主义者。1984 年春我提出的双轨制价格改革思路，就是一个渐进主义的改革思路（林毅夫也经常强调双轨制的渐进性质）；1994 年我和易纲合写了"中国渐进式改革的历史视角"一文，分析为什么渐进改革在中国是一种必然；① 2008 年我也写过渐进改革的文章。我的渐进主义观点一直没有改变，它不仅与我的自由市场理论不矛盾，而且正是我的自由市场理论的延伸。

事实上，绝大部分古典自由主义者和新自由主义者是不赞同"休克疗法"的。因为，按照哈耶克的观点，制度是自发演化的结果，不是人为设计出来的。演化一定是一个渐变的过程。

尽管我不赞成休克疗法，但我觉得林毅夫对前苏联国家改革路径的否定还是太武断了。他完全忽视苏联 1990 年前的历史事实，没有认识到实行了 70 年计划经济的苏联和只有 20 多年计划经济的中国相比，改革的初始条件有很大不同。苏联解体之前戈尔巴乔夫并没有选择休克疗法，叶利钦时期的改革更像是抢救式治疗，因为叶利钦主政前，苏联已经休克了，已经没有走渐进改革的可能。

历史不是一块白板，我不认为一个模式可以适用于所有国家。

下面，我讲五个点：第一点，我和林毅夫关于市场理论范式的分歧；第二点，我为什么反对产业政策；第三点，外部性和协调失灵不构成产业政策的正当性理由；第四点，林毅夫"比较优势战略理论"在逻辑上是不能自洽的；第五点，林毅夫"增长甄别法"的谬误。

---

① Weiying Zhang and Gang Yi, 2015 (1994). "China's Gradual Reform: A Historical Perspective." *In the Logic of the Market*. Washington DC: The Cato Institute Press.

一、我和林毅夫关于市场理论范式的分歧

我和林毅夫有关产业政策的分歧，其实是有关市场理论的两个不同范式的分歧。林毅夫信奉的是“新古典经济学范式”，我信奉的是“米塞斯—哈耶克范式”。新古典范式是“设计范式”，米塞斯—哈耶克范式是“演化范式”。

新古典经济学把市场理解为资源配置的工具。为了证明市场的有效性，它需要做出一些非常强但不现实的假设。反过来，当这些假设不满足时，就出现了所谓的“市场失灵”，包括外部性导致的市场失灵、不完全竞争导致的市场失灵和信息不对称导致的市场失灵。

林毅夫所有的理论都是以新古典经济学的市场失灵为基础的。这一点他自己也不否认。针对剑桥学者张夏准说他“太忠实于新古典经济学”，“不能把自己从新古典经济学的桎梏中解放出来”的批评，林毅夫辩护道：“新古典经济学针对这一切来说是一个有用的工具，而不是一个制约因素。它很灵活，足以用模型分析外部性、动态性和协调失灵这些让政府扮演着重要角色的要素；同时还提供了一个标准，来判断政府是否过于偏离比较优势产业。没有前者，发展中国家可能会缺乏应有的智慧去抓住发展优势产业机遇，并为可能的产业升级和发展奠定基础。但是，如果没有后者，如历史记录所强调的，政府可能会犯下许多代价高昂的错误……”①

显然，在林毅夫看来，新古典经济学简直是万能的灵丹妙药，既能告诉政府应该做什么，又能告诉政府不能做什么！

我不理解的是，一方面，林毅夫把自己的理论建立在西方主流经济学市场失灵理论的基础上，另一方面，他又公开高调地批评别人“照搬西方主流经济学是行不通的”。② 为什么别人信奉新古典理论是“照搬”，他自己信奉新古典理论就是“创新”？为什么新古典理论在他手里是战无不胜的“神器”，在别人手里就变成了不堪一击的“神话”？我不理解林毅夫讲的“照搬”是什么意思，但在我看来，如果有谁在“照搬”的话，他本人一定是其中之一。

我本人对新古典主流经济学的评价没有林毅夫那么高，我认为，新古典经济学并不是一个好的市场理论，至少不像林毅夫说得那么好。新古典经济学家

---

① 林毅夫：《新结构经济学》第 130 页，北京大学出版社 2012 年版。本文引用的林毅夫的观点，主要来自他的这本书。

② 林毅夫：“照搬西方主流经济理论是行不通的”，载《求是》杂志，2016 年 10 月 16 日。

所谓的市场失灵，其实是市场理论的失灵，不是市场本身的失灵。[①] 我认为米塞斯和哈耶克发展的市场理论，是一个更好的分析范式。

根据米塞斯—哈耶克市场理论范式，市场是人类自愿合作的制度，是一个认知工具，市场竞争是人们发现和创造新的交易机会、新的合作机会的过程；市场最重要的特征是变化，而不是均衡。市场的有效性不需要新古典经济学的假设，恰恰相反，这些假设与市场竞争是不相容的。比如说，在新古典经济学里，最好的市场是“完全竞争市场”，但“完全竞争”与创新根本不相容，因为创新一定会导致竞争的不完全，甚至所谓的“垄断”；新古典经济学里，信息不对称会导致市场失灵，但根据米塞斯—哈耶克范式，市场的优越性正是来自不完全信息，因为市场以分工和专业化为基础，分工和专业化的价值就来自信息不对称。正是由于信息不对称，由于信息的分散性和主观性，我们才需要市场。

新古典范式和米塞斯—哈耶克范式的区别突出地表现在对企业家作用的认知上。新古典经济学的市场是没有企业家的市场，因为新古典的假设使得企业家根本没有存在的价值。如果偏好给定、资源给定、技术给定，信息是完全的，没有不确定性，每个人同等聪明，当然也就没有企业家的用武之地。

在米塞斯—哈耶克范式里，企业家是市场的主角，发现和创造交易机会是企业家的基本功能；正是通过企业家发现不均衡和套利，市场才趋向均衡；正是企业家的创新，使得市场不断创造出新的产品、新的技术，并由此推动消费结构和产业结构的不断升级。

信奉新古典范式的经济学家有时也使用“企业家”这个词，但他们说的“企业家”不过是一个计算器：给定目标和手段，按照“边际收入等于边际成本”的规则计算出最优投入和产量。制定这样的决策不需要想象力，不需要机敏，不需要判断力。但对真正的企业家来说，想象力、机敏和判断力才是最重要的。

我和林毅夫有关产业政策的争论，与我们对企业家精神的不同理解有关。

我应该为新古典经济学说句公道话。尽管新古典经济学并不是一个好的市场理论，容易误导我们对真实市场的理解，但仍然是一个有用的分析工具。特

---

① 张维迎：“反思经济学：市场失灵还是市场理论失灵？”，见《市场与政府》一书，西北大学出版社 2014 年出版。英文版：Weiying Zhang，2015，“Reflections on Economics：Market Failure or Market Theory Failure?” *China Economic Journal*，8：2，109 – 121。

别是，上世纪70年代公共选择学派用新古典经济学范式发展出来的政府失灵理论，在一定程度上矫正了市场失灵理论的谬误，从而使得市场失灵不再构成政府干预经济的充足理由。

林毅夫一方面对市场失灵浓墨重彩，另一方面，对政府失灵轻描淡写。在他的理论里，政府官员是无所不知、无所不能、毫不利己专门利人的人！他没有告诉我们，为什么政府官员比企业家更有能力和激励判断未来。

二、为什么产业政策注定会失败?

我对产业政策的思考由来已久。20世纪80年代中期，日本的产业政策很受一些中国经济学家和政府官员的推崇。1987年夏天，我随中国经济体制改革研究所代表团对日本做了为期半个月的访问，我得出的一个基本结论是：国内流行的观点至少有两点不切实际之处：一是对日本产业政策的作用估计过高；二是对其作用的方式估计错误。日本早期的产业政策之所以没有产生灾难性的后果，是因为错误的产业政策总会受到企业家的抵制。① 汽车产业就是一个典型的例子，如果没有本田宗一郎等人的抵制，也就没有日本汽车产业的今天。

尽管许多早期的研究把日本的产业政策塑造为成功的典范，90年代之后有大量关于日本产业政策的更为详尽的研究，得出的一个基本结论是：日本产业政策总体上讲是失败的。② 迈克尔·波特等人用翔实资料证明：在日本最成功的20个产业，基本没有产业政策的作用，即使有，作用也微乎其微；反倒是，最失败的7个产业，都受产业政策的严重影响。③ 80年代之后，日本产业政策的失误比比皆是，包括第五代计算机的研发、模拟技术、移动通信等方面，都被产业政策带入歧途。通产省神话由此破灭。

---

① 张维迎："市场经济中的政府行为：日本的经验"，见张维迎：《价格、市场与企业家》第133—154页（该书是作者20世纪80年代的论文集），北京大学出版社2006年版；又见张维迎：《市场与政府》第263—291页，西北大学出版社2014年版。

② 关于日本产业政策的评价综述，参阅任云："日本产业政策再评价及其对我国的启示"，《现代日本经济》(*Contemporary Economy of Japan*) 2006年第4期，第11—16页。刘鹤、杨伟民：《中国产业政策：理论与实践》第31页，中国经济出版社1999年版。

③ 迈克尔·波特、竹内广高、榊原磨理子：《日本还有竞争力吗?》，中信出版社2002年版。英文版：Michael Porter, Hirotaka Takeuchi and Mariko Sakakibara, 2002, *Can Japan Compete?* Basic Books。

改革前中国实行的是计划经济。改革后，产业政策代替了计划指标，是穿着马甲的计划经济。正如刘鹤和杨伟民在《中国产业政策：理论与实践》一书的序言中讲到的："计划就是产业政策，产业政策就是计划，二者都体现了政府对经济生活、资源配置的干预。"①

自上世纪80年代以来，中国产业政策失败的例子比比皆是，成功的例子凤毛麟角，这一点连林毅夫本人也不否认。中国经济持续存在的结构失调、产能过剩，哪一个不是政府产业政策主导的结果？

我一直试图从理论上寻找产业政策失败的原因，我发现，产业政策失败的原因和计划经济失败的原因完全一样。概言之，产业政策之所以失败，一是由于人类认知能力的限制，二是因为激励机制扭曲。② 更通俗地讲，一是由于人的无知，二是由于人的无耻。认知能力的限制比激励机制更根本。

先讲认知能力的限制。③ 拥护产业政策的人的一个基本假设是：技术进步和新产业是可以预见的，因而是可以计划的。这个假设是完全错误的。新产业总是来自创新，历史证明：创新和新产业是不可预见的，这是因为：创新过程充满了一系列不确定性，创新没有统计规律可循。创新的不确定性使得我们没有办法预见求索的结果并预先制定一条通往特定目标的路径；我们既不知道目标在哪里，也不知道道理在哪里，只能在不断的修正错误中前行。人们对创新和产业发展的分析都是"事后诸葛亮"。如果能提前预测创新，那它就不是创新了！30年前没有人预见到今天的主导产业（互联网、新能源、生物制药等），今天也预测不了30年后的事情。

创新的不可预见性意味着，实现创新的唯一途径是经济试验的自由，即哈耶克讲的具有不同知识和不同见解的"众人的独立努力"，而不是将自己锁定

---

① 刘鹤、杨伟民：《中国产业政策：理论与实践》第31页，中国经济出版社1999年版。

② 我于2016年8月24日在"亚布力中国企业家论坛西安峰会"上做的主题演讲"为什么产业政策注定会失败"中系统地表达了我的观点。网页链接：http：//www.yicai.com/news/5153303.html。

③ 无知对政府制定产业政策能力的限制是哈耶克知识理论的一个应用。参见Hayek（1976），*Individualism and Economic Order*. Chapter II，IV and VII－IX. London and Henley：Routledge and Kegan Paul。关于政府难以获得制定产业政策所需要的信息的质疑，参见S. Lall（2004）. Reinventing Industrial Strategy：the Role of Government Policy in Building Industrial Competitiveness. *Annals of Economics & Finance*，14（2），661－692；H. Pack，& K. Saggi（2006）. Is There a Case for Industrial Policy? A Critical Survey. *World Bank Research Observer*，21（21），267－297。

在预定的路径上。①

这就是分散化决策的优点：每个企业家按照自己的警觉性、想象力和判断力来决定做什么、不做什么。市场竞争决定成败：成功的创新带来利润，不断得到复制和扩散，成为新的增长点；失败的试验停止。

产业政策是集中化决策，意味着将社会资源集中投入到政府选定的目标，这是一种豪赌！成功的概率很小，失败的代价巨大。如果每个人有 90% 的可能性犯错误，10 个人分别决策的话，同时犯错误的概率只有 34.9%，至少一个人成功的概率是 65.1%，只要有一个人成功了社会就有了这种产品。相反，如果集中做一个决策，成功的概率就只有 10%。

还有一个不争的事实是，政府官员并不具有企业家的警觉性和判断力；即使有，也没有企业家那样的激励。专家也没有能力制定产业政策。专家不是企业家，他们也许有创新所必需的硬知识，但并没有创新所必需的软知识。靠企业家制定产业政策也不可能成功，因为过去的成功不是未来的指路灯，对经济发展产生重要影响的创新通常来自名不见经传的创业者，而不是功成名就的商界领袖。许多辉煌的企业破产了，就是因为新的、更具创新力的企业家的破坏性创新。

让我引用江小涓上世纪 90 年代的一项研究说明一下专家决策的问题。上世纪 80 年代初期，鉴于当时电风扇生产“一哄而上”的局面，机电部约请了若干国内有名的生产技术、市场分析和经济管理方面的专家，商讨对策。在大量调研和分析的基础上，专家们认为，中国电风扇行业的年生产能力在今后若干年保持在 1000 万台左右为宜，主张选择若干实力雄厚的企业“定点”生产。主管部门据此制定了相应的政策。然而实践证明，专家们的预测与实际状况有很大差距，电风扇的市场容量和生产规模不断迅速扩张，80 年代初中期的实际产销量与预测就有 1 倍以上的差异；到 80 年代后期，电风扇的年产量和销售量均达到 5000 万台左右，仅出口就达 1000 万台。在数年激烈竞争优胜劣汰的过程中，电风扇行业的组织结构也趋于合理，生产集中于几个名牌企业

---

① 内森·罗森伯格：《探索黑箱：技术、经济学和历史》第 5 章，商务出版社 2004 年版。英文版：Nathan Rosenberg，1994. *Exploring the Black Box：Technology，Economics and History*. Cambridge University Press。威廉·伊斯特利：《威权政治：经济学家、政策专家和那些被遗忘的穷人的权利》第 322 页，中信出版社 2016 年版。英文版：William Easterly，2013. *The Tyranny of Experts：Economists，Dictators，and the Forgotten Rights of the Poor*. Chapter 11. Basic Books。

集团，但并不是原来设想的布局模式。江小涓总结说，这种使用了“科学”的程序与方法，却没有得到“科学结论”的情形，在许多产业政策的制定过程中都出现过。①

说到电风扇，我不由得想起林毅夫曾讲过的他自己的故事。当年回国时他用配额买了 4 台电风扇，全家每人一台，因为当时根本想不到以后能用上空调。

管理大师克莱顿·克里斯坦森说：“当我们看到专家对新兴市场未来发展规模的预测时，我们唯一可以确定的是：他们的预测都是错的。”②

接下来讲一下产业政策失败的第二个原因，即激励机制的扭曲。产业政策通过对不同产业、不同企业在市场准入、税收和补贴、融资和信贷、土地优惠、进出口许可等方面的区别对待，创造出权力租金，这必然导致企业家和政府官员的寻租行为。从实际看，无论是产业政策的制定过程，还是产业政策的执行过程，都充满了一系列寻租活动。③ 一项特定产业政策的出台，与其说是科学和认知的结果，不如说是利益博弈的结果。结果是，得到政策扶植的企业家通常并不是真正的创新企业家，而是套利者和寻租者。新能源汽车骗补就是一个典型的例子。④ 不难理解，大笔从政府拿钱的企业并没有做出像样的创新来！

创新的不可预见性意味着产业政策一定会出现失误。但政府官员和专家们一般不愿承认自己的错误，因为错误会暴露自己的无知；掩盖错误的一个办法是对失败的项目提供更多的支持。结果是，错误一个接着一个！自由市场上的企业家没有办法掩盖自己的错误，他们也没有权力阻止别人证明自己错了！

---

① 江小涓：“中国推行产业政策中的公共选择问题”，《经济研究》1993 年第 6 期，第 3—18 页。

② 克莱顿·克里斯坦森：《创新者的窘境》第 XXII 页，中信出版社 2014 年版。英文版：Christensen Clayton，1997. *The Innovator's Dilemma*：*When New Technologies Cause Great Firms to Fail.* Boston：Harvard Business School Press。

③ 关于产业政策中寻租行为的例子，参见 Anne Krueger（1974）. “Political Economy of Rent-seeking Society.” *American Economic Review*，64：291 – 303；K. S. Jomo（1990）. *Growth and Structural Change in the Malaysian Economy.* London：Macmillam；杨东进，“从政府扶植到政府庇荫：过程、原因及其危害——基于中国轿车产业的探索性研究”，《产业经济研究》2013 年第 5 期，第 1—9 页。

④ 关于新能源汽车骗补的调查结果，见网页链接：http：//news. sohu. com/20160516/n449605709. shtml。

让我以电信业为例来说明这一点。3G 通信有三个国际标准，分别是 CDMA2000、WCDMA 和 TD-SCDMA，在 TD-SCDMA 作为 3G 标准上马之前，三大电信运营商的老总和两任信息产业部部长吴基传和王旭东都反对，因为 TD 在技术上根本不成熟。应该说，他们的判断是正确的。但 2006 年十几个院士联名上书最高领导，最高领导拍板，中国移动被要求采用 TD 标准。在 TD 成为“创新型国家”样板后，所有的反对意见一律封杀，直到 2014 年，《财新》才发表“TD 式创新”一组文章，开始揭露真相。掩盖 TD 决策错误的办法是加快上 4G，其实中国电信的 CDMA2000 和联通 WCDMA 刚刚投入使用，远没有饱和，根本不需要马上替换成 4G。因为错上 TD 和过早淘汰 3G 浪费了上万亿元资金，但不会有人对此承担责任。①

概而言之，由于人类认知的局限和激励机制的扭曲，产业政策注定会失败。事实上，产业政策只会阻碍创新，因为产业政策会误导企业家，使他们将资源投入不该投入的领域和不该投入的项目。中国光伏产业的发展就是一个典型例子；日本企业在模拟技术上的投入也是一个例子。企业家如果跟着政府的产业政策走，不可能有真正的创新。为了创新，中国企业家需要的是自由和公平竞争的法治环境，而不是产业政策的扶植。

所以我主张废除任何形式的产业政策。政府不应该给任何产业、任何企业吃偏饭！

林毅夫等人认为，尽管许多产业政策是失败的，但不能由此就认为政府不能制定正确的产业政策；关键不是要不要产业政策，而是制定什么样的产业政策。这种观点很类似上世纪 80 年代有人捍卫计划经济的观点：不是计划经济本身不好，而是我们没有把计划经济搞好！只要尊重价值规律、尊重科学，计划经济是可以搞好的。我希望我有关产业政策失败的两个原因已经证明，林毅夫等人所希望的“正确的产业政策”，过去没有过，现在没有，今后也不会有。

尽管如此，还是有必要就政府官员的激励机制再讲几句。

林毅夫似乎认为，政府官员的寻租行为是可以通过激励机制的设计解决的。这种认识如果说不是过于天真，也是对激励理论的误读。

政府官员是多任务、多目标的代理人。如果我们能够获得所有行为后果的有关信息，当然可以设计一个激励机制，使得他们没有寻租的空间。但无论在

---

① 阚凯力：“中国须反思 TD 决策错误的制度根源”，FT 中文网 2014 年 12 月 18 日。

理论上还是实际看，获取这样的信息是不可能的。没有办法对政府官员的投入和产出进行有效的度量，也就没有办法对他们进行有效的激励。对政府官员，我们只能进行程序性的监督和控制，尽量让他们管的事情少一点，明确能做什么不能做什么。这就是“有限政府”的含义。

就产业政策而言，激励机制的设计还有特殊的困难：一项政策的后果需要很长时间才能展现出来，短期内看上去好的政策，长期看可能是坏的；政策后果的好坏不仅依赖于政策的制定，也依赖于政策的执行。但政府官员像走马灯似的换来换去，要界定每个官员的个人责任是不可能的。每个官员都有充足的理由为自己的决策辩护，我们很难区分究竟是“经”错了还是和尚念错了！3G 的错误谁应该负责？光伏产业政策呢？

我能想到的唯一有效的激励机制是：如果政府要实现某个产业政策，就应该让赞成该产业政策的政府官员和专家把自己的一部分家产拿出来投入，或者做抵押物。既然你认为这个投资是好的，那就给你个赚大钱的机会吧！拿纳税人的钱搞投资，总会有严重的逆向选择和道德风险。

最好的激励机制也只能缓解人的无耻，不能解决人的无知。

三、外部性和协调失灵不构成产业政策的正当性理由

林毅夫为产业政策辩护的主要理由是“外部性”和市场的“协调失灵”。但这两个理由都是站不住脚的。

林毅夫认为，由于技术的外部性，如果没有政府的资助，企业家没有积极性从事创新。这种说法在理论上是不成立的，也与经验不符。理论上讲，林毅夫错误地理解了企业家如何做决策，这与他信奉的新古典范式有关。在新古典范式中，所有决策是基于边际分析。边际分析对日常管理决策是重要的，但在真实市场中，创新不是边际上的问题，而是生与死的问题，或者如杨小凯讲的“超边际问题”；企业家有关创新的决策，主要不是基于边际收益和边际成本的比较，而是基于对市场前景和技术前景的判断，基于竞争的压力和垄断利润的诱惑。当年比尔·盖茨预见“每个家庭、每个办公桌上会有一台电脑”的时候，他是通过边际收益和边际成本计算出来的吗？

越是大的技术创新，越不可能是边际上的决策。一个创新给企业家带来 10 的预期回报，给社会带来 100 的回报，不意味着企业家就不会从事这样的创新。只要预期成本不超过 10，企业家就会从事这样的创新。当博尔顿投资

瓦特发明蒸汽机的时候，他想的是如何把蒸汽机卖给全世界，而不是他能否获得蒸汽机带来的全部的正外部性；当比尔·盖茨创办软件产业的时候，他想的是每个人桌子上的电脑安装的都是他的软件，而不是他能否获得软件带来的所有好处。

外部性辩护也与事实不符。按照外部性导致的市场失灵理论，技术进步在自由市场一定是最慢的，如果不是完全不可能的话。但过去200多年的经验证明，自由市场下的技术进步是最快的。

没有政府的资助，瓦特和博尔顿仍然发明和生产出了蒸汽机；没有政府的资助，斯蒂文森父子也发明和生产了火车；没有政府的资助，卡尔·本茨和戴姆勒发明了汽车，莱特兄弟发明了飞机，爱迪生发明了电灯，亚历山大·贝尔发明了电话；没有政府的资助，IBM发明了计算机，比尔·盖茨生产了视窗平台软件；没有政府的资助，马化腾仍然给我们提供免费的微信系统，马云给我们提供淘宝交易平台；如此等等，不胜枚举。

林毅夫大概不会否定这些都是最具社会外部性的创新吧。这样重大外部性的创新企业家都愿意自己做，我不知道还有哪些创新没有政府补贴就没有人做。

林毅夫栩栩如生地把创新者比喻为“第一个吃螃蟹的人”，认为政府应该补贴第一个吃螃蟹者。我没有考察过人类吃螃蟹的历史，但我相信，第一个吃螃蟹的人一定是因为自己想品尝美味佳肴的冒险冲动，而不是因为政府和其他什么人补贴才吃螃蟹的。林毅夫完全低估了企业家的冒险精神。

企业家承担风险，是出于信念和愿景，而非计算。凡要靠政府补贴才愿意去创新的人，充其量只是个寻租者，根本就算不上企业家！补贴这样的人会导致南郭先生们“滥竽充数”，这一点我在《企业的企业家—契约理论》中已经证明了。① 为了激励创新，我们需要的是专利制度和知识产权的有效保护，而不是政府补贴！

进一步，创新的不可预见性意味着，政府根本不知道谁是第一个吃“螃蟹”的人，因为你连螃蟹长什么样都不知道。政府不应该阻止任何人吃螃蟹，但也没有必要为吃螃蟹埋单，因为那会诱使许多人假装吃螃蟹，但实际上不过是拿出吃螃蟹的姿势啃馒头。从啃馒头中得到的经验对吃螃蟹没有什

① 张维迎：《企业的企业家—契约理论》，上海人民出版社1995年版。

么意义！

林毅夫为产业政策辩护的另一个理由是：如果没有政府协调，市场会出现协调失灵。这里也表现出他对市场机制和企业家精神的误解。

所谓的协调失灵，不过是市场不均衡的表现。但不均衡意味着存在套利机会；越是大的协调失灵，纠正它带来的利润越大。企业家的重要功能之一就是发现市场中的不均衡，然后进行套利，使市场趋于均衡。也就是说，协调是企业家的职能。① 现实中，成千上万的企业家做的就是协调供给和需求，协调能力决定企业家的赚钱能力！让我举几个例子。

马云的阿里巴巴协调了数以亿计的买方和卖方，所以才能赚大钱；当我在地摊上买西瓜的时候，居然可以用微信支付，这是马化腾的功劳；弗里德里克·史密斯当年创办联邦快递公司就是因为邮递由政府的邮政公司主导，存在协调失灵，尽管受到美国政府邮政公司的阻碍，他还是取得了成功，并且创造了新的物流模式；顺丰快递也是企业家解决协调问题的一个例子。

再想一下今天的代孕市场吧！据说现在中国每年有数十万的代孕婴儿出生。一个中国妇女买到美国男人的精子，然后雇用印度女人代孕，这是多么复杂的协调！但自由市场做到了。

计划经济的历史证明，政府是最差的协调者。计划经济下国家计委和国家经委整天忙得团团转，仍然是生产企业时时告急，消费品到处短缺，而市场经济下我们要什么有什么，我不知道林毅夫为什么认为政府比市场更有能力协调经济活动？以我的观察，凡是协调失灵严重的市场，一定是企业家精神受到了体制和政策的抑制！

林毅夫论证产业政策的逻辑是有问题的。他说："至今还没有看见一个成功追赶的发展中国家，或者持续发展的发达国家，不用产业政策的。"② 他讲的这个命题或许为真，这也不奇怪，因为在任何国家，总有雄心勃勃的政府官员和专家想指导——甚至主导——经济发展，政府官员也要为自己创造寻租机

---

① 伊斯雷尔·柯兹纳：《市场过程的含义》第1章，中国社会科学出版社2012年版。英文版：Israel M. Kirzner，2002（1992）. *The Meaning of Market Process*：*Essays in the Development of Modern Austrian Economics.* London：Routledge。

② 林毅夫：《产业政策与我国的经济发展——新结构经济学的视角》。网页链接：http：//money. 163. com/16/0914/09/C0TO53P1002580S6. html。

会，也有既得利益者需要产业政策保护。但由此引申说“没有产业政策，经济就不可能成功”，则是个伪命题。“没有一个长寿的人不曾得过病”，难道由此就能推论说得病是长寿的原因吗？为什么不看看那么多病死的人？难道产业政策导致失败的国家还不够多吗？所有现在的发达国家都曾实行过专制政体，现在仍然有不少国家实行专制政体。难道由此就可以证明专制是发展的前提条件，专制是正当的吗？

林毅夫说：“经济学家的责任不是因为怕产业政策失败而凡产业政策都一概反对，而是要研究清楚产业政策成功和失败的道理……”① 我按照林毅夫的建议研究了产业政策，得出产业政策必然失败的结论，但林毅夫没有能告诉我们为什么产业政策不会失败。

四、林毅夫“比较优势战略理论”的自相矛盾

“比较优势战略”是林毅夫新结构经济学的核心，也是他的产业政策的理论基础。但它在逻辑上是不能自洽的，经验上是不符合事实的。

哈佛大学教授丹尼·罗德里克评论道，“林毅夫似乎希望同时支持和反对比较优势”。② 在我看来，林毅夫是想用李嘉图的自由贸易理论证明李斯特的国家主义。

在亚当·斯密和李嘉图时代，英国政府实行的是重商主义的贸易保护政策。无论斯密的绝对优势理论，还是李嘉图的比较优势理论，其目的都是证明，不受政府管制的自由贸易将使得各自的优势得到发挥，对交易双方都是有好处的，贸易保护政策损人不利己。从此，比较优势理论成为自由贸易的理论基石。

但李嘉图把国家作为分析单位带来的一个不良后果是，似乎比较优势是国家的事情。其实比较优势是个人的事情，企业的事情，不是国家的事情。国际贸易本质上是个人之间的贸易、企业之间的贸易，因为国家不会做交易，除非是计划经济国家。因此，分析比较优势的好处完全没有必要涉及国家。③

比较优势实际上就是管理学家讲的“核心竞争力”，遵循比较优势是市场交易者的一个基本行为准则，根本不需要国家的战略。如亚当·斯密所言，市

① 同上页注②。

② 丹尼·罗德里克的评论，见林毅夫《新结构经济学》第51页，北京大学出版社2012年版。

③ 路德维希·冯·米塞斯：《人的行动》第8章，上海社会科学院出版社2015年版。英文版：Ludwig von Mises，2007（1949）. *Human Action*，Chapter 8. Indianapolis：Liberty Fund。

场竞争意味着每个人都专门从事自己最擅长的工作以使收益最大化，同时让他人去完成他们自己更擅长的工作。任何企业家，如果不按照比较优势选择生产和交易，一定会失败。甚至普通人也知道利用自己的比较优势，只有傻子才会违反比较优势。瞎子说书、盲人按摩，就是利用比较优势的典范。

林毅夫认为比较优势是由要素禀赋决定的。但看看各国的进出口结构，绝大部分具有比较优势的产业与要素禀赋没有关系。要素禀赋决定论假定资本和劳动力（包括人才）在国家之间是不流动的。在资本和人才流动的情况下，要素禀赋的重要性即使不会消除，也会大大降低。

按照要素禀赋决定比较优势的理论，18 世纪的英国绝对不应该发展棉纺织业，因为英国的土地不适合生产棉花，英国种植的棉花质量很低；20 世纪 50 年代的日本也不应该发展钢铁业、汽车和电子产业；20 世纪 60 年代的韩国也不应该发展汽车产业；高科技和农业也不会成为以色列的优势产业；浙江的义乌也不会成为世界小商品集散地。

要素禀赋之所以不重要，是因为现实中的比较优势是动态的，是一个学习和实践的过程。这就像林毅夫和我今天被称为经济学家，并不是我们的先天禀赋决定的，而是我们自身学习的结果，至少对我是这样。动态比较优势主要是企业家创造的。或者说，企业家才是最重要、最稀缺的资源。但林毅夫完全忽略了企业家在决定比较优势上的重要性。让我举两个例子说明这一点。

第一个例子是英国的棉纺织业。英国没有棉纺织业的资源禀赋，但棉纺织业成为英国工业革命的主导产业，这是英国企业家从无到有创造出来的，这些企业家包括发明飞梭的约翰·凯，发明纺纱机的约翰·怀亚特，发明多轴纺纱机的哈尔格里，发明走锭精纺机的塞缪尔·克朗普顿，发明机械纺纱机和现代工厂的理查德·阿克赖特，等等。当然，这里确实应该给英国政府记上一“功”。英国政府 1700 年颁布禁令，禁止从印度、中国和波斯进口棉织品；1719 年又颁布禁令，进一步禁止一切住在英国的人买卖、穿戴或拥有棉织品，如有违犯，对私人科以 5 英镑罚款，对商人科以 20 英镑罚金。禁令的目的是保护毛纺织业，不是保护棉纺织业！但歪打正着，保护出一个强大的棉纺织业！①

第二个例子是美国和韩国的汽车业。汽车不是美国人发明的，在 1920 年

① 保尔·芒图：《十八世纪产业革命》第二篇第1—2 章。英文版：Paul Mantoux，2006（1928）. *The Industrial Revolution in the Eighteenth Century*：*An Outline of the Beginnings of the Modern Factory System in England.* Chapters 1－2，Part II. London：Routledge。

之前，汽车市场的领头羊是德国和法国，但1933年全球汽车产量的73%来自美国，德国和法国分别仅占4%和8%。① 美国之所以能超越德国和法国，很大程度上要归功于亨利·福特发明的自动化生产流水线，与美国的要素禀赋没有关系。

韩国汽车业的比较优势是现代汽车创始人郑周永这样的企业家创造的，郑周永原来是个汽车修理工。② 林毅夫认为，韩国发展汽车是违反了比较优势，因为韩国当时的要素禀赋结构不适合发展汽车产业。他的结论是韩国由此失败了。③ 他的文章写于2001年，当时东亚金融危机后韩国的汽车业处于困难时期。但韩国现在是世界第四大汽车出口国，汽车出口占到总出口收入的8%，不知林毅夫现在又如何解释？他的基本论证方法是：如果成功了，就是因为利用了比较优势；如果失败了，就是因为违反了比较优势。但他没有预料到的是，那些在他写文章的时候看起来失败的例子后来又成功了。

林毅夫认为，中国过去30年的经济成功是因为中国从赶超战略转变为"比较优势战略"的结果。这与事实不符。

中国过去30年的发展确实与利用比较优势有关，但这是在经济自由化、市场化、民营化和国际化的过程中，企业家自发行动的结果，与政府发展战略无关。但林毅夫似乎并不赞同自由化、市场化和私有化。他最近发表文章说，"中国道路的成功秘诀，就在于打破新自由主义所谓自由化、私有化、市场化的神话。"④

就我所知，自上世纪80年代以来，中国政府制定了许多产业政策，但并没有制定过什么"比较优势战略"。乡镇企业是利用比较优势的典型例子。到90年代初，乡镇企业生产的劳动密集型产品就成为重要的出口产品。但至1992年前，中央政府部门一直在打压乡镇企业，因为乡镇企业"高耗能、高污染、低效率"。国家计委曾明令禁止把重要生产资料卖给乡镇企业，禁止给

---

① 威廉·伊斯特利：《威权政治：经济学家、政策专家和那些被遗忘的穷人的权利》第324页，中信出版社2016年版。英文版：William Easterly，2013. *The Tyranny of Experts：Economists，Dictators，and the Forgotten Rights of the Poor.* Chapter 11. Basic Books。

② 威廉·伊斯特利：《威权政治：经济学家、政策专家和那些被遗忘的穷人的权利》第10页，中信出版社2016年版。

③ 林毅夫于2001年5月14日在芝加哥大学的讲座中表达了这样的观点，演讲论文改编后构成他的《新结构经济学》第6章。见该书第275页。

④ 林毅夫："照搬西方主流经济理论是行不通的"，载《求是》杂志2016年10月16日。

乡镇企业发放贷款。1989 年开始的经济调整，也把乡镇企业作为主要的整治对象。

外资出口占到中国出口的一半。外资来中国就是利用比较优势，这只需要开放，不需要产业政策。

以上这些以及许多许多例子都证明：比较优势是市场中的企业家创造的。天然的比较优势几乎可以忽略不计，因为只有地理是不可改变的，其他都在随着发展变化。如果想利用比较优势，自由市场加企业家就足够了。利用比较优势不需要国家战略，除非每个人都是傻子。但如果每个人都是傻子，那制定战略的官员怎么会聪明呢？事实证明：凡是政府能看得清楚的，自由市场上的企业家早就看清了；凡是自由市场上企业家看不清楚的，政府更不可能看清。产业政策一是迷糊企业家的眼睛，二是勾引企业家寻租，弊大于利。

如果想违反比较优势，那倒需要国家战略。看一下历史，政府制定的政策大部分都是违反比较优势的。日本的产业政策是备受推崇的，但日本政府是把具有较高收入弹性的产业作为目标，如机械、电子和汽车，而不是日本具有相对优势的产业，如纺织业。在 20 世纪 70 年代，日本政府开始把高科技产业作为目标以保证日本在技术发展中处于前列，与日本的要素禀赋无关。①

解决“比较优势战略理论”逻辑矛盾的唯一办法是，林毅夫讲的比较优势不是市场上表现出来的比较优势，而是按他自己判断的比较优势。他理论中的比较优势是由要素禀赋决定的。但他又说要素禀赋和比较优势是通过市场价格表现出来的。如果不是他自己判断的比较优势，而是市场上表现出来的比较优势，那他的战略就是跟随市场走。他既要政府引领市场，又要政府跟随市场。林毅夫原话是这样的：“要想使企业自发进入和选择符合要素禀赋结构的产业和技术，该经济的价格体系就必须反映要素的相对稀缺性，而只有竞争性市场才能做到这一点。”② 除了政府有权力扭曲价格，还有谁有能力扭曲价格呢？既然竞争性市场决定的价格体系就能反映比较优势，为什么还要政府告诉企业家比较优势是什么呢？林毅夫是不是认为，在市场中的企业家读不懂市场价格信号，只有政府官员和专家能读懂价格信号？

① 迈克·波特等：《日本还有竞争力吗?》第 33 页。

② 林毅夫：《新结构经济学》第 23 页。

五、林毅夫“增长甄别法”的谬误

为了制定产业政策，林毅夫提出一个六步骤的“增长甄别法”。① 其中第一步，也是最关键的一步是：发展中国家的政府应该确定一份贸易商品和服务的清单。这些商品和服务应满足如下条件：在具有与本国相似的要素禀赋结构，且人均收入高于本国约100%的高速增长国家中，这些商品和服务生产已超过20年。

我按照林毅夫的标准找出了不同年份值得中国模仿的候选国家，让我们看看是怎样一个情况。

根据世界银行提供的数据，按照当年汇率计算比中国人均GDP高80%—120%的国家，1980年有科摩罗（400.3美元）、贝宁（378.0美元）、尼日尔（420.7美元）、塞拉利昂（356.6美元）、中非共和国（350.5美元）、苏丹（398.4美元）、冈比亚（398.9美元）、多哥（417.7美元）、加纳（411.5美元）；1990年有印尼（630.7美元）、亚美尼亚（636.7美元）、阿尔巴尼亚（636.7美元）、乌兹别克斯坦（651.4美元）、科摩罗（602.3美元）、吉尔吉斯（608.9美元）；2000年有汤加（1926.7美元）、秘鲁（1967.2美元）、赤道几内亚（1979.3美元）、阿尔及利亚（1757.0美元）、约旦（1774.1美元）、苏里南（1855.8美元）、马其顿（1875.1美元）、泰国（2016.0美元）、纳米比亚（2059.4美元）；2010年有哈萨克斯坦（9070.7美元）、马来西亚（9069.0美元）、苏里南（8430.9美元）、帕劳（8979.0美元）、墨西哥（8861.5美元）、加蓬（9312.0美元）、罗马尼亚（9069.0美元）、黎巴嫩（8763.8美元）。

按照购买力平价计算比中国人均GDP高80%—120%的国家，1990年有巴基斯坦（3057.0美元）、尼加拉瓜（3019.9美元）、喀麦隆（2768.3美元）、洪都拉斯（3205.3美元）、马其顿（2763.1美元）、哥斯达黎加（3220.5美元）、马绍尔群岛（3020.6美元）、乌兹别克斯坦（3031.5美元）、吉布提（3112.4美元）、尼日利亚（3030.5美元）、毛里塔尼亚（2815.7美元）；2000年有厄瓜多尔（7387.6美元）、斯威士兰（6853.4美元）、多米尼加（8048.6美元）、约旦（7742.5美元）、白俄罗斯（7299.6美元）、埃及

① 林毅夫：《新结构经济学》第154—156页。

(7556.7 美元)、秘鲁(6506.6 美元)、斐济(7070.1 美元)、突尼斯(7727.9 美元)、伯利兹(6953.8 美元)、萨尔瓦多(6424.9 美元);2010 年有智利(19357.5 美元)、安提瓜和巴布达(20567.4 美元)、乌拉圭(17082 美元)、圣基茨和尼维斯联邦(20478.7 美元)、拉脱维亚(17983.1 美元)、罗马尼亚(17354.8 美元)、伊朗(17354.8 美元)、克罗地亚(19988.8 美元)、塞舌尔(20365.1 美元)、占巴(18433.9 美元)。

设想我们分别在 1980 年、1990 年、2000 年和 2010 年为中国制定产业政策,林毅夫能否告诉我们,这些候选名单中有哪些国家值得效仿?

林毅夫可能会辩解说这些国家与中国的要素禀赋结构不同。按照要素禀赋结构的标准,中国的人口规模与印度最接近,但印度的人均 GDP 比中国还低,当然不值得学;中国的土地面积与美国、加拿大和俄罗斯最接近,但美国和加拿大的人均 GDP 比中国高得太多,没有办法学,而俄罗斯在林毅夫眼里已经是失败的典范;按照文化禀赋的相似性,中国应该向日本和韩国学,但这两个国家的人均 GDP 又比中国高太多了。

林毅夫说中国经济应该"沿着新结构经济学所指出的路线增长"。我不知道新结构经济学给我们指出了什么路线!

事实上,像中国这么大的国家,各地差别很大,谈某个地区的比较优势也许有意义,但谈整个国家的比较优势没有什么意义。中国各地之间的差异甚至远大于某些地区与外国的差异。即使一个省内,各地之间的差别也很大。如陕西省的陕南、关中和陕北就完全不同。中国土地稀缺?那你去西部看看,那里大片土地荒无人烟。中国劳动力过剩?人口最密集的东南沿海地区劳动力不足,需要从内地招募。这就显示了企业家的重要性。离开企业家谈比较优势,是没有意义的。

进一步,一个国家的要素禀赋决定的比较优势并不能告诉这个国家应该做什么产业。说一个国家在"劳动密集型产业"有比较优势能告诉我们什么呢?什么也不能!因为劳动密集型产业太多了,做什么不做什么需要企业家自己判断。或许劳动密集程度最高的产业是政府,按照要素禀赋决定的比较优势理论,人口多的国家应该把政府部门做大?事实上,同一个国家、同一个地区,既有劳动密集型的,也有资本密集型的,同样都可以成功。纺织业是劳动密集型产业,但上世纪 80 年代陕西咸阳六大国营纺织企业被沿海地区的乡镇纺织企业打垮了,这与要素禀赋有什么关系呢?没有!只与企业家精神有关!

林毅夫“六步骤增长甄别法”的错误在于，他把经济增长和产业结构变化看成是一个完全线性的演化，每个国家的发展都只能沿着同样的轨迹行进，不可能超越。就像一个人读完小学读初中，读完初中读高中，然后再上大学。基于这样的认识，林毅夫认为后发国家的政府能制定产业政策也就不足为奇了！

但全球化和技术进步决定了产业发展不是线性的，在任何时点上，一个国家究竟发展什么产业，取决于企业家的判断。甚至落后地区的一些产业也值得先进地区学。比如，当哥伦布发现美洲时，美洲大陆整体上比欧亚大陆要落后得多，但欧亚大陆还是从美洲大陆引进了玉米和土豆种植。

幸运的是，企业家不会按照林毅夫提出的“增长甄别法”决定该做什么。当然，如果政府一定要用产业政策主导发展过程，林毅夫的六步骤甄别法也许是有用的指南，尽管其后果可能是灾难性的！

附录

对张维迎教授的若干回应

（1）转型经验。中国改革转型成功的原因确实是往市场方向走，中国的产权确实越来越清晰，经济越来越自由，跟国际经济接轨越来越紧密。但是，不能像张维迎教授那样，把中国转型取得的稳定和快速发展简单归结为推行了市场化、私有化、自由化、国际化。20 世纪 90 年代，不少前社会主义国家跟我们同样处于转型阶段，它们在这四化方面推行的比我们彻底，但是它们遭遇了不断的经济崩溃、停滞和危机。我国的成功是因为推行了务实的渐进双轨的改革，在上世纪八九十年代，西方主流学界主张社会主义国家从计划经济向市场经济转型应该采用休克疗法，同时推行市场化、私有化、自由化、国际化，认为休克疗法会给转型国家带来“J”型的增长，也就是在初始阶段经济稍微下滑后会迅速反弹并高速增长。他们同时认为渐进双轨的转型是最糟糕的转型方式，对这种转型绩效的差异我在《中国的奇迹》《经济发展与转型》《解读中国经济》等著作，以及最近写的“华盛顿共识的再审视”、“不能简单照搬西方理论”文章中进行了分析。

另外，我对新自由主义的批评主要有两点：一是，新自由主义经常把目标当手段，忽视了问题存在的原因，只看到转型中国家政府对市场有各种干预和扭曲，以为把这种扭曲消除掉，经济就会发展好。其实，许多干预和扭曲是为了保护补贴计划经济时代遗留下来的违反比较优势的、不具有自生能力的大型国有企业的生存的需要，在自生能力的问题未解决前，取消保护补贴，不仅会造成大量破产、失业、社会不稳定的问题，而且，这些大型企业许多和国防产业有关，这些企业倒闭了会影响国防安全。于是，在取消原来的保护补贴后，为了社会稳定和国防安全而需要给予更为隐蔽的、更没有效率的保护补贴，这实际上是俄罗斯和东欧在转型中发生的问题；二是，新自由主义只重视市场的作用，而忽视了政府的作用，实际经济转型要成功和发展好，市场和政府两者不能偏废，这也就是为何我提出“有效市场”和“有为政府”的原因。

最后，我同意维迎所说的“历史不是一块白板”，不可能一个模式可以适用于所国家。但是，他认为苏联的计划经济实行了 70 年、我国的计划经济实行了 20 多年，所以，苏联只能使用休克疗法的看法是说不通的。计划经济推行的历史越长，扭曲越深，越需要一种渐进的改革，而非休克疗法的改革。就像病人病得越沉，身体越虚弱，越需要温和渐进的方法来治疗，而不是休克疗法。

（2）新古典。张维迎教授认为新结构经济学是新古典理论的运用，这是他混淆了新古典理论和新古典分析方法。新古典的分析方法是假定所有的决策者，包括政府、企业家等，在需要做选择的时候会根据所要达到的目标、给定的资源下可能有的选择方案来选择该决策者所认为最好方案的一种分析社会经济现象的方法。新古典理论，包括新结构经济学理论，都是经济学家使用这种方法来分析所观察到的社会经济现象背后的因果逻辑所得到的结果。但是，任何理论都是“刻舟求剑”，只有在给定条件下才成立。目前的新古典经济学理论，尤其是教科书上的理论，绝大多数是总结于发达国家的经验，以发达国家的发展阶段和条件为暗含的前提，发展中、转型中国家的条件与此不同，而且，现有的新古典经济学理论，缺乏“结构”的概念，或更准确地说，是把发达国家的结构作为唯一的结构。因此，运用于发展中国家经常会有“淮南为橘淮北为枳”的局限性。所以，我反对直接搬用现有的新古典经济学理论，而主张根据发展中国家、转型中国家的条件，自己来观察现象，了解其背后的因果逻辑，提出新的理论来解释现象，新结构经济学是这种努力的初步成果。

（3）比较优势战略理论。张维迎教授认为新结构经济学主张政府根据比较优势来因势利导产业升级是逻辑不自洽的。他认为：“根据比较优势是个人的事情，企业的事情，不是国家的事情。国际贸易本质上是个人之间的贸易、企业之间的贸易，因为国家不会做交易，除非是计划经济国家。因此，分析比较优势的好处完全没有必要涉及国家。”这是张维迎教授对理论的片面理解，企业按照比较优势选择产业只能使其要素成本在国内国际市场中具有优势，但是，市场的竞争不是要素生产成本的竞争，而是，包括交易费用在内的总成本的竞争。交易费用决定于企业组织生产所需的软硬基础设施是否合适，后者的完善超乎企业自己的能力范围，需要政府来帮助解决，否则比较优势只能成为潜在的比较优势，不能使该产业成为国内国际市场上具有竞争力的产业。例如，在劳动密集型的加工业中最重要的要素生产成本是工人工资，非洲国家的工资水平低的只有我国的十分之一，高的也只有我国的五分之一，但是，非洲国家在劳动密集型加工业上无法和我国竞争，就是因为软硬基础设施不完善，交易成本太高。所以，不能因为提倡比较优势的李嘉图在其理论模型中没有提到交易费用就认为在现实经济中不存在交易费用，政府就无须为具有比较优势的产业解决软硬基础设施来降低交易费用，使其变成具有竞争优势的产业。显然，张维迎教授认为新结构经济学所提倡的按比较优势来发展产业的战略“逻辑上是不能自洽的，经验上是不符合事实”的论断，是他生搬硬套理论的结果。

张维迎教授还认为新结构经济学的增长甄别与因势利导的六步法的错误在于，“把经济增长和产业结构变化看成是一个完全线性的演化，每个国家的发展都只能沿着同样的轨迹行进，不可能超越”。显然这也是张维迎教授没有完全理解六步法的结果，在上面介绍的六步法中第四步是企业发现了新技术新产业所带来的机会，这种产业是作为参照系的国家中不存在的，所以，不是只能沿着作为参照系国家的产业发展轨迹行进不能超越。

（4）人的无知。张维迎教授强调，未来是看不清楚的。对于发达国家来说技术和产业已经是在世界最前沿了，下一个新的产业和技术会是什么，我同意确实是难于预料的。但是，对于发展中国家而言，技术创新和产业升级，例如前面五种产业划分中的追赶产业，是有许多信息可以参考的，并非是无知的。最近华为的老总任正非说过，过去华为的发展相对容易，因为是在追赶，有参照系；现在华为的手机和电信设备已经是世界最好的，下一步怎么走就不清楚了。但是，对于世界最前沿的产业和技术下一步如何发展，也不能因为充满不确定性，政府就撤手不对研发中的研究提供支持，如果不支持研究，也就不会有企业的发展。这样的经济就不会有持续的技术创新和产业升级。所以，即使95%以上的基础科研投入是没有任何成果的，政府也不能停止对基础科研的支持。

（5）企业家精神。张维迎教授认为只有企业家才有企业家精神，其实熊彼特讨论的企业家精神指的是发现各种新机会的能力并以创新的方式来掌握这种新机会的精神，不仅是企业家可以有，学者、官员也可以有。如果我们没有企业家精神，就不会到北大来办中国经济研究中心；如果我们没有企业家精神，也不会设法把中国经济研究中心升格为国家发展研究院。当然，政府官员也可以发挥企业家精神给产业转型升级提供因势利导的支持。

（6）政府选择产业和补贴。维迎老是说我主张政府选择产业，不让企业家选择。我再次强调，在我的两轨六步法以及五种产业的划分当中只有一种产业是政府选择的，那就是涉及国防安全的战略型产业，其他产业都是企业家主动选择进入的，然后政府帮着解决它们自己解决不了的软硬基础设施完善的问题。他批评的那种靠补贴来发展产业的产业政策，也是新结构经济学所反对的产业政策，把新结构经济学所反对的产业政策加在新结构经济学上，然后来批评新结构经济学，不是没有好好读新结构经济学，就是故意栽赃。他认为我的产业政策含义太广了，我倒觉得是非常窄的，因为除了国防安全产业外，新结构经济学所主张的政府因势利导措施是在给先行者提供激励补偿和解决软硬基础设施的完善问题，既不需要财政补贴，也不需要高关税保护或限制市场准入。

（7）政府失灵。在谈为什么要有产业政策的时候，我确实谈到市场失灵，但是我同意也会有政府失灵，因此才会研究根据什么样的原则，可以减少政府失灵。尽管存在市场失灵，但我们不能因此说不要市场。同样的，也不能因为会有政府失灵，就说不需要政府。张维迎教授说新结构经济学假设政府是全知全能的，实际上新结构经济学没有这样的假设。

（8）官员的激励。有为政府是一个理想的目标，但政府是不是一定有为是没法保障的，不排除政府的作为变成乱为。新结构经济学采用新古典的分析方法，假定每个人都是理性的。所谓理性就是追求自己的目标，而不是无私的仁爱型政府（benevolent state）。新结构经济学认为政府官员基本上追求两个目标：第一个目标是希望能够继续执政或是能够得到升迁。第二个目标是希望青史留名，让人家记住他是个好官。新结构经济学也进一步论证用什么方式能够让政府官员同时满足这两个目标，那就是给他所管的地区带来经济繁荣、社会稳定、人民生活幸福安康。倘若如此，老百姓会支持他，继续执政或升官没问题，也能青史留名。这种状况下政府官员的个人利益跟国家利益、社会利益是一致的。遗憾的是，尽管从亚当·斯密发表了《国富论》以来两百多年，许多经济学家做了大量研究，现有的西方经济学理论尚没有能够给予发展中国家的政府官员提供可以遵循就能给他管辖的地区或国家带来经济繁荣的理论。新结构经济学希望能提供一个分析框架，让政府官员在追求自己目标的时候，能够给国家、给社会带来进步、繁荣。当然现在还只是初步的框架，我希望跟大家一起努力把它做得更丰富、更深入、更实用。

（9）专利保护。张维迎教授认为，企业家的创新是为了垄断利润，但是垄断利润能存在是因为有专利保护。如果没有专利保护，就不会有垄断利润，企业家就普遍缺乏创新的动力。强调企业家的作用是很重要，但是也要把企业家精神发挥作用的制度条件研究清楚。张维迎教授认为我把专利保护定义为产业政策，其实我没有这样定义，因为专利制度不是针对特定产业。但是，企业家开发新产品新技术拿到专利之前所依据的基础科研需要政府支持，我认为那种政府支持是针对特定产业的，是产业政策。

（10）税收优惠。我主张发展中国家针对技术创新和产业升级，以及招商引资出台税收优惠政策，因为发展中国家大部分处于追赶阶段的技术创新、产业升级，对发展中国家来说是新的，但是，在世界范围内都是成熟的技术和产业，没办法给予专利。税收优惠不仅在发展中国家可以用，中国的企业如果到美国或其他国家投资，当地的政府也同样会提供各种税收优惠，力度不比中国小。

（11）基础设施。上世纪 80 年代新自由主义盛行以后国际上有一股思潮，认为企业家和市场能解决一切事情，包括基础设施也完全可以由企业来做，不需要政府插手。世界银行在 1947 年成立以后最大的部门是基础设施部，到 2008 年我到世界银行当高级副行长、首席经济学家时这一部门已经被裁消了。但是基础设施的初始投入非常大，回收周期非常长，很多因素是企业家控制不了的。在这样一个思潮的推动下，结果发现企业家只对一种基础设施有兴趣，那就是移动通信，因为移动通信收费很容易，并且有自然垄断的利润。对于其他的基础设施，像道路、电力、港口，企业家普遍不愿意投资，导致整个 80 年代以后在发展中国家基础设施投资严重不足。直到现在，大部分发展中国家仍然面临基础设施的瓶颈，发达国家的基础设施也普遍老旧。张维迎教授认为市场失灵的理论是新古典范式的失灵，在他秉持的重视企业家作用的米塞斯—哈耶克范式中是没有市场失灵的。显然，张维迎教授是以理论来看世界，而不是以真实世界的现象来构建理论。

（12）产业集群。张维迎教授认为产业政策必然失败，反对中国政府采用任何产业政策。中国政府有很多的产业政策，照此推论，中国经济发展必然失败。但是怎么解释中国能够维持这么长时间的稳定和高速发展？如果抛开书本到各个地方去看看，会发现各地都有产业集群。在产业集群形成的过程中，企业家的作用当然是重要的，但是政府因势利导的作用绝对不能忽视。我院张晓波教授研究了我国各个地方产业集群的形成，发现在产业集群形成过程中有很多企业家解决不了的协调问题都是靠当地政府来解决，产业集群才能够发展和壮大的。所以，虽然有很多失败的产业政策，但是，产业政策并不必然失败。

（13）汽车产业。张维迎教授想用日本汽车产业来证明产业政策的无效。我想张维迎教授可能对日本经济历史不够了解。日本从“二战”以后对汽车产业一直是采用高关税保护的，而且有很严格的根据日本特殊国情制定的各种技术标准。一个消费者即使愿意支付高关税买进口汽车，也难于拿到行车执照，这些都是产业政策。韩国也是这样的，上世纪八九十年代，在韩国也很难看到外国车，也是因为有关税保护和准入限制。

张维迎教授指出我在2001年的文章中认为日本的汽车产业是成功的，而韩国的汽车产业政策是失败的，但现在韩国的现代汽车却风行全世界。其实，他没有仔细了解我那篇文章的分析，在那篇文章中我指出日本进入汽车的时候，人均GDP已经差不多是美国的一半；韩国进入汽车产业的时候，人均GDP只有美国的20%、日本的30%。这种情况下韩国所需要的保护和支持措施就比日本多很多。这是为何日本的汽车产业有10多家都很成功，而韩国的汽车产业本来有三家公司，后来倒闭了两家，只剩下现代汽车一家。我在这篇文章中也指出，为什么中国跟印度从上世纪50年代就开始有汽车产业政策但最终失败呢？因为当时中国和印度的人均GDP只有美国的5%。

就像张维迎教授指出的，美国汽车产业的成功亨利·福特居功甚伟，但是美国汽车产业也受到关税的高度保护。一直到上世纪60年代，美国进口汽车的关税税率高达50%。在这样的产业政策下，企业家克服了早期的困难，从而发展起来。美国汽车产业成功的另一个原因是19世纪末的美国人均GDP已经达到英国的85%，实际上跟英国是同一发展阶段的国家，美国学习英国发展汽车产业是经济发展产业结构升级的需要。

上述这些国家汽车产业成功和失败背后的原因都符合新结构经济学的道理。

（14）要素流动。张维迎教授认为要素可以流动之后，要素禀赋就不重要了。中国吸引了大量外资，但外资在投资中所占的比重并不高，最多的时候也就在10%—15%之间，中国的绝大多数投资来自国内资本。此外，发达国家虽然资本相对丰富，但是发达国家的资本流动到发展中国家是要利用发展中国家的比较优势，来获取更大的利润，他们不会把资本流动到使发展中国家的人均资本达到发达国家一样高的水平。所以资本流动并不改变一个发展中国家劳动力相对丰富的比较优势。

（15）地区差异。张维迎教授提到，中国有些地区实际上已成为高收入经济体，有些还是中低收入经济体。我同意这样的观点。在这种状况下，我们不能实施全国一刀切的产业政策，而是应该根据各地不同的情形制定产业政策。我讲的五种产业的划分实际上就能满足这样的需要。

（16）对标国家。张维迎教授列出了人均收入水平比中国高一两倍的国家名单，但他忘了因势利导框架中选择参照系国家的另一个条件，那就是维持二三十年的快速发展。他列出的那些国家很多都是失败的国家。为什么要选择维持二三十年快速发展的国家作为参照系？有两个原因：一是如果能够快速发展二三十年，那么，这个国家大部分的产业必然是符合其比较优势的；二是如果能维持长时间的快速发展，资本积累一定非常快，有一些原来有比较优势的可贸易产业就会失掉比较优势，这些产业就会成为后来者具有潜在比较优势的产业。

（17）辩论的方式。我跟张夏准教授的辩论进行了四轮，每一轮都是写出来在杂志上发表。我很希望我跟张维迎教授的辩论不是口头的，因为，口头辩论不容易聚焦于逻辑和经验事实。写出来最好，通过文章，大家可以刀对刀、枪对枪、逻辑对逻辑、事实对事实，这样才能使真理越辩越明。

张维迎现场回应林毅夫：产业政策成功是偶然，失败是必然

林毅夫产业政策六步甄别法，第一步就有问题

张维迎：毅夫刚才回应了我对他的批评，有些我不理解他在讲什么，回应起来比较难。我先倒着回应他理论中关于产业政策的六步甄别法。我演讲中针对的只是他的第一步，没有讨论其他的，因为第一步如果错了，其他也就没意义。

我列举的那些候选国家，是按林毅夫自己说的标准统计出来的全部可候选名单，他理论中的标准是目标国的人均 GDP 比追赶国（如中国）高一倍左右，我用了 1. 8—2. 2 倍，他刚才又现场改成 3 倍了，这也可以，但我事先不知道。这些国家或地区都是按毅夫的标准找出的，比照的时点分别为 1980 年、1990 年、2000 年和 2010 年。我们可以按照林毅夫的建议，从这些国家里再找要素禀赋跟我们差不多的，然后再找发展成功的。按照我统计出来的这个名单，候

选国家里显然找不出中国要模仿的对象。

林毅夫：比较优势是动态变化的，而且还有一个很重要的条件：就是这个国家必须发展很快。

张维迎：所有符合人均 GDP 对照比例的国家都列出来了，发展快的和发展慢的都在这里，你不可能超出这个名单挑选。如果你要找发展快的，与人均收入没有关系，你的标准就应该是哪些国家增长最快，就跟哪些国家学。但你最初的标准是说人均 GDP 是中国的两倍左右，你的文章白纸黑字这么写的。

林毅夫：第二句话是发展非常快，两个条件都要有，你不能把“发展非常快”去掉。

政府做知识产权保护、搞基础设施建设，不属于产业政策的范畴

张维迎：我说产业政策注定失败，你不能由此得出结论说，因为中国有产业政策，所以张维迎认为中国注定失败。你这是什么逻辑？这完全是两个问题。一个国家失败的政策很多，但仍然可以取得成功。中国过去 30 年的伟大成就是改革开放带来的，是自由化、市场化、民营化、国际化的结果，不是产业政策的成功。

你说政府可以帮助企业解决好多问题，这我不反对，政府当然要帮助企业解决问题。我不是反对政府有作为，也从来不反对政府帮助企业解决问题，我一直讲的是政府首先不要给企业设置障碍。也不要先施加障碍，然后再帮助，就像先把一个人的嘴封上，不让他自己吃饭，然后每天给他打吊针输营养液，还告诉人家，要是没有我的帮助，你肯定活不下去。网约车就是最新的案例，各方面好像都在找有关政府部门甚至高层帮忙，但如果没有那些不合理的规定设置的障碍，是没有必要找他们帮忙的。

我呼吁的是制度，在这个制度下，每一个有企业家精神的人都能很好地发挥自己的才能，为社会创造价值。政府就应该把不利于企业精神发挥、不利于社会财富创造、不利于消费者享受利益的障碍去掉。不能因为说政府有时候也在帮助企业，就因此推论出产业政策是正确的。

你讲专利保护，我从来也没反对过专利保护。我是高度拥护知识产权的人，当然也呼吁物质产权的保护。这都是我一直强调的。如果把产业政策扩大到专利保护、基础设施，就违背了我对产业政策的定义。我再重复一下，我定义的产业政策就是：政府出于发展或其他的目的，对私人产品生产领域进行的歧视性对待和选择性干预。

不能因为政府供应了鸡蛋就说如果没有政府，老百姓吃不上鸡蛋

张维迎：我们要讨论的是产业政策是不是有效，而不是产业政策是否存在，你不能总罗列哪一个国家实行过产业政策。实行产业政策的国家或地区很多，错误也很多。人类历史上犯错非常多，不能因为所有人都犯错就说这个错误不是错误。我分析的结果是，由于人类的无知和无耻，产业政策注定要失败。成功是偶然，失败是必然，你要回答我的问题，而不是绕圈子。比如说，如果你说人类没有我想得那么无知，或者你有办法解决人类的无知，这是回答我的问题，但你要证明给我。

你能设计一个激励机制，然后让政府官员没有办法从中寻租？你能制定一个产业政策，然后真的让全人类均衡地受益，而不是某一个制定者获得更大的利益？你不能！所以你举历史上再多的例子，对我和听众来讲都没有说服力，因为这不是论证问题的方式。举个例子，如果一个国家老百姓吃的所有鸡蛋全是政府供应的，你能由此证明没有政府大家就吃不上鸡蛋吗？政府供应鸡蛋这个事实本身，就是问题所在，为什么鸡蛋不让企业家供应？你不能因为政府能供应鸡蛋就说政府有为，产业政策有效，没有这样的逻辑。

另外，你和剑桥大学张夏准教授的辩论，他批评你，我也批评你，我们都批评你，可不等于我就支持他，我认为你们两个都错了。你们只是快步超越与慢步超越之争，我要说的是优势产业不需要政府来发展，应该交给企业家去做，只有企业家知道做什么是最有效的。

产业政策是豪赌，失败概率高，代价大，远不如企业家分散决策

张维迎：毅夫刚才提到一个很好的例子，华为的任正非，这是企业家精神的证明，不是政府官员目光远大的证明。任正非是我定义中的企业家，所以他知道自己有什么短板，他告诉政府官员现在信息产业什么情况，已经进入无人区，这恰恰说明一系列的现实企业家他们知道自己在做什么，恰恰说明政府没有办法出一个产业政策来指导他们做什么。

我刚才讲过，政府出产业政策和企业分散决策相比，最大的区别就是产业政策是一个豪赌，企业分散决策不是。华为可能因为自己豪赌而跨掉，但那一定是因为有新的更好的企业来替代它，与政府政策失败完全不同。一个大企业始终是老大未必就是好现象，我甚至可以说一个国家最好的 100 家企业排名变化率越快，说明这个国家经济增长越快，排行榜老是不变反倒是个问题。

政府在市场当中最重要的职责就是保护个人的权利和自由

张维迎：我认为在市场当中，政府最重要的职责就是保护个人的权利和自

由。这个权利当然包括基本的人权、财产权和知识产权。

市场失灵是政府干预的理论基础。但现有的所谓市场失灵是市场理论的失灵，包括垄断导致的失灵，外部性导致的失灵和信息不对称导致的失灵，现有的这三种失灵都是理论的失灵，跟市场失灵没有关系。你如果要证明市场失灵，那得发展新的理论，也许有一天你会成功，但现有的市场失灵理论都站不住脚。

产业政策的支持者总是用外部性证明产业政策的正当性，认为外部性问题需要政府解决。我不否认外部性的存在，恰恰相反，我认为社会中的外部性无处不在，只要是有两个人以上就有外部性。我讲的是外部性问题不构成政府干预的正当理由。比如说我发表一个观点你不喜欢，这就叫负的外部性，我发表一个观点你喜欢就是正的外部性。但能不能由于我发表一个观点你不喜欢，政府就应该干涉我说话呢？我觉得不应该，因为这是我的权利，发表不同的意见是言论自由的权利，《宪法》里面写得很清楚。但如果我辱骂你，让你觉得不舒服，甚至晚上睡不好，也给你带来负的外部性，就需要政府和法律的干预。同样是负的外部性，为什么后者要干预而前者不能干预？因为后一种情况下，我侵害了你的尊严和名誉权。所以政府是要保护个人的权利，而不是解决一个个的外部性问题。

环境污染、空气污染、水污染，政府当然要管，但这不是因为外部性问题，而是因为权利问题，污染已经侵害了人们呼吸新鲜空气和安全用水的权利，就像在别人家的锅里放毒一样，政府当然要制裁投毒的人。我们一定要从这个角度去理解外部性与权利保护的区别。不要因为对外部性理论的误读而给政府的不当作为找理论支撑。

林毅夫、张维迎之争的对与错
兼谈有思想的学术和有学术的思想

田国强

最近几个月由林毅夫和张维迎引起的关于产业政策的论争，让越来越多的经济学家以及政府决策者和管理领域的学者卷入其中，成了一次学术大讨论或辩论，直至11月9日张林两位教授关于产业政策公开辩论达到高潮。笔者看到林毅夫和张维迎两位教授围绕产业政策所发表的观点后的第一感觉就是，双方讲的都有不少合理的部分，但论断都有些走极端的味道。笔者早先曾发表过的一篇评论，以及在《财经研究》所发文章中对新结构经济学提倡的有为政府做了一些批评，林毅夫教授对此做出了回应，笔者由此卷入这次辩论。那么，到底应该怎么客观看待政府产业政策以及是否应该提倡有为政府？他们二人具体对和错在什么地方？为什么会让这么多人参与到这场争论？

这次关于产业政策理论与实践问题及有为政府的大辩论，尽管大家各自有不同看法，但有一点是一致的，就是这场大辩论在很大程度上切中了当下中国经济及其深化改革的核心问题：如何才能处理好改革、发展、稳定、创新及治理之间的辩证互动关系，从而处理好政府与市场、政府与社会的关系，使市场在资源配置中起决定性作用，同时更好而不是更多地发挥政府作用。令人担忧的是，各界对中国改革方向问题的共识不断弱化，导致了重大分歧，不少人怀疑甚至否定改革开放的正确大方向，长期以来中国改革坚持松绑放权的经济自由化和市场化方向，被简单地贴上休克疗法、新自由主义或华盛顿共识的标签而遭到否定，在政府干预经济活动常常严重越位和错位的情况下，仍然一味地鼓吹政府主导或有为，使得中国经济及其改革面临何去何从的方向性问题。

这次争论的焦点问题，在笔者看来有三：一是应否坚持市场化改革方向？二是政府在经济发展和深化改革中的作用边界到底在哪里？三是产业政策对经济发展到底起不起到关键作用？这三个问题又都涉及一个更为本质的问题：要同时处理好发展的逻辑和改革（从而治理）的逻辑，政府职能的基准定位到底应该是有边界的有限政府，还是无边界的有为政府？这个问题涉及中国经济能否长远发展；以及如何深化改革，才能使经济持续发展，并推动国家治理体系和能力的现代化，进而实现长治久安。

按照中国国学智慧给我们的启迪，要将一件事情做成，特别是在国家层面上将方方面面的事做成，例如改革和变革这样决定国势、格局的大事，就要看行事的方式方法是否符合综合治理的四要素，即“明道”、“树势”、“优术”及“择时”。因此，我们在研判中国改革与发展，让改革或政策或某个制度安排具有可行性、可操性，同时让风险可控、让改革成功时，特别是在给出政策建议时，作为学者，需要从道、势、术、时这四个维度进行考察、检验和研判，必须要尽量做到做有思想的学术和立有学术的思想。

纵观林毅夫、张维迎两位教授关于产业政策的一系列辩论和他们以往的许多文章及讲话，尽管有许多合理的、有新意的观点和论断，但有两大问题：一是讨论、辩论问题的方式有问题。双方各说各话，使对话没有交集，无法聚焦，无法达成共识和深入讨论，而且常常在一些 ABC 的初级层面上纠缠，这大大减低了讨论争鸣的效果。二是，无论出于有意抑或无意，在论断的逻辑性、科学性、严谨性及学术性方面有较大欠缺，就是说，他们的论断往往有扩大化和夸大化的问题，忽略任何一个理论或论断都有局限性，不可能适用所有情况，解决所有问题，因此显得不严谨，而严谨性是严肃的学术讨论的必要前提。比如，在这次争论中，一方过度夸大了政府及其产业政策的作用，认为要建立有为政府而不是有限政府；另一方过度夸大了市场的作用和完全否定产业政策，认为市场不会失灵。这样的讨论方式在学术性及思想性方面都存在着很大问题。

笔者在此之前和林毅夫教授围绕其新结构经济学中的有为政府概念进行过几个回合的商榷和回应，对他的一个最大批评就是他的理论及其结论基于一些到现在都没有严格定义的概念，如有为政府这个概念，这必然引起许多不必要的争论。林毅夫教授所采用的概念定义不够清晰，边界游移不定，不同的场合给出不同的定义。其次，无论怎么指出和着重澄清他对别人观点的误解，他好像忘得干干净净，下次仍然如此，不得不让你重新再说一遍。作为学者，笔者非常赞同林毅夫在他最新的文章“我对张维迎的若干回应”中所提倡的辩论方式：“辩论不是口头的，因为口头辩论不容易聚焦于逻辑和经验事实。写出来最好，通过文章，大家可以刀对刀、枪对枪、逻辑对逻辑、事实对事实，使真理越辩越明。”所以，笔者写成此文，具体讨论他们的对与错和谁错得多时，就毫不遮掩地指出林毅夫、张维迎两位教授可能有问题的地方，真正希望做到刀对刀、枪对枪、逻辑对逻辑、事实对事实，以便读者辨析。笔者的基本看法是，如果说张维迎教授给出论断是学术方面不严谨的问题，那么林毅夫教授不仅是学术方面有问题，更是思想性、把握改革方向性的问题。

一、林毅夫的对与错

在学术讨论中，作为学者，我们必须实事求是地说客观的话，出于各种原因，可以不说，但要说就应该说出真实看法。笔者读了林毅夫教授不少文章和论著，认为他的新结构经济学理论及其观点都有不少合理的部分（比如政府对产业政策应该因势利导的看法，笔者原则上是赞同的，当然不同意之处是要慎用，特别是不能任意扩大化），但是在他所研究的问题上，也就是中国经济发展和深化改革的过程中要面对、重视和解决的问题，有许多误区，得出了一些没有严谨逻辑分析的结论或犯了结论扩大化的错误。下面提出十点看法和林毅夫教授商榷，也请读者辨析。

1. 应通过控制实验的科学分析法，来辨析什么才是中国改革开放成就巨大的差异因素

林毅夫认为，中国能够在30多年里实现高速发展，归功于政府主导，认为政府的大部分干预是对的，从而得出了要构建有为政府的核心结论。对这个观点，笔者认为，应该通过控制实验的科学分析方法和研究，以辨析出哪些改革举措和政府政策是中国改革取得巨大成就的主要差异因素，而不是简单地拿其他国家的经验来做比较（由于各国初始条件不同，是没有可比性的）。所谓科学，其核心就是通过控制实验，将其他影响因子固定，以此找出两个因子之间确定的互动关系，从而找出差异因素。笔者在多篇文章中实际上已给予了回答：中国改革之所以取得巨大成就（由于只是遵循了发展的逻辑，没有注重治理的逻辑，成就之外，仍然存在很多很严重的问题)，就是基本放弃计划经济，通过实行渐进有序的、分阶段的经济自由化、市场化、民营化这样的松绑放权改革，使政府的干预大幅减少，促进了民营经济大发展，使国有经济比重不断下降而取得的。

按照控制实验的科学方法，除了固定因素（如坚持党的领导、坚持社会主义、社会稳定、政府主导等）之外，新的因素是：经济上较大程度的选择自由、松绑放权的改革、引入各种激励机制和竞争机制（包括中央与地方政府、对内对外的竞争）、对外开放、民营经济大发展。中国的巨大成就正是在对这些基本经济制度予以市场化改革才取得的。这些新的因素才是中国改革或不改革差别巨大的科学原因，深化改革就是要进行更彻底的建立现代市场制度的市场化改革，以此让市场在资源配置中起决定性作用，同时更好而不是更多地发挥政府作用。尽管许多原有的因素，如政府发挥重要作用，是不可或缺的，但怎么能将改革开放取得巨大成就归结为是政府主导或政府干预所造成的呢？如不采用控制实验的方法来分析中国改革，只是认为固有的因素重要，又不恰当地拿他国进行比较（犯了拿鸡和鸭比较的类比错误），怎么可能由此得出深化市场化改革的重要性，继而解决改革何去何从的核心问题呢？相反，从中得到的结论是：中国道路的成功就在于打破新自由主义所谓自由化、私有化、市场化的神话才取得的。由于忽略了这样的科学比较方法，凡是人们谈论到新因素的时候，就被指责为不重视甚至在否定那些原来就有的固定因素，进而被贴上休克疗法、华盛顿共识或新自由主义的标签。

2. 讨论问题不能在对方已经澄清后仍然曲解他人的观点

在这方面，让笔者感到迷惑不解的是，林毅夫往往没有就事论事，即使对方澄清后，仍然曲解他人的观点，使对方不得不停留在解释说明上，然后林毅夫再忽视，对方再解释、再说明，这样的循环使讨论无法深入和继续。比如，林毅夫将东欧等国休克疗法式“三化”与中国分阶段渐进式“三化”改革总是混在一起进行比较批判，以此说明中国的三化改革不是导致中国改革或不改革差别巨大的科学原因，从而将赞成中国式“三化”改革的人上纲上线到是在赞成休克疗法，是新自由主义者。尽管包括张维迎、文贯中及笔者等许多经济学家反复澄清，指出了他这样的混淆和曲解之处后，林毅夫依旧故我，包括在他最新的文章“我对张维迎的若干回应”中，还是一如既往地采用这种不科学、混淆曲解的说法，让人十分不解。

再如，笔者已经在拙作“再论有限政府和有为政府——与林毅夫教授再商榷”中特别指出，认为提倡有限政府的人是“不注重过程和手段，只注重目标，这完全是误解。我所知道的大多数中国经济学家，将市场化改革取向的建立有限政府目标和实现此目标的过渡性制度安排这样的过程，将理想状态和现实应对一直区分得清清楚楚。”“提倡有限政府并不是要以目标代替过程，代替手段，也不是只强调目标不强调过程，不强调手段，而是强调经济发展不能迷失市场化方向，强调要在市场导向的大前提下通过松绑放权改革，通过分阶段的经济自由化、市场化和民营化的渐进式改革、增量改革，做加法的改革，通过一系列过渡性制度安排来逼近有限政府的国家治理目标。”大多数经济学家包括笔者怎么真会傻到将目标和过程手段混为一谈或不讲过程手段而使目标成为黄粱美梦呢？特别是，笔者就是研究激励机制设计理论的，激励机制理论的同义词就是执行（implementation）或执行力（implementability）理论。尽管反复澄清，但林毅夫仍然在“我对张维迎的若干回应”中将提倡“三化”的人认为是在赞成休克疗法，认为是“把目标当手段，忽视了问题存在的原因，只看到转型中国家政府对市场有各种干预和扭曲，以为把这种扭曲消除掉，经济就会发展好”。如果讨论问题老是这样兜圈子，对增加共识有什么帮助呢？笔者在这里要强调的是，讨论问题时，应针对问题展开，别人已经澄清的看法，不应予以曲解或歪曲。

3. 讨论问题的前提是概念和定义一定要明确，不能多变，否则会导致许多无谓的争论

从学术讨论要有效和要有意义的角度看，首先需要做到的基本要求和起点是，能否达成共识不要紧，即使没有共识也是正常的，但每人所给出的概念和定义一定要明确，否则会导致许多无谓的争论。比如，林毅夫在不同的场合对有为政府给出不同的定义。在和笔者讨论时是一个定义，而在这次和张维迎讨论时，又给出另一个定义。不久前，在给笔者的回应文章“论有为政府和有限政府”中，他排除了允许政府事后乱为（好心办坏事）的情况。但在这次和张维迎的讨论中，却又恢复成原来的定义，即允许事后乱为（好心办坏事）的情况。这样的做法是不恰当的。讨论问题的前提，就是首先要避免定义有模糊或不准确的地方，特别是不能根据辩论人不同、场景不同、对象不同而改变定义。概念、定义界定的模糊不清和游移不定，会导致逻辑不自洽的问题，进而使基于概念和定义之上的理论框架及其政策建议缺乏稳固的基石。还有，不少人已经反复强调，不反对政府在维护和提供公共服务、公共品方面要有为，但辩论的时候又以这些方面的理由来反驳对方，这样的讨论无助于让讨论深入，进而形成共识，解决问题。

4. 林毅夫提倡的有效市场和有为政府有内在逻辑冲突，提出有为政府是不重视现实的表现

在新结构经济学的框架之下，林毅夫教授是以一个“好心想干好事”的政府行为假设来提出产业政策建议的，同时他又指出按比较优势发展有两个前提：有效市场和有为政府。但从林毅夫的分析来看，这两个都是事后的概念，存在内在逻辑冲突，这是因为有效市场的必要条件是有限政府而不是有为政府。必要条件都不满足，有为政府怎么可能导致有效市场呢？必须指出，有限政府是有为政府的真子集，因而这两个集合是不等的，有很大的差别，有限政府的行为边界是有限，而有为政府的边界很大程度上是无界的，容易成为政府越位的借口。

林毅夫教授说自己注重实际、现实和手段，不少人也是如此认为的，但在笔者看来，却恰恰相反，其事先事后的理想化处理及附带的政策建议是很危险的，是没有注重实际的体现。在笔者看来，一个人能将一件事情办成，同时又充分考虑风险，将风险控制到最小，我们才能说这个人注重实际。但林毅夫教授的建议就没有太注重现实，若真的按照他的建议去做，恐怕会导致很大的现实问题和风险，进一步放大政府在资源配置中的作用，造成极大的浪费。现实中也不乏这样的例证。最近华为刚刚战胜高通，抢占5G时代先机的新闻就特别能说明问题，这正如微信群里某个群友所说的那样：“有为政府力推TD SCDMA作为国际3G标准，从基站建设到终端采购，投入的是可能达到万亿的成本，结果呢？连个响都没听见。而崇尚市场和自由竞争的华为，没有一分钱补贴，也抢占了5G标准先机。”

5. 林毅夫给出的有为政府定义一味地排除了政府的无为，从而无法让市场发挥决定性作用，导致另外一种形式的市场失灵，而有限政府不是要政府不有为、不作为，而是排除有为政府在经济活动中越位、过度有为

林毅夫在“论有为政府和有限政府”一文中对什么是有为政府给出了定义，他写道：“在中国的语文用法中，‘有为’是和‘无为’及‘乱为’对应的，只有一个行为主体所为的结果是好的，符合社会预期的，这样的行为才是‘有为’。”这个有为政府的定义虽然排除了政府事后乱为的可能性，比笔者批评的既允许也排除政府事后乱为那样具有明显矛盾的有为政府定义，有了改进并对有为政府的范畴有所缩小，但仍然有两大问题。一是世界上从来没有一个不会犯错误、天使般的有为政府。二是林毅夫以上的有为政府定义也是将“有为”与“无为”对立或对应起来，而排斥无为。如果一味排除无为，就基本排除了市场在资源配置中发挥决定性作用的可能性，怎么可能导致有效市场呢？从而，这种一味排除“无为”的有为政府使林毅夫新结构经济学中提倡的“有效市场、有为政府”存在着内在不相容性，是自相矛盾的。林毅夫定义的有为政府的最大问题就是其边界几乎是无界的，同时又排除了政府一般在经济活动中应该无为的至关重要性。

有限政府只是一个理想目标，现实当中没有绝对的有限政府（但向此逼近收敛会让政府更有限，从而让市场更有效）。在谈到政府类型时，经济学文献中讨论过许多种政府类型，如最小政府（minimal government）、有限政府（limited government）、战略型政府（strategic government）、强势有限政府（strong but limited government）、发展型政府（developmental government）、企业家型政府（entrepreneurial government）等许多种混合型政府，但基本都是接近或属于有限政府的范畴，都是为促进市场效率，使之发挥更好的作用，而只有林毅夫所给出的有为政府是无界的。相较而言，有限政府的行为边界更加清晰。政府的定位必须恰当，市场失灵的时候，如果政府仍然缺位，必然导致坏的市场经济，这点大家谈得很多，包括林毅夫教授。但同样的，由于政府越位也可能导致市场失灵，市场不能发挥好的作用，也会导致坏的市场经济，但谈论得相对就少，特别是强调有为政府的学者一般不太谈。要知道，这和医生治病的原理差不多：有病治病，有小病也不见得一定要找医生，这是因为身体有自我恢复功能，医生当然更不能下猛药，否则会破坏身体机能，市场机制更是如此。

提倡有限政府并不是像林毅夫等人所理解的那样，不要政府有为，而是政府做它该做的事情，特别是维护和提供公共服务和公共品方面，也就是让经济人在合法从事经济活动的时候无后顾之忧。还有一条标准也特别重要，就是政府发挥作用不能逆市场而动、逆市场化改革方向而动，而是尽量排除有为政府在经济活动中越位、过度有为，也就是说，有为政府在有限政府界定之外的那些方面不能越位，有限政府就是要让市场在资源配置中发挥决定性作用，同时，为了让政府更好地发挥作用，有为政府只能在有限政府界定之内的那些方面做到不缺位，即政府在维护国家安全、社会稳定、市场秩序和创造好的公平竞争和创新环境方面发挥作用，在提供公共服务和公共品（如公共卫生、义务教育、社会保障、生态环境保护），缩小贫富差距方面不能缺位，要发挥好的作用，这也是十八届三中全会的决议精神。

6. 有限政府论在经济体制转型、结构变迁及市场失灵中发挥着不可或缺的指导性作用，产业政策的采用应适度、慎用

产业政策争论的背后是政府定位及其理论依据的巨大差别。在与笔者关于政府定位的争论中，林毅夫认为："有限政府依据的是现有的、没有结构的理论框架，强调在此框架中市场和政府的功能与边界。有为政府的理论依据是在结构变迁中，除了包含有限政府在维护市场有效性的诸多功能和边界外，还包含如何克服结构变迁中必然存在的市场失灵，以因势利导结构变迁。"林毅夫在上面这段话中，肯定了有限政府的基本作用，这非常好，但又提出了两点批评：一是认为有限政府所依据的理论无法分析在结构变迁中市场失灵会以何种形态、发生在何处，二是认为有限政府论一般反对政府采用产业政策。

笔者的回答是：第一点，各个理论不可能解决所有问题，各有各的功能，如基准指导作用或现实应用作用。有限政府论就是基准理论，是基准点和参照系，因而提供的是基准指导作用，给出了改革的方向和目标，具体怎么做和接近这个目标则需要基于一国基本制度环境和时点给出接近这个目标的各种相对实用的经济理论，由此提出各种改革措施和过渡性制度安排。中国的经济自由化、市场化和民营化的分阶段改革历程就是这么做的，怎么能说在经济体制转轨过程中没有作用呢？所以，我们应该也必须清楚地区分市场化改革取向的建立有限政府这一理性目标和实现此目标的过渡性制度安排这样的战略战术，才可能明道优术。

第二点，正是因为在经济发展中，特别是在经济体制转轨的过程中，还没有达到或甚至还远未接近有限政府的目标，现实中每个国家都会适当采用许多过渡性制度安排，特别是产业政策，但不应该过度化。我们之所以强调要让政府更好地发挥作用，就是要尽量减少政府直接干预经济活动，使之不越位，同时在维护和服务方面不能缺位，以此处理好政府和市场的关系。这样，在有限政府界定的基本职能范畴内政府应该有为，发挥因势利导的作用，而不应该缺位或无为，而在政府职能之外让市场发挥作用的方面，特别是竞争性行业方面，不应该有为，更不应该乱为，而应该是无为。司马迁所谓"故善者因之，其次利道之，其次教诲之，其次整齐之，最下者与之争”讲的也就是这个道理。

7. 讨论中产业政策的内涵随意变更，将会使争鸣无法对焦

上面谈到了产业政策作为一种过渡性制度安排，在经济发展中发挥了较大的作用，对此应予以肯定，但问题是不能过度。此外，讨论问题时不能随意变换内涵和任意调整外延。在这次辩论中，林毅夫对产业政策给出了一个特别宽的定义，即“中央或地方政府为促进某种产业的发展而有意识地采取的一些政策措施”。然而，林毅夫在后面与张维迎的辩论中，又将政府提供软硬基础设施、政府支持基础科研等也纳入在辩论一开始并未涵盖的产业政策组合中，这种随意改变产业政策内涵和外延的做法混淆了通常的产业政策的范畴，从而使辩论的问题失去聚焦，使得弄清问题的实质性争鸣无法进行。

相较而言，张维迎教授对产业政策的定义却非常明确，更加抓住了产业政策的本质。在张维迎看来，产业政策是“政府对私人生产的歧视性对待和选择性干预”，笔者非常赞同对产业政策的这个定义，讲产业政策的问题一定要将政府提供公共服务、国家安全、基础研究这样大家都没有异议的问题排除，而讨论有异议的地方。所以，有意义地讨论问题的前提是，定义一定要清楚，这对我们聚焦政策利弊的讨论非常有用，对避免将经济问题政治化非常有用，否则将是否支持产业政策上纲上线到是否注重民生、支持国家安全这样大是大非的政治高度，谁还敢讲话？

从中国的经验看，在早期计划经济破冰时期，作为增量改革的配套确实需要一定的选择性、倾斜性产业政策，诸如林毅夫所列举的工业园区、加工出口区等所得到的税收优惠、补贴等大致可归入此类。然而，随着市场经济的不断发展、民营经济的逐步壮大，这类过渡性政策安排对于建设统一开放、竞争有序的市场体系，会形成巨大的障碍，应该逐步削减，逐步收敛逼近有限政府，从而让市场逐步发挥决定性作用，让市场更为有效。至于林毅夫所列举的成熟市场经济国家如美国对基础科研的资助，这显然不应被纳入产业政策的范畴。

8. 市场化的制度改革而不是产业政策对经济发展起关键作用

在发展中国家追赶发达国家的过程中，产业政策是有效的政策工具，这有一定道理。但是，中国既是发展中国家，更是经济体制转型国家，处于经济结构失衡、体制结构失衡和治理结构失衡三重结构性失衡重压下。其中，经济结构失衡是表象，深层次的原因在于体制结构上的“重政府轻市场、重国富轻民富、重发展轻服务”和治理结构上的“中央决议和地方/部门执行落差”，使得发展的逻辑和治理的逻辑及转型驱动发展都出现了较大问题。在此严峻情形下，对中国而言，更重要的不是产业政策，而是制度性改革配以适当的政策包括产业政策，因为仅仅靠政策是治标不治本的，而市场化的制度改革才是标本兼治、至关重要的。所以，随着中国市场经济的不断成长、成熟，经济增长要实现从要素驱动向效率驱动和创新驱动的转变，失败率较大的倾斜扶持性产业政策要少用、慎用，而竞争性的市场环境则变得越来越重要。春江水暖鸭先知，企业对于公平市场环境的呼吁已经日益高涨。两年多前的 2014 年 7 月 14 日，珠海格力集团有限公司董事长董明珠在李克强总理主持的经济形势座谈会上就曾直言，“我们不需要国家的产业政策扶持！只要有公平竞争的环境，企业自己就可以做好！”显然，这里的产业政策与张维迎的定义更加接近。

但林毅夫等人在谈经济发展时，很少谈市场化的制度性改革，而将产业政策摆到了经济发展的重要位置，并将其提出的所谓“两轨六步法”当作政府成功干预经济的操作指南和新结构经济学的应用。林毅夫认为，“寻找特定的产业，让一国可以采用遵循比较优势的方法来进行技术和产业的升级，这是保证经济快速和可持续增长的关键之所在”。① 但是，这个观点是大错特错的，政府只能提供创新的环境，通过补助和扶持这种类似于垄断的形式来选择产业，一定是不利于创新的（笔者这里讲的不是基础研究），笔者在下文回答张维迎关于竞争和垄断的辩证关系时详细论证了这一点。这也是新结构经济学六步法的第一步，然而如同张维迎也指出的，第一步错了，后面步步皆错。上面华为抢占 5G 时代国际标准的例子已经充分说明了这一点。

政府的产业政策对经济发展的作用真有那么关键吗？笔者当然不认为是这样的。尽管产业政策的作用不可忽视，但它不是横向的，而是纵向的，因而作用有限，不能带来全局性改变。而全局性改变和长远发展靠的是制度，只有好的制度对经济发展的作用才是最关键、最根本的。这些在笔者这次和林毅夫教授争鸣的几篇文章中都有许多论述，不再赘述。总的说来，在经济发展中，政府因势利导的产业政策的作用值得肯定，但不应夸大，关键还是靠制度。

9. 过多的产业政策会带来产能过剩、库存过多的资源错配及贪污腐败

政府是由一个个自利的个人组成的，他们有各自的私利诉求，因而会出现

① 林毅夫：《繁荣的求索——发展中经济如何崛起》，张建华译，北京大学出版社 2012 年版，第 174 页。

寻租行为。无论是产业政策的实施，还是其他公共服务职能的实现，都需要充分考虑政府官员的个人目标，使之兼容于国家和社会目标，减少寻租的空间和土壤。林毅夫教授将之简化为得到升迁和青史留名，问题是计划经济下的政府官员同样也有这样的个人目标，为什么没有很好地实现激励相容，使他们在追求个人利益的同时实现国家的利益、社会的利益，带来国家的进步、发展和繁荣？根本原因就是基本的制度环境决定了这种激励相容机制不存在。中国改革开放近40年，在一定程度上实现了这种激励相容，其根源就是对于市场化制度平稳转型的坚持，使得各方利益包括官员自身利益兼容于国家发展进步的大目标之下。也就是笔者在此前一系列商榷文章中提及的坚定不移地走渐进有序的经济自主化、市场化和民营化的改革道路，至关重要。如果制度环境不随之完善，过多地运用产业政策、过多地依靠政府参与经济活动，就会带来一系列扭曲，导致资源错配和腐败丛生，走向政策目标的反面或走弯路。尽管产业政策是一种纵向的政策，它影响的领域相对较窄，但往往造成行业性的产能过剩、库存过多，以及官员贪污腐败现象严重等弊端。只有减少政府在经济活动中的大量越位，才能从根源上大幅度减少腐败。山西省关于煤炭行业的产业政策不可谓不多，但这也带来了政府部门吃拿卡要特别多，包括地市级领导向企业要干股，造成了官员的大面积腐败，营商环境严重恶化。

10. 产业政策要有度，同时要对各种所有制放开

林毅夫在辩论中也提到了在开放竞争的市场中为没有自生能力的企业提供保护补贴会带来前述后果。整体上，靠产业政策和政府直接干预，来试图纠正市场失灵，往往由于信息和激励的问题，效果非常有限，不会比通过激励机制设计推动制度建设的间接方式更为有效。并且，中国的产业政策事实上基本就是扶持国企，不像东南亚一些国家的产业政策扶持的是民企，这也说明了，即使要用产业政策，也应该是扶持民企或平等对待所有企业，而不是歧视性对待民企。所以，产业政策一方面要有度，比如对战略新兴产业应该进行扶持，而不是鼓励大量的产业政策；另一方面要对各类所有制企业放开，特别是对民营企业，它们更能够把握市场先机，更能承受风险，也就是说，市场和企业比政府更有这方面的优势。至少对中国来说，许多行业的发展，比如互联网及互联网金融，阿里巴巴、腾讯等这样具有世界竞争力的企业和华为所引领的行业都不是靠产业政策而出现的。此外，即使涉及公共品的提供，包括军工行业，许多国家，特别是美国，不少也是民营企业通过公开竞标政府的外包合同而提供的。

二、张维迎的对与错

张维迎教授在这次辩论中，无论是思想性、方向性、逻辑性、严谨性都大大好于林毅夫教授。关于改革的成功经验和未来方向，张维迎教授的方向感是很明确的，就是发挥经济自由化、市场化、民营化过程中的企业家作用，当然他以奥地利学派的观点将企业家的作用绝对化，也值得商榷。

然而，讨论政策问题不仅要明道，有思想性，也要优术，有学术性，否则一样会导致许多问题，也就是说，不能一味地崇尚思想性而否定学术性，而应该是做有思想的学术和立有学术的思想。在笔者看来，一味否定学术性的思想大多不会太深刻。如果你读那些开创了严谨经济学理论的学者的原著或原文，可以发现他们往往有非常深邃的思想性，没有深邃的思想性，是开创不出源于现实的抽象严谨的理论的。笔者在这里主要讨论的是张维迎在学术性、严谨性方面的欠缺，以及对现代经济学的一些误解。如果不指出，对经济学教育的破坏性可能会很大，对学生也有很大的负面作用，非常不利于学生学好现代经济学，造成学生不注重学术的后果。笔者对张维迎的观点主要有以下四点不同看法：

1. 新古典经济学作为基准理论没有错，是张维迎对其作用的理解有误

尽管张维迎说新古典经济学仍然是一个有用的分析工具，但完全否定新古典的指导作用。其实，就像物理学中有基准理论和相对实用理论一样，经济学理论也分为基准理论和相对实用理论，它们是不可分割的整体，相对理想状态下的基准理论是基石，相对实用理论是建立在基准理论之上更为接近现实的理论。就像物理学中牛顿三定律是经典力学中所有理论的基石一样，新古典经济理论是现代经济学所有相对实用理论的基石。如果一味地否定这样的基准理论，就会否定现代经济学的严谨性和学术性，并容易使得没有经济学基础的或初习经济学的人忽视经济学基础理论学习的必要性。再者，任何一个理论、任何一个结论、任何一个论断都是相对而言的，否则无从进行分析和评价。如同物理学中有摩擦的世界是相对于无摩擦世界而言的，信息不对称是相对于信息对称而言的，垄断是相对于竞争而言的，技术进步、制度变迁是相对于技术、制度固化而言的，因而我们必须首先发展出相对理想情形下的基准理论。新古典经济学就是这样的基准理论，有了理想状态作为基准点，就为更好地分析非理想的现实经济提供了参照系和发展出更为接近现实的相对实用经济理论。

如笔者在《高级微观经济学》一书中所指出的那样，不要小看甚至误解或否认这种基准理论的极端重要性，它们是不可忽视、不可或缺的。这种重要性至少体现在两个方面：一是尽管这些理论结果在现实中无法实现，但是它提供了改进的方向和目标，可以促进现实向理想状态不断逼近，也就是所谓的在现实中做任何事情，没有最好，只有更好。因此，基准理论为判断是否更好、方向是否正确提供了不可或缺的必要标准，否则弄不好会南辕北辙；二是它也为发展出更接近现实的另外一类理论奠定了必要基础，否则无从发展出来。所以，尽管笔者相信新古典作为基准理论的明道作用，而张维迎信奉“米塞斯—哈耶克范式”，按照他的话说，是两种不同的范式，但笔者像张维迎一样也得出了市场化改革的重要性。

此外，张维迎否认新古典经济学中最好的市场是“完全竞争市场”这一论断。首先，“最好的市场”和“完全竞争市场”都是理想状态，是制度环境的基准点和制度安排的参照系，现实中是不存在最好的市场和完全竞争市场的，只有更好、再更好的市场和更竞争、再更竞争的市场。其次，竞争越强烈，越接近于完全竞争，企业利润就越趋近于零，由此创新的动力就一定会更大（难道不是吗？许多创新和改革都是置之死地而后生的，逼到死角才有大的激励去做的），这怎么就会得出“‘完全竞争’与创新根本不相容的”结论呢？这种简单地将完全竞争和垄断对立起来和分割开来的观点是大有问题和非常错误的。它们一个是从市场效率而言，一个是从企业激励创新而言，从而形成的一个不可分割的整体，它们都能发挥作用才行。这点笔者和许小年教授在2015年已经将这个问题讲清楚了。如笔者在刚出版的《高级微观经济学》一书关于现代经济学本质的第一章所提到的：新古典一般均衡理论是从市场和社会的角度严格证明了亚当·斯密“看不见的手”，以及竞争性的自由市场制度在资源配置方面的最优性、唯一性、公正性以及有利于社会的稳定性。而熊彼特则从竞争和垄断的动态博弈过程所导致的创新驱动角度论述了市场机制的最优性。熊彼特的“创新理论”告诉我们，有价值的竞争不是价格竞争，而是新商品、新技术、新市场、新供应来源、新组合形式的竞争，而市场经济保持长期活力的根本就在于竞争越激烈就越利于创新和创造，这源于个体的逐利性和企业家精神，竞争越厉害，企业家就越有动力不断地、富于创造性地破坏市场的均衡，也就是他所说的“创造性破坏”。的确，竞争不是这么激烈的国有企业就基本没有这样的动力去做“创造性破坏”。

其实，竞争和垄断就像供给和需求，通过市场的力量，它们可以形成令人惊叹的对立统一，从而显示了市场制度的优美和巨大威力。没有大的竞争，就像政府垄断的国有企业，就不可能有大的动力去创新。由于企业利润会随着竞争程度的增加而减少，完全竞争导致利润完全消失，从而民营企业由于逐利的动机，往往会有很大激励不断进行创新，研发新产品，将新产品的价格定在完全竞争均衡价格之上而获得高利润。但是，同行业的其他企业很快会开发类似产品来分享利润。这种市场竞争导致企业利润下降，从而迫使企业不断创新，而企业创新带来垄断利润，可观的利润会吸引其他企业涌进来参与竞争。这样，市场的激烈竞争导致利润大幅下降，因此企业有强烈激励通过创新获取新的垄断利润，从而促成了激烈竞争以激励强力创新，强力创新形成巨大垄断利润，垄断利润又导致其他企业跟进的激烈竞争由此形成激烈竞争—强力创新—垄断—激烈竞争的反复动态循环。通过这种博弈过程，市场经济保持长期活力，推动社会福利增加和经济发展。怎么能将强力和极致的完全竞争和垄断，市场和企业这样的互动关系人为地分割开来，得出“‘完全竞争’与创新根本不相容的”这样缺乏逻辑的论断呢？

2. 市场失灵在现代经济学中有准确的定义，不能诡辩和任意解释，造成不必要的争论

市场失灵作为现代经济学的一个术语已经成为共识性语言，有精确定义，它主要指当一些条件得不到满足（如信息不对称、竞争不完全、存在外部性等）时，单靠市场机制会出现资源配置效率缺损，这是相对于新古典理想状态而言的。在现代经济学中，市场失灵的准确定义是，它导致帕累托无效配置，而不是像张维迎所说的是一个伪概念。张维迎在辩论中从否定新古典经济学的基本假设出发，认为那些假设“与市场竞争是不相容的”，从而认为不存在市场失灵，而是市场理论失灵。这种偏离学术共同体的基本共识来谈问题的做法，容易造成鸡同鸭讲，失去讨论问题的共同语言，造成不必要的争论。

市场确实在存在诸如信息不对称等失灵的时候，导致无法实现帕累托有效配置。但改进信息，诱导经济人真实显示信息，就能够有帕累托改进，这不正好指明了改进或改革或制度建设的必要性吗？为什么要批评和否定它呢？如果认为市场本身不会失灵，是市场理论失灵，由此导致的一个结果就是完全否认制度设计的必要性，仿佛单靠市场就可以搞定一切。所有制度真的都是演化的而不是设计的吗？美国建国初期的基本宪法就不是演化的，而是制定出来的，它导致了美国在短短 100 多年的时间里成为世界上最强盛的国家，这难道不是制度设计的典型例子？改革开放之初的包产到户如果政府不将此作为制度安排确定下来，有现在的局面吗？

3. 以改变外部性的定义否定外部性的存在，也是一种偷换概念

像通过改变市场失灵的定义从而否定市场失灵一样，张维迎也通过改变外部性的定义从而否定外部性的存在。大家都知道，在标准的微观经济学教科书中，外部性指的是经济中某些个体的经济活动（生产活动或消费活动）会影响其他个体的效用或生产水平，进而影响他们的经济活动。在外部性的这个标准定义中，是不涉及价格的，因此，并不是用物品外部性价格是否为零来定义外部性的存在，但张维迎却由于某些物品外部性价格为零而否定外部性存在。如果按照张维迎的这个定义，我们是不是由于新鲜空气充分多使之价格为零，就否定新鲜空气存在呢？张维迎为了说明外部性不存在，经常拿看美女不花钱举例，实际上这个反例大有问题，如果要看到真正的美女，比如电影里的大美女、模特美女，都是要花钱的，特别是像一个有钱人娶一个大美女进门天天看，花的钱说不定更多。再者，北京的雾霾经常发作，肯定也会让北京人包括张维迎挺难受的，有专家论证说让北京人寿命都要减少 3—5 年，这难道还不是外部性？清除雾霾难道不需要成本或代价？市场不会失灵？如果政府不管，企业和消费者会主动去解决吗？并且，为了否定外部性，张维迎还将外部性概念泛化，所有经济活动在他眼里都有外部性，好像外部性真的没有自己的定义和范畴一样。在笔者看来，这样的辩论无助于讨论问题。

4. 认为经济人和政府总是无耻的论断是谬误

笔者一直认为，张维迎语言表达能力很强，经济学直觉很好，所用的一些概括很容易让人印象深刻，但是一些语言已经不是经济学语言。如以无知来形容个体（无论是国家政府、企业还是个人层面）的认知能力有限可以，但用无耻来形容个体的自利本性则大失偏颇。个体的自利性是实现经济发展、社会前进的动力，并不能一概称之为无耻。的确，无论哪个层面的个体的利己无所谓好坏善恶之说，关键在于用什么制度向什么方向引导。不同的制度安排将导致个体（即使是政府或部门）不同的激励反应和不同的权衡取舍，从而可能导致非常不同的结果，这正如邓小平深刻指出的那样：“制度好可以使坏人无法任意横行，制度不好可以使好人无法充分做好事，甚至会走向反面。”激励机制的设计就是要使自利的个人在追求自身目标的过程中实现整体的目标，实现激励相容。

三、林毅夫与张维迎谁更错

自亚当·斯密以降，现代经济学的发展从来就是在争论中不断取得进步的，而中国的改革开放进程中也伴随着多次的思想交锋和理论争鸣，这对促进经济学发展和思想启蒙是好事。此次由张林而起的辩论也是如此，它涉及中国未来政府职能定位的走向和经济是否能可持续发展。其实，对产业政策的辩论并不是要不要产业政策之争，而是政府职能的改革是否要从全能型、发展型的有为政府转向维护型、服务型的有限政府这一重大问题之争。

从上面的讨论可以得出，与张维迎相比，林毅夫的问题更是方向性的，对有效政策制定的危害性更大，而张维迎的观点对经济学教育的危害性更大。其实，林毅夫在一些学术文章中也不是一元论，也比较重视市场的作用，但是为什么会出现他在辩论的开头就提出的大众传播中对他有卡通化、刻板化的现象呢？恐怕与他不太注重和强调改革的大方向、不太谈改革有关，再加上学术方面的不严谨，且辩论方式有问题，往往根据辩论人不同、场景不同、对象不同而随意改变定义。定义是讨论问题的起点，最忌讳有模糊或不准确的地方。

林毅夫埋怨，新结构经济学理论在媒体报道中遭到扭曲，其实这跟他的学说不成熟有很大关系。如果从“道、势、术、时”来看，问题就很明显。首先，没有明道，中国经济可持续发展和长治久安的国家治理改革及其改变方向，要首先明确强调。可是如前所述，他基本不太谈。其次，势的方面，产业政策如果做对了，是可以树势的。我们当然不是一味地反对产业政策，特别在中国从要素驱动向效率驱动乃至创新驱动转型方面，对已经在其他许多国家被证明有效的产业政策，政府需要去做，但不能过度，以为任何产业政策都是有为的。弄得不好，不仅没有树势，反而是去势。术的方面，不要错误地以为只要有作用就是好的术，还要看是最优或次优结果，也就是必须要优术。最后，当然是如何对待时机。中国正处在深化改革、问题和成就两头冒尖的关键时刻，改革的空间越来越小，因此我们要抓时进行改革。

一方面林毅夫的学术论著和学术文章是两段论，既谈市场的作用，也谈改革，但对改革谈得不是很多，着重谈的是政府要有为；另一方面，他对媒体和领导及公共场合没有全面准确地介绍自己学术观点的两段论，而只是关于政府要有为的第二段论，这样很容易误导非学术界人士，包括政府官员和大众。这不是一个有责任感的学者的态度，因为任何一个经济学理论都有其边界条件，需要充分注意其结论成立的前提条件，不能夸大其作用。所谓差之毫厘，谬以千里，一旦盲目运用，可能会导致灾难性的后果。所以，作为公共知识分子的经济学家要有社会责任感，建言时一定要严谨再严谨，严肃再严肃。

重建产业政策的经济学理论

顾　昕

产业政策是否有用，如何有用，是否应该废除？这在中国经济学界引起激烈的争论。这场由林毅夫和张维迎开启的争论，其实已经延续有年，在 2016 年 9 月、10 月和 11 月达到三次高潮，影响广泛而深远。笔者称其为新世纪的"问题与主义之争"，即新自由主义与新发展主义的对决。②

实际上，产业政策必要与否以及如何施为，不仅仅是中国的问题，也是一个全球性的问题。尽管在理论上多受主流新古典主义经济学家诟病，但在现实世界，产业政策在世界各地普遍存在，无论是发展中国家，③ 还是发达世界，④ 不论这些地方的发展模式是不是以政府主导型发展为主要特征，也不论产业政策的实施在世界各地究竟对经济发展产生了积极的还是消极的影响，抑或根本没有什么影响。

新自由主义，或者说市场自由主义，一直是支撑主流经济学的意识形态。

---

* 作者就职于北大政府管理学院。

② 顾昕，"有效的产业政策从哪里来?"，《南风窗》，2016 年第 22 期（10 月 19 日），第 27—29 页。

③ Tilman Altenburg, *Industrial Policy in Developing Countries: Overview and Lessons from Seven Country Cases*. Bonn: German Development Institute, 2011.

④ Pierre-André Buigues and Khalid Sekkat, *Industrial Policy in Europe, Japan and the USA: Amounts, Mechanisms and Effectiveness*. Basingstoke: Palgrave Macmillan, 2009.

新发展主义则是发展政治学和发展社会学研究领域的重中之重，理论建构和经验研究色彩斑斓，其核心是为发展型政府（the developmental state）或政府主导型发展模式（state-led development model）提供学理依据。① 然而，新发展主义的发展本身也历经波折，正处在理论转型的十字路口。转型前的新发展主义理论以特殊类型政商关系为考察重点，以解释发展型政府产业政策的成功施为；转型后的新发展主义则以制度多样性为考察重点，以分析发展型政府在能力建设和知识积累上对产业升级所发挥的积极作用。②

转型前的新发展主义，又称传统发展型国家理论，基本上可以分为两个阶段：第一阶段的理论建构以“国家自主性”的概念为核心，即考察政治领袖和经济技术官僚组成的发展型政府是否能超越利益集团的短期利益追求，高瞻远瞩地制定出正确的发展战略，扮演好经济领航员的角色。从国家自主性的视角来解释东亚经济奇迹的政治经济根源，同姚洋以“中性政府”作为中国经济奇迹的解释，在学理上是一脉相承的。

这一理论建构将发展型政府描绘为数百个诸葛亮的集合体，具有全知全能的特征。后来，新发展主义学者进行了自我修正，进一步探究是否存在制度化的管道，可以让政府将其发展战略与政策渗透并落实到社会和企业之中，以及政府官员是否能以鞠躬尽瘁死而后已的方式实施产业政策。这种特殊的政商关系，被伯克利加州大学社会学家彼得·埃文斯（Peter E. Evans）概括为“嵌入型自主性”。③ 埃文斯曾以提出马克思主义的“依附理论”而享誉学界，后来其论著中的马克思主义色彩淡化，新国家主义色彩强化。他的《嵌入型自主性：国家与产业转型》一书，以韩国、印度和巴西为案例，以政商关系为核心分析了产业政策在推动产业发展和升级中成功的经验和教训，成为新发展主义或发展型政府第一波理论发展的顶峰。可惜，这部1995年就已出版的经典性论著，早已排入了翻译计划，但不知何故，其中译本至今还没有出版。

可是，无论是基于纯粹的“国家自主性”，还是颇具辩证法味道的“嵌入

① 顾昕，“政府主导型发展模式的调适与转型”，《东岳论丛》，2014年第10期（总第244期），第5—11页。

② 顾昕，“发展主义的发展：政府主导型发展模式的理论探索”，《河北学刊》，2014年第3期（第34卷第3期），第93—98页。

③ Peter B. Evans, *Embedded Autonomy: States and Industrial Transformation*. Princeton: Princeton University Press, 1995.

型自主性”，发展型政府理论并不具有解释力，只具有描述性，而且还包含了很多事后诸葛亮式的描述，即简单地用经济发展的结果来论证政府产业政策的英明，而忽略了对两者之间因果关系的追究。这其中的关键问题是：发展型政府以及产业政策的普遍存在本身是需要解释的，何种类型的政府能把产业政策干好也是需要分析的，政府究竟采取何种政策工具才能实现产业政策的有效实施更是需要探索的。

针对这一情况，一些主张政府积极干预主义的学者进行了新的尝试，试图为政府主导型发展模式，也为产业政策和新发展主义，奠定全新的理论基础。尤为值得注意的是，一些以往不大关注产业政策的主流经济学家，也加入了新发展主义的大军。他们提出的新理论，无疑为理论上一向薄弱的新发展主义注入了新鲜血液。发展经济学者与发展政治学者和发展社会学者也开始从对方的学科中汲取养分。

由于篇幅有限，本文只重点考察两位经济学大家的贡献，即约瑟夫·斯蒂格利茨（Joseph Stiglitz）和丹尼·罗德里克（Dani Rodrik），并简要讨论其理论贡献对产业政策研究和实施的影响，主要限于对国际组织的新产业政策观的影响。

一、非传统型市场失灵：斯蒂格利茨的政府积极干预主义的理论基础

众所周知，在担任世界银行首席经济学家期间（1997—2000 年）以及 2000 年到哥伦比亚大学任教之后，斯蒂格利茨成为新自由主义的高调反对者。2001 年，斯蒂格利茨获得诺贝尔经济学奖。在诺贝尔奖授奖演讲中，他宣称将挑战“看不见的手”原理对政府作用的定位。他告诉听众：“我的理论认为，‘看不见的手’之所以看不见，可能就是因为它并不存在，或者说，即使存在，它也是瘫痪的”。①

（一）“非传统型市场失灵”现象：“看不见的手”并不存在？

斯蒂格利茨对市场自由主义的抨击及其对政府积极干预主义的拥护，自有其理论底气。早在 20 世纪 80 年代，他与诸多合作者发表了很多经典性论

① Joseph E. Stiglitz, “Information and the Change in the Paradigm in Economics”, *American Economic Review*, Vol. 92, No. 3 (2002), pp. 460-501.

文，将新古典市场模型中关于完全信息的假设打破，基于不完全信息和不对称信息的新假设，重新分析了诸多市场的运行机制。其中比较重要且他自己经常提及的是1986年发表的一篇论文，建立了“格林沃德—斯蒂格利茨模型”（Greenwald-Stiglitz model）。根据该模型的推演，如果没有来自非市场力量的干预，市场通常不能产生帕累托最优的结果，会引致诸多新古典教科书没有阐明的“非传统型市场失灵”现象，即在垄断、外部性和公共物品之外的市场失灵。①

值得注意的是，在这篇论文中，格林沃德（Bruce C. Greenwald）和斯蒂格利茨只是根据市场失灵的普遍存在及其多样性，直接推断了政府干预的必要性，但对政府干预的可能性、政府干预的类型、政府干预的条件等诸多重要问题并未加以论证，更没有论及产业政策。可以说，从格林沃德—斯蒂格利茨模型的推演到“看不见的手”并不存在或瘫痪的推断，存在着严重的过度解释。其实，这类情形在斯蒂格利茨的论述中也经常存在，因此我们不能被诺贝尔经济学奖的光环晃晕。这也提醒我们注意，每当看到任何观点有数理模型或计量分析支撑的时候，一定要小心，以免被科学主义所蔽。

1989年，荷兰阿姆斯特丹大学邀请斯蒂格利茨发表了题为“政府的经济角色”的演讲，并邀请了七位学者进行书面评论，其中包括后来获得诺贝尔经济学奖的诺思（Douglass North）。② 在这次演讲中，斯蒂格利茨正式提出“非传统型市场失灵”在广度和深度上远远超过新古典经济学所认可的范围，因此这就为包括产业政策在内的积极政府干预主义提供了宽广的学理基础。这篇演讲，一方面是针对当时正在兴起的“新右派”或新自由主义经济思潮，另一方面也在公共经济学领域完成了对新古典主义的超越。

当然，市场失灵的普遍存在并不能自动证明政府干预的必要性，政府干预究竟能不能以及如何矫正市场失灵，还需要另行分析，否则就会犯方法论上的“功能主义谬误”。斯蒂格利茨后来意识到了这一点。在其学术作品以及他所撰写的教科书中，他一再强调，“尽管市场失灵的存在意味着可能有政府活动的空间，但是，它并不意味着旨在矫正的特定政府项目就一定是可取的。要评

① Bruce C. Greenwald and Joseph E. Stiglitz, “Externalities in Economies with Imperfect Information and Incomplete Markets”, *Quarterly Journal of Economics*, Vol. 101, Issue 2 (1986), pp, 229-264.

② Joseph E. Stiglitz, et al., *The Economic Role of the State*. Oxford: Basil Blackwell, 1989.

估政府项目，我们不仅要考虑项目的目标，还要考虑项目是如何实施的”；①而且，他还承认，即便“存在帕累托改进型政府干预，但我还是坚持认为，政府干预的空间确实有限”。②

斯蒂格利茨对其立场的澄清，令我想到林毅夫—张维迎之争的核心。林毅夫主张有为政府，而张维迎坚持有限政府。在笔者看来，有限的有为政府才是值得探索的学术课题。政府干预如何能在有限的条件下有为，这应该是经济学界和政治学界共同探讨的中心问题。

（二）好政府、好制度如何能产生？信息政治经济学的发展才是重中之重

斯蒂格利茨对于政府干预的立场乍看起来飘忽不定，但其实，他的学术发现已经暗藏着一个全新的政治经济学理论，即信息不完全和信息不对称的假设应该同时应用于对市场和政府行为的分析。对此，诺思评论道，政府的所作所为在很多情况下是建立一系列游戏规则，或制度，关键在于在什么情况下政府行为导致了那些有利于经济成长的制度（简称“好制度”）的建构；要回答这一问题，必须在新政治经济学的视角中建立一个更加精致的国家理论，对政治行动者的行为做进一步的分析。因此，在诺思看来，仅仅基于市场失灵理论给出积极政府干预必要论是不够的，更重要的是要说明我们对政府的何种期待是现实可行的。诺思不仅目光如炬，而且一招点中斯蒂格利茨的软肋。

简言之，某种关于政府（或国家）的实证性政治经济学理论亟待发展，这一理论必须像论证市场有效且提出市场失灵的新古典主义理论一样，对政府显灵或失灵的各种表现及其约束条件，给出清晰的分析。对诺思的这一建言，斯蒂格利茨无疑是感同身受的，他在诺贝尔奖演讲辞的最后一部分也提出要超越“信息经济学”以发展一种“信息政治经济学”的愿景。

只不过，斯蒂格利茨后来扮演了公共知识分子的角色，并没有致力于发展他自己提出的信息政治经济学，也没有发展出新的政府理论，因而导致其积极政府干预主义的理论基础并不坚实。他的学术拥趸们似乎也没有在这一领域开疆辟土，这一缺憾应该引起极大的学术关注，理应为中国学者留下巨大的学术

① 斯蒂格利茨，《公共部门经济学》，北京：中国人民大学出版社，2005 年，第 77 页。
② 斯蒂格利茨，《发展与发展政策》，北京：中国金融出版社，2009 年，第 25 页。

成就空间。无论如何，信息经济学的新假设无疑比新古典模型更加贴近经济生活的现实，因此斯蒂格利茨的理论进展引起了众多学者的关注。

（三）产业发展过程中市场失灵无处不在：斯蒂格利茨论证产业政策的必要性

尽管多次论及，但斯蒂格利茨在很长一段时期内并没有对产业政策的理论依据给出直接的系统性阐释，这一情况到1996年发生了稍许改变。这一年，他为联合国撰写了一篇文章，其中对政府在推进产业方面的积极作为提出了一个理论解释。在他的分析下，无论是在发达还是发展中市场经济体，产业发展都会遭遇一系列市场失灵，都需要非市场机制发挥作用，而在非市场机制当中，最有效者非行政机制莫属。这里，斯蒂格利茨着重解说了信息经济学关于市场失灵的最新发现，其中包括：（1）创新活动（无论是模仿性的还是自主性的）具有很强的正外部性，以致在某些情况下成为全行业的公共物品，导致企业的行动激励受限；（2）信息搜寻和扩散也具有公共品的性质，因此单纯依靠市场机制的运作难以促使其充分提供；（3）新兴产业在初期发展阶段存在市场不足甚至市场缺失的情形，这不仅涉及其自身产品的市场，也涉及相关投入品的市场。因此，为了推动新兴产业的发展，需要非市场力量在鼓励创新、信息提供和市场发育方面发挥一定的积极作用，而政府干预就是最为重要而又显著的非市场力量。①

这篇论文的重要意义在于，首次就产业政策在创新型产业发展中的积极作用，给出了新的论证。在中国，有不少经济学家有保留地认可产业政策的积极作用，只是认为产业政策的有效性局限在模仿型产业或赶超型产业；对于创新，他们则认为政府不仅无能为力，而且爱莫能助，政府干预的空间因此为零。从国际文献上看，实则不然，创新政策是当今世界最为重要的公共政策之一，而政府在国家创新体系的建设中究竟能发挥什么作用，以及创新政策与产业政府的融合，也是经济学家、政治学家和社会学家跨学科探索的前沿之一。②

---

① 斯蒂格利茨，《发展与发展政策》，北京：中国金融出版社，2009年，第396—409页。

② Patrizio Bianchi and Sandrine Labory, *International Handbook on Industrial Policy*. Northampton, MA.: Edward Elgar Publishing, Inc., 2006。本书收录了多篇论文，讨论了与产业政策相关的科学政策、技术政策和创新政策。

2001年，斯蒂格利茨获得了诺贝尔经济学奖。之后，他致力于在更大范围内传播其积极政府干预主义的理念。2002年，刚刚辞去世界银行首席经济学家一职的斯蒂格利茨在巴西社会与经济发展银行50周年纪念年会上发表题为“全球化世界中的发展政策”的演讲。他直接论及产业政策在经济学理论中的依据，即“看不见的手”不存在，市场失灵比比皆是，而弥补或矫正市场失灵的需要也就应运而生；理论上，政府可以扮演这个角色，也有可能把这个角色演好。把这个原理应用到产业发展之上，最为关键的环节在知识的创新、扩散和发展。一方面，新兴产业的发展以及已有产业的升级都同创新有关，而新知识的产生和传播都具有公共物品的特征，创新过程本身也充斥着市场失灵，这就为产业政策的必要性提供了理论基础；另一方面，产业政策在施政方式方面也有必要进行创新，最为关键的是如何辨识产业发展中的新市场失灵，并找到适当的方法来弥补并矫正市场失灵。①

在林毅夫和张维迎11月9日的辩论中，张维迎否认市场失灵的存在，认为市场失灵论是新古典经济学理论失灵的体现。林毅夫并没有抓住这一点予以痛击，而田国强在后续的长文中批驳了张维迎的市场失灵不存在论，但他们都未援引斯蒂格利茨所谓的“非传统型市场失灵论”，当然也没有对这一市场失灵论予以深入的反思。

由于致力于写作一系列振聋发聩的畅销书，纵论美国金融危机、新自由主义、全球化、不平等、第三世界发展战略和现行资本主义制度的困境，以及诉说他本人在世界银行纠偏新自由主义全球化的艰苦努力所遭遇的挫折，斯蒂格利茨未有足够的精力来深化有关产业政策的分析。然而，斯蒂格利茨始终关注着产业政策在各国的实践，尤其是在非洲。与此同时，在林毅夫继任首席经济学家后，世界银行破天荒地对产业政策投入了极大的热情。虽已卸任世界银行首席经济学家之职，但斯蒂格利茨参与了世界银行有关产业政策研究成果的编纂工作，给予林毅夫极大的支持。

与此同时，斯蒂格利茨的学生和追随者们并没有放缓对产业政策进行探索的学术努力。2009年，斯蒂格利茨与两位学者合编了一部论文集，题为“产

① Joseph Stiglitz, “Development Policies in a World of Globalization,” presented at the seminar “New International Trends for Economic Development” on the occasion of the fiftieth anniversary of the Brazilian Economic and Social Development Bank (BNDES), Rio Janeiro, September 12-13, 2002.

业政策与发展：能力积累的政治经济学”，由牛津大学出版社出版，将其追随者的研究成果汇编成册。此书将知识和能力积累视为经济发展和结构升级的核心，并确定政府在推进知识和能力积累上有相当大的作为空间，尤其是为企业在信息搜集、技术研发和学习创新方面（特别是在起步阶段）提供特殊的正向激励。①

（四）学习社会理论正式推出

在上述文献中，斯蒂格利茨已经多次提及知识生产、传播、积累以及学习对于产业发展的重要性。2014 年，在哥伦比亚大学设立的肯尼斯·阿罗讲座上，斯蒂格利茨与他的老搭档布鲁斯·格林沃德正式推出了“学习社会理论”，为包括产业政策在内的积极政府干预主义奠定理论基础。学习社会理论有三个出发点：(1) 贫富国家的基本差别不在于资源之差，而在于知识之差；(2) 发展中国家发展速度是填平知识鸿沟速度的函数；(3) 知识生产和传播的机制有别于普通产品。

由此，斯蒂格利茨和格林沃德建立了一系列模型，在内生经济增长理论的基础上，纳入了学习的因素。学习社会模型共分为五个部分：(1) 封闭经济中学习的基础模型；(2) 内生劳动力供给的两阶段—多产品模型；(3) 垄断竞争条件下的学习模型；(4) 熊彼特竞争条件下的创新与长期增长模型；(5) 婴儿经济的保护主义模型：贸易政策与学习。基于这些模型，两位教授提出，市场本身并不足以创建一个充分的学习社会，这是市场失灵的一种体现，因为 (1) 学习具有溢出效应，呈现正外部性；(2) 市场过程所产生的学习及其成果（即知识）在一定时期和一定空间具有垄断性；(3) 知识传播是一种产业（行业）公共物品。为了促进学习，政府干预有可能弥补市场不足、矫正市场失灵，其具体作为的空间如下：

- 产业政策与贸易政策：将有助于在产业范围内促进知识积累和扩散；
- 财政和金融政策：产业政策的实施需要抓手；
- 投资政策：政府补贴投向知识的生产和扩散；
- 知识产权制度建设：为知识发明者、生产者和扩散者提供正向激励。

---

① Mario Cimoli, Giovanni Dosi, and Joseph E. Stiglitz (eds.), *Industrial Policy and Development: The Political Economy of Capabilities Accumulation*. New York: Oxford University Press, 2009.

因此，对两位教授来说，为了促进“学习社会”的发展，产业政策是不可或缺的，不可避免的。这一点对于发展中国家来说尤为重要，政府应该也能够在如下方面发挥积极有为的作用：（1）弥合知识鸿沟；（2）促进结构调整：新兴产业的孕育和发展存在外部性；（3）向促进就业和保护环境的知识生产倾斜；（4）向促进减少不平等的知识生产倾斜。①

学习社会理论可说是迄今为止有关产业政策的最新经济学理论，但令人遗憾的是，这一理论貌似尚未在中国经济学界引起应有的重视，否则两年过去了，“学习社会”这个词在财经媒体上上头条的次数应该很多了，至少在有关产业政策的论辩中应该被产业政策的拥趸们整天挂在嘴边。

对于学习社会理论，内生经济增长理论大师菲利普·阿吉翁（Philippe Aghion）给出了如下点评：（1）产业政策的“挑选赢家论”缺乏根据；（2）传统产业政策具有极大的俘获和寻租风险；（3）产业政策的重点在于促进知识溢出；（4）产业政策与竞争政策的融合是至关重要的。② 阿吉翁的第一点否定了新发展主义的传统理论，而在中国语境中，林毅夫有关产业政策“挑选冠军”的观点与传统版的新发展主义一脉相承；阿吉翁的最后一点提醒我们，国内不少学者倾向于以竞争政策代替产业政策，但产业政策与竞争政策融合论也值得我们关注。

值得一提的是，阿吉翁本人还与其学生合作，基于中国的数据，通过计量分析，对上述的第四点给出了部分证明。他们发现，只有在竞争性产业之中产业政策才能发挥其积极作用，而促进竞争的产业政策是面向某个产业中所有企业的分散型扶助政策，或鼓励新企业和更高效企业的政策措施。③ 这篇文章2012 年撰就，2015 年正式刊发，其中文版刊发在中信出版社出版的《比较》2016 年第 1 辑（总第 82 辑）上，是有关中国产业政策实施的高水平实证性论文，非常难得。

---

① Joseph E. Stiglitz and Bruce C. Greenwald, *Creating a Learning Society: A New Approach to Growth, Development, and Social Progress*. New York: Columbia University Press, 2015.

② Philippe Aghion, “Commentary: The Case for Industrial Policy,” in Stiglitz and Greenwald, *Creating a Learning Society*, pp. 492-498.

③ Philippe Aghion, Jing Cai, Mathias Dewatripont, Luosha Du, Ann Harrison, Patrick Legros, “Industrial Policy and Competition,” *American Economic Journal: Macroeconomics*, Vol. 7, No. 4 (2015), pp. 1-32.

二、重新认识政府干预：罗德里克反对“挑选赢家”，但重视激励机制的建构

除了斯蒂格利茨之外，罗德里克是另一位为产业政策经济学理论做出杰出贡献的主流经济学家。罗德里克，土耳其裔，现任哈佛大学肯尼迪政府学院福特基金会讲席教授，曾任普林斯顿大学高等研究院阿尔伯特·赫希曼（Albert Hirschman）讲席教授。2002 年，罗德里克获颁塔夫茨大学全球发展与环境研究院的列昂惕夫经济思想前沿拓展奖。2007 年，又荣获美国社会科学理事会颁发的首届赫希曼奖。罗德里克是尚未获得诺贝尔奖的诺奖级经济学家，他对全球化的研究尤为出色，被斯蒂格利茨誉为“全球化方面的世界级专家之一”。如果任何人想了解全球化但只想读一本书，那么罗德里克畅销全球的《全球化的悖论》① 是最佳选择，没有之一。

罗德里克关于产业政策的思考，是其全球化学思的内在组成部分之一，常常与贸易政策整合起来加以分析。其观点独树一帜之处，在于他和热衷于批判新古典—新自由主义的全球化学者完全不同，而后一类学者在政治学和社会学家中比比皆是。

（一）罗德里克的思想魅力：立足新古典主义、超越新古典主义

在其另一本思维严谨但又畅销的《相同的经济学，不同的政策处方》中，罗德里克称自己的分析“严格基于新古典主义”，但时常偏离“主流”经济学家在发展政策方面已经形成的新自由主义共识。之所以如此，盖因新古典主义模型给出了特定的假设，在此基础上进行逻辑推演。对科学理论的框架有所了解的人都知道，如果假设有所变化，逻辑推演的结果自然不同。经济学模型中的特定假设往往与现实世界中的特定现象可以对应起来。当不同国家的现实与基于特定发达国家的现实所给出的假设不相吻合之时，考察这些国家的发展政策，自然会有不同的理论可能性。

简言之，新古典主义的政策取向并非一成不变，更不具有市场原教旨主义，而坚守教科书新古典主义所给出的新自由主义政策主张，即主流经济学家

① 丹尼·罗德里克，《全球化的悖论：什么样的全球经济新秩序才最有意义?》，北京：中国人民大学出版社，2011 年。

的“共识”，正如罗德里克所说，“不是对新古典经济学原理的正确应用”。① 罗德里克关于全球化的学思，以及他对产业政策的思考，基于他所谓的“两个非常简单的原理”：

- 市场和政府是互补的，两者缺一不可：政府治理好，市场才能发展得更快、更好；政府治理差，市场运作一定不好。
- 市场经济的模式不是唯一的：劳动力市场、金融、企业治理、社会福利政策的不同组合，都有可能实现经济稳定繁荣的目标。②

因此，罗德里克称自己是新古典主义者，却时常偏离主流经济学家的共识。他认为，市场和政府具有互补性，发展模式也没有唯一。就产业政策而言，争论其必要性已不再必要，真正的问题是，通过何种制度建设，建立何种激励机制，政府才能更好地为产业发展提供有效的服务。这正如罗德里克一篇论文的标题所说，“产业政策：不要问为什么，要问如何去做”。③

罗德里克的产业政策观，基于经过信息经济学改造后的新古典主义。对产业政策的必要性，他给出了简洁的总结，即产业政策的必要性与两类关键的市场失灵相关。一类市场失灵涉及信息外部性，即有关创新失利的信息实际上是一份宝贵的公共物品，可以让其他市场主体减少无谓的冒险。另一类市场失灵涉及协调外部性，即新兴产业活动只要具有规模经济、投入专用性和产业链的整合性，那么对大规模投资活动加以协调就具有社会效益。④

罗德里克关于信息外部性的论述，显然源于斯蒂格利茨有关“非传统型市场失灵”理论，并不具有思想上的创新性。但是，罗德里克对协调外部性的强调，却具有深刻的经济学内涵，而其内涵的深刻性，不仅其同僚和学生都没有发现，连他自己恐怕也没有察觉。在笔者看来，如果说科斯（Ronald Coase）发现了组织（企业）和制度对市场经济的重要性，那么罗德里克有关协调外部性和协调失灵的论述，实际上发现了组织间关系对于市场经济的重要性。可是，组织间关系一向是经济社会学的研究论题，至今依然没有进入主流经济学家的视野。罗德里克的论述如果得到进一步拓展，有可能在经济学领域

---

① 罗德里克，《相同的经济学，不同的政策处方》，北京：中信出版社，2009 年，第 3 页。

② 罗德里克，《相同的经济学，不同的政策处方》，第 145—153 页。

③ Dani Rodrik, “Industrial Policy: Don't Ask Why, Ask How”, *Middle East Development Journal*, Vol. 1, Issue 1 (2008), pp. 1-29.

④ 罗德里克，《相同的经济学，不同的政策处方》，第 100—108 页。

引发一轮新的范式革命。

回到产业政策的话题。在罗德里克看来，争论产业政策的必要性已经不再是关键问题，关键问题在于如何制定和实施更加有效的产业政策。由于产业政策的功能是弥补市场失灵，而相关市场失灵的大类别尽管只有两个，但这两个大类别中的小种类有很多，那么接下来的问题就是：什么样的产业政策更有可能矫正哪一种市场失灵？简言之，产业政策是否必要纯属伪问题，产业政策的施政选择才是真问题。

（二）产业政策的施政选择：从“挑选赢家”到提供服务

就产业政策的施政选择而言，“挑选赢家”这种理念特别流行。这种理念在传统的发展型政府或发展主义理论中得到了强化，甚至到了十分夸张的地步。前文已述，发展型政府理论塑造了一个能够摆脱社会利益集团干扰的“自主性政府”（在中文语境中，或称“中性政府”），依赖其全知全能并且廉洁高尚的经济技术官僚，就能在众多产业甚至企业中“挑选赢家”，最终带领整个经济体起飞、远航。有意思的是，“挑选赢家”这种说法一开始并不是发展型政府理论家自己先说出来的，而是其批评者的调侃；发展型政府理论的奠基人约翰逊对这一调侃还表达过不满。① 但是，在很多情况下，调侃还是意味深长的。

“挑选赢家”是否靠谱，在 20 世纪后期的国际经济学中曾有很多富有学术意义的讨论。保罗·克鲁格曼（Paul Krugman）等人曾提出过“战略性贸易政策”的构想，貌似为贸易保护主义找到了理论基础，但克鲁格曼本人以及其他经济学大师通过进一步的研究发现，战略性贸易政策理论所设定的条件过于严格，以至于制定并实施适当的战略性贸易政策有很多现实的困难，从而完成了自我否定，而自我否定的基础就在于对“挑选赢家”的质疑。

实际上，早在 1983 年，克鲁格曼就在美国学界爆发“产业政策辩论”的高潮时期发表一篇论文说明，无论是面向已经成熟的产业，还是新兴的高科技产业，政府通过精确制导锁定赢家来干预资源配置的行动，总是难免受到政治因素的左右。② 1986 年，克鲁格曼主编了一部有影响的论文集《战略性贸易

---

① ChalmersJohnson, *Japan, Who Governs? The Rise of the Developmental State*. New York: W. W. Norton, 1995, p. 94.

② Paul Krugman, “Targeted Industrial Policies: Theory and Evidence,” in *Industrial Change and Public Policy*, Proceedings of Federal Reserve Bank of Kansas City, 1983, pp. 123-155.

政策与国际经济学》，在导言中，他对“贸易和产业政策”（TIPs）的可行性提出了如下疑问：首先，政府如何能识别战略性产业？人们常常会把高利润率和高附加值的行业视为战略性产业，每个地方的政府（尤其是中国地方政府）都愿意向这些行业砸钱，但殊不知，高利润率和高附加值与高政府投入是否也有关系呢？其次，政府如何能成功地实施战略性的政策？一般的做法就是实施优惠政策，也就是将有限的资源（人、财、物、地等）向目标产业倾斜，但具体落实起来会不会宠坏了某些业者也未可知。再次，战略性产业是有风险的，肯定有不少利益集团会找到不少借口，宣称自己应该得到政府的扶持，而这样的扶持实际上不利于整个国家。①

另一位国际经济学大师格罗斯曼（Gene M. Grossman）也指出，战略性贸易政策（TIPs）作为小贴士（tips）有时是有用的，但并不是灵丹妙药，更不是高瞻远瞩的大战略。战略性出口鼓励以及类似的贸易产业政策，是否能产生有利于施政国的绩效，是很难判定的。②

总之，有能力“挑选赢家”的政府（或官员）无疑具有全知全能型的至高素质，这种政府的形象遭到怀疑。最常见的疑问是，政府有无能力搜集足够的信息去挑选赢家？简言之，市场中存在信息不完全和信息不对称固然不假，难道政府就拥有完备的知识吗？除此之外，罗德里克等学者进一步追问：其一，政府有无足够的激励真正地“挑选赢家”，而不是在很多情况下“保护输家”？其二，政府如何能高瞻远瞩地知道在哪些情况下哪些政策或何种政策工具是最为有效的？

为了回答自己提出的疑问，罗德里克区分了两种产业政策的认知和实践模式：战略选择模式和政策过程模式。在战略选择模式中，施政目标是选择战略性产业，占领经济制高点；施政焦点是对战略选择的社会经济后果进行分析；施政手段包括庇古税、税收优惠、政府补贴或保护主义措施（关税与非关税保护）等。在政策过程模式中，施政目标是政府与企业进行战略合作，发现产业发展的机会和成本；施政焦点是设计正确的政策过程和治理模式；施政手

① 保罗·克鲁格曼，“导论：贸易政策的新思路”，载保罗·克鲁格曼主编，《战略性贸易政策与新国际经济学》，北京：中信出版社，2010 年，第 14—17 页。

② 吉恩·格罗斯曼，“战略性出口鼓励：一个评论”，载保罗·克鲁格曼主编，《战略性贸易政策与新国际经济学》，北京：中信出版社，2010 年，第 44—63 页。

段包括协商、沟通、咨询、学习。①

罗德里克对产业政策的经济学理论做出的最大贡献，在于他限制了基于“挑选赢家”的战略选择型产业政策模式，并着重阐述了政策过程型产业政策模式的重要意义。这一点的学术内涵和实践意义，值得中国经济学家深入挖掘。罗德里克提出，看待产业政策的正确方法是把它视为一个发现的过程，即企业与政府共同发现潜在的成本和机会，并参与战略合作的过程。在此过程中，不仅市场机制而且社群机制发挥着积极甚至主导性的作用，尽管罗德里克对社群机制未加关注，而在战略选择模式中行政机制发挥着决定性的作用。既然不再坚持产业政策的施政重心就是“挑选赢家”，那么关于政府有没有能力挑选出赢家的典型质疑也就无关宏旨了。

实际上，对“挑选赢家”式的政府主导型产业政策的质疑，也对国际组织推动产业政策的努力产生了深刻的影响。联合国的一项研究提出，以“挑选赢家”来概括产业政策，根本就是一种误导性的说法，因为事实上根本并不存在所谓的“赢家产业”，而一个政府决定予以扶持的产业最终是否在国际竞争中有活力取决于很多因素，并非这个产业天生就是赢家。②

（三）产业政策的绩效可度量性和可问责性至关重要

既然不再着重于“挑选赢家”，在罗德里克看来，任何一个经济体要搞好产业政策，关键在于以下三点：（1）嵌入：政府与企业界建立制度化的合作伙伴关系，政府既不是高高在上且高瞻远瞩的独立的政策制定者，也不是受到特定产业利益集团俘获的租金设置者，而是能在这两者之间行事；（2）激励：政府必须对锁定的产业同时给予胡萝卜加大棒，一方面要提供支持，另一方面要将所有政府支持与某种可度量的绩效指标联系起来，并且明确失败标准和终止条款；（3）问责：政府的问责机制必须健全，因此产业政策的公开透明是重中之重。罗德里克基于三个非亚洲国家（萨尔瓦多、乌拉圭和南非）的案例，对这三点的重要性进行了考察。③

① Dani Rodrik, *Industrial Policy for the Twenty-first Century*. Prepared for UNIDO, 2004.

② Irfan ulHaque, *Rethinking Industrial Policy*. United Nations Conference on Trade and Development (UNCTAD), Discussion Papers, no. 183, 2007, p. 7.

③ Dani Rodrik, "Industrial Policy: Don't Ask Why, Ask How", *Middle East Development Journal*, Issue 1 (2008), pp. 1-29.

罗德里克将上述第一点与发展型政府文献中所谓的“嵌入型自主性”联系起来，显示出主流经济学家对发展政治学和发展社会学研究成果的尊重，但实际上在罗德里克笔下合作伙伴型的政商关系，与埃文斯笔下辩证法式的“嵌入型自主性”，还是颇有一些微妙差别的。

无论如何，重建激励机制、改善治理结构、关注产业政策绩效可度量性和可问责性，这些思想在经济合作与发展组织（OECD）2013 年的全球发展报告中，得到了充分体现。这份报告详细讨论了发展中国家对产业政策再兴浓厚兴趣的新潮流。依照报告的总结，成功的产业政策必须做到以下几点：

- 强化信息搜集、过滤和整合的能力；
- 明确产业发展的绩效指标，并且在政策实施过程中加以利用；
- 在政府与产业界之间建立合作伙伴关系，从而使投资产生协同作用；
- 在技能提升、基础设施建设和长期融资等方面改善协调能力。

该报告特别警告说，产业政策失败的风险很高：首先，信息不对称会减弱政府的计划能力；其次，政府并不擅长进行快速的调整；再次，产业政策的退出尤为艰难，因为利益集团的阻挠无处不在、无时不有。因此，产业政策的复兴能否推动发展中地区的经济发展，有赖于新的制度建设。①

除了激励机制建构，政府对不同政策工具的选择，也会对产业政策的施政或发展型政府的绩效带来不同的影响。实际上，政府工具的选择在公共管理学的语境中已成为新治理模式的具体内容。② 就此而言，青木昌彦等人早在 20 世纪 80 年代末期对“东亚奇迹”进行考察时就提出了一种“以绩效为基础的租金”或“相机性租金”（contingent rent）的政策工具。其主要形式依然是优惠性补贴或优惠信贷，但这些租金给予哪些企业，并不取决于政府官员的自由裁量，而是取决于受租者的客观绩效；如此一来，“相机性租金”就成为基于市场竞争而给予最后赢家的一种奖励。③

基于市场竞争绩效的“相机性租金”，与破坏和扭曲市场机制的“政治性租金”（例如“跑部钱进式”补贴）相比，对企业的激励机制大有不同。另一

① OECD, *Perspectives on Global Development* 2013: *Industrial Policies in a Changing World*. Paris: Organisation for Economic and Co-operative Development, 2013.

② 莱斯特·萨拉蒙著，《政府工具：新治理指南》，北京：北京大学出版社，2016 年。

③ 青木昌彦、金滢基、奥野－藤原正宽主编，《政府在东亚经济发展中的作用——比较制度分析》，北京：中国经济出版社，1998 年。

位以分析“汉江奇迹”而闻名的新发展主义大家阿姆斯登（Alice Amsden，汉名安士敦）也强调扶持性政府干预措施的有条件性，即必须具备对相关企业设定明确的、可执行的惩戒性条件，而且政府必须就减少甚至取消租金的惩戒性行动建立起可信的承诺（credible commitment），而这种可信的承诺恰恰是政府能力的一项内容。①

当然，政府对企业进行绩效考核，还会面临各种各样的委托代理困境。绩效考核本质上是一种契约关系，如何设计出最优的绩效考核办法，尤其是当产业政策具有多目标的特性时，如何在可度量绩效上的强激励与不可度量绩效上的弱激励之间达成适当的平衡，还有很多课题需要研究。换言之，有关产业政策实施中最优激励机制的设计，还需要借助2016年诺贝尔经济学奖获得者哈特（Oliver Hart）和霍姆斯特朗（Bengt Holmstrom）的契约理论。

三、结语：产业政策的增强市场型施政方式值得探索

产业政策要发挥弥补市场不足、矫正市场失灵的作用，最为关键的不是代替市场去主导资源配置，而是为市场的良好运行提供一些支持性条件。让市场机制在资源配置中发挥决定性作用，这一条不仅载入了中国执政党的纲领性文件，而且也是全球有识之士的共识，包括众多认可产业政策必要性的经济学家，如斯蒂格利茨和罗德里克。产业政策的功能是在产业发展过程中弥补市场不足、矫正市场失灵，其立足之基在于市场机制充分发挥在资源配置中的决定性作用。产业政策的施政，不是取代市场去“挑选赢家”，而是为市场主导的产业发展提供服务。在这个意义上，产业政策施政的目的不是保护相关企业免受激烈的市场竞争，而是帮助它们更好地直面市场竞争的挑战，尤其是国际市场上的竞争。

然而，究竟如何做到这一点，依然是一个严峻的学术挑战。就这一点，可以初步得出的结论是，政府主导资源配置去“挑选赢家”，在绝大多数情况下并不应该成为产业政策的施政重点，也不应该成为相关学术努力的探究重点。真正的问题在于，通过何种制度建设，建立何种激励机制，政府才能以较高的概率为产业发展提供相对有效的服务。简言之，政府的角色，有必要从领航员

---

① Alice Amsden, *The Rise of "the Rest": Challenge to the West from Late-Industrializing Economies*. New York: Oxford University Press, 2001, p. 8.

转变为服务生。① 对这一问题的学术探索，在国际学界才刚刚上路。在经济学家中，斯蒂格利茨和罗德里克是这一方向的领军人物，而如何将激励理论的众多睿识引入产业政策研究领域，尤其是拓展产业政策的政治经济学，依然是方兴未艾的新事业。

所有这些，预示着奥尔森（Mancur Olson）临终前提出的“市场增强型政府”（market-augmenting government）的想法，② 开始在微观经济学和宏观经济学中找到了新的理论基础。这意味着，政府干预是否必要的问题其实并不是问题，真正的问题在于政府如何干预，或者说政府干预能否以顺应市场机制甚至强化市场机制而不是破坏、扭曲甚至取代市场机制的方式来进行。简言之，有为政府论固然是必要的，但是，有为政府必须以有限的方式施为，即增强市场、激活社会的方式。

如果能超越国家与市场的二元对立，发展出有限有为政府论，那么奥尔森的国家兴衰之谜和诺思关于国家的困惑，就会有全新的解答。也只有在信息不充分和信息不对称的假设之上，对政府行为进行深入细致的新研究，林毅夫的新结构经济学也好，比较发展研究领域中的发展型政府理论和政府主导型发展模式也好，以及斯蒂格利茨的超越新自由主义经济学也好，才能有全新的内容。

因此，在这个意义上，我们现在迫切需要的是借鉴经济学、政治学和社会学新制度主义关于制度和治理的研究成果，发展出一种新的发展政治经济学，从而有效地探索产业政策的制度基础和施政选择。中国政府的职能亟待转变，而学者们对政府干预的探索方向也亟待转变。

---

① 顾昕，“从领航员到服务生：政府主导型发展模式中的政府职能转型”，《学习与探索》，2014 年第 9 期（总 230 期），第 58—62 页。

② Mancur Olson, *Power and Prosperity: Outgrowing Communist and Capitalist Dictatorships*, Oxford University Press, 2000.

产业政策的质量

中等收入陷阱的决定因素

大野健一

1. 引言

当前对中等收入陷阱的研究主要从其原因和补救措施入手，而很少着眼于其表现，本文接下来的讨论更多的是基于经验研究而非单纯理论，相关内容建立在与亚洲和非洲一些国家的政策制定者、企业家、研究人员交流的基础之上。持续的经济增长和转型来源于多方面的因素，这些因素包括私人部门的活力、领导力和政治因素，以及对恰当的政策方法的掌握程度，所有这些因素均依国家和时期而异。本文侧重于最后一个因素，即每个国家（或地区）所掌握的政策知识的多少，并将其他因素作为背景因素，探讨这最后一个因素如何影响各国掌握和推行政策的能力。此处隐含的假设是产业政策的质量对跨越中等收入陷阱非常重要，文中还提出了衡量产业政策质量的方法。

2. 定义

中等收入陷阱通常被描述为一国在较长一段时间里无法超越中等收入的情

---

* 大野健一（Kenichi Ohno），日本政策研究大学院大学教授，越南政府顾问。本文根据2015年8月在新加坡召开的"Singapore Economic Review Conference"上的发言稿整理而成，最终版本修订于2016年10月。

形。根据菲利普等人（Felipe、Abdon and Kumar，2012）对1950—2010年间124个经济体的数据测算，“较长一段时间”可以界定为在较低收入水平时的28年或较高收入水平时的14年。当然，其他界定也可能是合理的。但是，对于更看重分析而不是统计的政策制定者而言，界定中等收入陷阱的目的是为了寻找其可能的原因和补救措施。

对东亚地区这方面的讨论主要有：有学者（Suehiro，2014）提出，中等收入陷阱随着低成本（廉价劳动力和资本）推进的工业化的结束而出现；也有人（Kwan，2013）认为，当一国无法找到新的资源和增长方式时，该国就会落入中等收入陷阱；除了这类供给侧的问题，有学者（Hāra，2014，2015）认为，收入差距的持续扩大是落入中等收入陷阱的重要原因；也有学者（Tran，2010，2013）指出，良好制度的缺失是应对中等收入陷阱政策失败的深层次原因。这些结论意味着，一国在其经济增长进入某种阶段后，除了自由化、私有化、一体化的政策外，还需要更多积极的政策。

当前的研究把中等收入陷阱界定为这样一种情形：在给定的资源条件下，无法创造出超过其优势资源价值的价值。这些给定优势资源包括自然、人口、地理等方面的因素，以及贸易、援助、外商投资等外部因素。当国内居民和企业创造价值（GDP）且价值持续增加时，才会出现真正意义上的发展。当经济增长的动力主要来源于经济自由化、（全球化下的）新贸易机会、自然资源的出口、外资和外商投资的流入、大规模的公共开支、房地产泡沫等时，国内居民和企业可能并没有创造出多少价值。而且，这些给定的优势，出于各种心理的、政治的和经济的原因，常会阻碍知识、技能和技术的积累。自然资源诅咒（最著名的就是“荷兰病”）已广为人们接受，但没有这些资源优势也同样不利于工业化。另一种解释是，这些优势资源所带来的增长多是数量性的而非质量性的。

还有另外三种观点，分别是：第一，如果一国（或地区）曾遭受过内部或外部冲突，或其私人部门被抑制，且初始起点很低，则通过自由化、私有化和全球一体化，就可以享受十年或二十年的快速增长。但是，当自由化的效应耗尽时，经济面临一个关键期：经济增速开始减缓，“华盛顿共识”的建议不再能刺激经济增长。大部分国家正是在此时意识到它们落入了中等收入陷阱。但是，如果积极的产业政策可以促使私人部门恢复活力，迎接更大的挑战，则快速增长就可能持续。虽然一些人仍然认为，自由市场可以自动使一国走上快速发展的轨道，但本文对此并不乐观。

第二，即使落入中等收入陷阱，只要特定资源优势（如公共支出、资本流入、地价上涨等）可以继续发挥作用，经济就能持续增长。这并不是说增速会突然降到零，而是说余下的增长势头（即使在长期也）不足以使经济达到高收入阶段。图 1 揭示了这类情况。

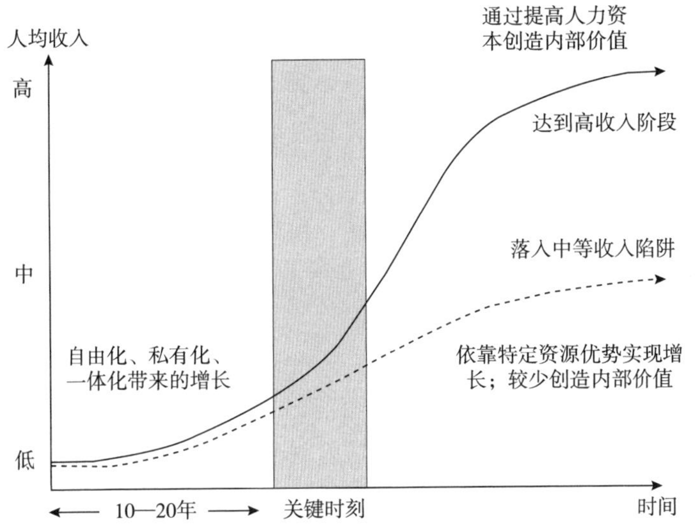

图 1　增长路径的分化

第三，根据我们的定义，当国内的价值创造受到限制时，在任何收入水平和任何国家都可能发生“陷阱”。如果特定优势资源相对于人口而言较小，则一国会落入低收入（贫困）陷阱。相反，如果民众在不需要努力的情况下也能过得很好，该国就可能落入高收入陷阱。与此同时，大多数有着中等人口和中等优势的国家就容易落入中等收入陷阱。从分析可知，除了它们的初始情况不同外，其余情况都类似。关键的问题在于收入的取得是依靠努力还是依靠运气，而不论收入达到了什么水平。

3. 假设

当人们持续争论何种产业政策更可行时，我坚持这样一种假设：政策（包括产业政策）的效力取决于政策的设计和执行。我们观察到，产业政策在不同国家（或地区）的实施差异很大，而且，政策技巧是能学习的，而非一成不变的。从这一角度出发，追问一项产业政策（发展中小企业、增加出口、技术升级）是否无论在哪个国家都会有效是无意义的，因为成功依赖于每个政府的政策能力。我们同样认为，私人部门是经济增长的主要驱动力量，但政府在引导和协助私人部门发展方面有着重要作用，这是不言而喻的。这些假设是本文接下来分析不同国家产业政策质量差异的基础。

本文提出的一个重要假设是，产业政策质量不佳是当今许多经济体落入中等收入陷阱的主要原因。一个必然的推论是，除了自由和开放的市场，有助于私人部门价值创造的高质量政策是跨越中等收入陷阱所必需的。政策创新不一定非在政策制定上——因为新兴和发展中经济体可选用的产业政策清单大同小异，还可以在政策的有效执行上。这并不是说，其他因素如历史、地理、自然资源和资本流入等都不重要。这些不仅重要，而且会影响经济增长，但是，它们都不如政策质量那样是一国经济长期增长轨迹的关键决定因素。

正如上述所提到的和图 1 所示的，一个初始收入很低、没有多少政策技能的普通国家，也可以通过采用“华盛顿共识”给出的政策包实现经济的快速增长。在发展早期，产业政策的质量对经济增长没那么重要，但如果增长很大程度上依赖于可用优势资源，大概十年、二十年之后，经济增速便会下降。这在一国历史上是关键时期。如果政策质量仍旧维持不变，经济增长就会停滞，国家会落入中等收入陷阱。如果政策出现了创新，依靠不断提升的人力资本，一国经济就会迈入高收入阶段。经验表明，在中等收入水平上进行政策创新是一项艰难的任务，只有少数国家能够成功。在非西方后发经济体中，只有少数国家或地区通过国内价值创造实现了高收入，如日本、新加坡、中国香港、中国台湾和韩国，其他国家或地区则处于不同水平的中等收入陷阱中。

为了跨越中等收入陷阱，有三个政策领域需要改善：

第一，从狭义的角度看，必须有能激发和维持增长源泉的产业政策。没有这些产业政策，增速下滑的局面就不会扭转。产业政策知识的获取不是通过纯理论或数学模型，而是通过系统学习其他国家的政策经验。政策的学习需要从全世界收集多方面的案例，包括成功的和不成功的，并从中提取共性因素和特殊因素。政策学习的目标不是复制其他国家的做法，或提出适用于所有国家的标准措施，而是获取设计和实施适用于特定国家、部门或时期的政策的一般能力，并且应该建立在丰富的经验知识的基础上。

第二，经济快速增长所带来的社会问题必须得到妥善解决。不同人群、不同区域、不同社会群体间的收入和资产不平等是其中最重要的挑战。此外，环境破坏、无序的移民和城镇化、交通和住房问题、文化变迁、代际鸿沟、物质主义的崛起和腐败等，也都是值得关注的问题。高增长时期社会政策的重要性已经被很多学者广泛论证（包括 Huntington and Nelson，1976；Murakam，1994；Hara，2014，2015）。如果这些问题得不到及时解决，将会威胁社会稳定，损害经济增长。

第三，在金融一体化背景下，宏观经济管理必须升级。在过去，当一个核心国家维护全球金融稳定或资本交易受到限制，或两者兼而有之时，后发经济体可以很大程度上防范来自世界其他地区的金融冲击。这一时期，一些国家由于错误的财政货币政策而遭受了通胀和债务危机。如今，所有国家无论其处于什么发展阶段，无论其政策立场如何，都暴露在了全球资产、利率和市场情绪中。正如麦金农一直警示的那样，新兴经济体的金融自由化必须遵循一定的步骤，必须克制错误的双边贸易和货币协议，以防世界陷入没有锚定国家或锚定货币的灾难状态（McKinnon，1993，1996，2005，2012；McKinnon and Ohno，1997）。1997—1998 年的亚洲金融危机、2008 年的雷曼冲击、持续的欧元危机，以及其他全球性、区域性、地方性的金融不稳定，都增加了金融一体化过程中的外部风险。对此，只有好的国内宏观经济管理显然不够。

对于落入中等收入陷阱的国家，这些政策领域在不同的国家有不同的侧重。对大多数国家而言，主要的问题是无法实现经济的高速增长。对高速增长却无法让所有人受益的国家而言，社会不稳定是其主要问题。还有一些国家由于反复的外部危机而丧失了经济增长的成果。本文接下来只讨论第一个政策领域，即可以带来增长的政策。

4. 积极的产业政策

能恢复经济增长势头的产业政策应该包括哪些内容呢？其他论文已经讨论过这个重要问题（Ohno，2013；VDF&NEU，2014）。由于篇幅所限，本文只给出一些简要讨论。

在 WTO 及全球和区域一体化加深的背景下，对于想在收入和技术方面赶超其他国家的新兴经济体，产业政策不仅是可能的，而且是至关重要的（Cimoil、Dosi and Stiglit，2009）。有一系列未曾尝试且不违反国际规则的政策可供选择，例如，制定愿景和战略、人力资本发展、企业能力建设、吸引外商直接投资、高效的后勤服务、获得金融资源、产品标准和安全、产业集群和关联，等等。即使高关税、非关税壁垒和歧视外商的行为被禁止，余下可以实施的政策措施依然非常之多，发展中国家的政府不必太过担忧可实施的政策空间。政策失灵的真正原因在于缺乏充分、有效地执行政策的能力。

21 世纪适用的积极产业政策不同于以往任何的发展机制，无论是社会主义计划经济、国家主导的重工业发展、保护幼稚产业，市场友好或加强市场作用下的选择性干预，还是“华盛顿共识”模式。当今，产业政策必须同时满足以下几个条件：（1）接受全球化和市场化；（2）强大的政府；（3）后发国家有足够的政策空间；（4）私人部门和政府的能力动态提升；（5）将知识、技能和技术的内部化作为国家的首要目标；（6）实质（而非表面）的公私合营；（7）政策制定者和企业共享产业知识。对于市场原教旨主义者，这些条件看起来可能有些矛盾，原因是它们同时强化了市场和政府的权力，但实际上这并不冲突。在政策实用主义者看来，事情本来就应该如此，因为在处理复杂的现实问题时，市场和政府都是必需的。

除了宏观经济稳定和基础设施完善这类显而易见的条件，积极的产业政策还必须将提升私人部门能力作为其核心目标。能够强化私人部门的政策措施在全球范围内已为人们熟知，它们包括如法律和政策框架，产业技能的升级，对企业管理、营销和技术的支持，获得金融资源，吸引外商直接投资战略，外资企业与当地企业的联动模式，产业集群和关联，标准及检测，创业扶持，科技和创新。① 在东亚，还有一些其他措施，例如，公司经营持续改进（提升工厂的效率）、中小企业的管理诊断及建议、对工科类大学和科技类院校的持续支持、培训机构与需要培训的劳动者之间的对接、高质量产业园区、对创建新产业的战略性政策干预。

显然，后发国家不可能同时采用这些政策，它们需要对这些政策进行甄

① 每个政策行动领域都可以再细分为小的项目，对于一系列适用于产业人力和企业能力建设的政策行动，可参见日本中小企业厅出版的《中小企业扶持政策使用指南》，或中国台湾中小企业管理局出版的《台湾中小企业白皮书》。两者都会定期更新。

别、简化和恰当的排序，因为合适的政策设计因国家而异。制定对本国来说最合适的政策需要谨慎的研究和评估。除政策内容之外，在政策程序及组织方面，也应该结合本国情况，学习借鉴国际最佳实践经验。为此，与经验丰富的国外产业专家有针对性地集中对话非常有用，但是，具有广泛、实用的产业知识的政策顾问非常少。

5. 评估政策质量

我们通过以下十个构成因素对产业政策质量进行评估：（1）产业人力资本；（2）内资企业发展；（3）商业环境；（4）电力供应和后勤保障；（5）出口鼓励；（6）吸引外商直接投资战略；（7）产业园区；（8）配套产业及外资企业与本土企业的关联；（9）生产力、技术和创新；（10）标准及检测。由于我们是在狭义层面讨论产业政策，因而社会和交叉因素如绿色发展、男女平等、劳工权益、社区营造等不在我们的讨论范围之内。这些方面应该通过其他机制进行评估。对于上述十项构成，我们会考虑它们的共性和各自的特性，评分介于1（糟糕）和5（极好）之间（见表1）。

表1　产业政策各构成项的评估标准

构成因素	特性层面	共性层面
产业人力资本	科技类院校、技术和职业教育及培训可以满足国家产业发展的人力需要；转变观念，提升对质量、效率和制造改善的自豪感。	（1）政策自主权 （2）高层领导的意愿及承诺 （3）政策制定程序 （4）政策组织的权威和能力
内资企业发展	在多个部门和政策领域有清晰的目标、政策组织及协调机制；有高效的措施可以覆盖管理、销售、技术、金融、信息技术及网络等领域；政策间的联动与协同。	
商业环境	认清国家现状并采取措施改进之；法律及其程序的透明性与可靠性；税收、会计及海关规则清晰明了；外汇与资本控制；可比较的商业成本；有效的公私对话。	
电力供应和后勤保障	电力供应不稳定及补救措施；交通基础设施现状及规划；港口、机场、陆港及保税仓的有效运行；进出口及过境手续；后勤服务水平和竞争力；信息技术的使用。	

续表

<table>
<tr><th>构成因素</th><th>特性层面</th><th>共性层面</th></tr>
<tr><td>出口鼓励</td><td>恰当的出口目标；综合性的出口鼓励措施及主管部门（而非临时或特设的）；定期和有效的监管与解决问题的平台；政策扶持特定的出口企业。</td><td rowspan="6">（5）政治执行者的决心和能力
（6）预算和人员配备
（7）部际协调
（8）主要非官方利益攸关者的参与
（9）监督及评估机制
（10）对实体经济的影响</td></tr>
<tr><td>吸引外商直接投资战略</td><td>充分理解外国投资者的需求；有效的一站式投资服务及配套措施；适当的激励机制；选择适合特定发展阶段的外商投资；鼓励性信息和报告的质量；项目登记和实施的结果。</td></tr>
<tr><td>产业园区</td><td>充分理解投资者的需求；政府和私人部门在产业园区的设计、构建和运行方面有适当的分工；提供必要的基础设施和软件支持；客户满意度及目标外资企业的引进。</td></tr>
<tr><td>配套产业及外资企业与本土企业的关联</td><td>认识到配套产业和服务对提升能力的重要性；有效的数据库、中介、激励及后续措施；目标内资企业与外资企业的密切互动；配套产业的实际增长。</td></tr>
<tr><td>生产力、技术和创新</td><td>适当的科技和创新目标；加强与私人部门合作的适当、非强制性措施；知识产权的保护；有效的研究和配套制度与机制。</td></tr>
<tr><td>标准及检测</td><td>为确保产品质量、安全、生产环境及劳动状况等，组织、法律法规、人力和物质资本应该到位；充足的检测设施；私人部门可以有效地使用产品标准和检测设施。</td></tr>
</table>

对于政策的经济影响，我们需要指出，产业表现是由私人部门的活力、政策质量和运气（其他不可控因素）共同决定的。这也意味着，政策质量尽管重要，也只能部分影响结果，但其效力仍值得评估。由于政策质量与产业结果很难一一对应，这会使我们的分析变得复杂，但并不会否定我们的结论。运气因素在短期可能影响较大，但长期而言，政策的影响会愈加明朗。

上述评估应该被视作在预算和人员约束下的一个试点项目。因而，我们应该对结论持谨慎态度，尽管我们不确定对不同国家更多的研究是否会得出完全不同的结论。如果有更多额外资源可用，我们的研究应该延伸到更多国家，并且对各构成要素进行精炼，同时调整和系统化数据收集方式。

产业政策质量可能部分与国家竞争力或商业环境内容重合，但不会完全相同，国家竞争力或商业环境资料可从世界经济论坛公布的《全球竞争力指数》或世界银行发布的《营商环境报告》中获取。我们测量的是一国帮助私人部门发展的政策能力，而非当前的竞争力或营商环境的宽松程度。我们的讨论范围也不只限于如何使企业的设立和运行更加顺畅。因此，我们对国家的评估应该根据评分值得出不同的结论。

通过对亚洲和非洲一些国家的研究、访问及交流，我们得出了产业政策质量的评估结果（见表2）。图2以图形的形式给出了关键结论。

在我们的样本中，有五点值得注意：

第一，政府不是天生一样。在做得好的政府与做得不好的政府之间，产业政策的质量有着巨大差异。经常跨国出行的商业人士或政府官员，应该能感知到这种情况，我们的政策评估只是确认和量化了这种感知。从国别来看，亚洲国家的政府不全都能得高分，同样，非洲一些国家如毛里求斯、埃塞俄比亚、卢旺达等都有积极作为的政府。

第二，政策质量和收入存在正相关关系。从表2中13个样本国家或地区的情况看，产业政策得分与人均收入的对数之间的相关系数为0.815。但应注意，有相关关系并不能说明它们之间有因果关系。此外，产业政策质量更多的是与潜在增长相关的一个概念，而不是当前的收入水平。尽管如此，正相关至少是有一定的启示意义，也与我们的假设相一致，即产业政策质量不佳是许多经济体落入中等收入陷阱的主要原因。

第三，对于每个国家，政策各构成项的得分高度相关。如果一项子政策不好，那么其他子政策也可能不好。每个政府所认同的政策文化很大程度上决定了所有政策的效率，质量的波动通常很小且都是偶然的，相同的政策程序、政策制定者和执行者相似的观念是促进政府间一致性（intra-government uniformity）的背后因素。

第四，一国的政策质量与其所拥有的自然资源没有明显的关系。资源丰富的国家如马来西亚、印度尼西亚等并没有良好的产业政策质量。与此同时，在我们的样本中，一些产业政策质量较高的国家很多都是资源禀赋较差的

表 2　各国产业政策质量的比较

	评估日期	对产业政策各构成项的评估										平均	得分等级	参考指标	
		产业人力资源	内资企业发展	商业环境	电力供应和后勤保障	出口鼓励	吸引外商直接投资战略	产业园区	配套产业及外资企业与本土企业的关联	生产力、技术和创新	标准及检验			人均收入（世界银行，2013 年，美元）	营商排名（世界银行，2014 年，共 189 个经济体）
新加坡	2010 年 8—9 月	5	4	5	5	4	5	5	4	5	5	4.7	A +	55183	1
日本	连续跟踪	5	5	4	5	4	3	3	…	4	5	4.2	A	46330	29
韩国	2010 年 11 月	5	4	4	5	5	3	4	…	4	5	4.3	A	25977	5
中国台湾	2011 年 3 月	5	5	5	5	3	4	5	…	5	5	4.7	A +	22597	19
马来西亚	2006 年、2010 年、2013 年	3	4	4	5	4	5	4	1	4	4	3.8	B	10538	18
毛里求斯	2012 年 10 月	4	4	4	4	4	5	4	3	4	3	3.9	B	9478	28
泰国	2005 年、2009 年、2013 年	3	2	4	4	3	4	4	4	2	4	3.4	B	5779	26
印度尼西亚	2014 年 6 月	2	2	2	2	2	3	1	1	1	2	1.8	D	3475	114
越南	自 1995 年以来持续跟踪	1.5	1.8	2.0	2.8	1.6	1.7	2.2	1.5	1.4	1.5	1.8	D	1910	78

续表

	评估日期	对产业政策各构成项的评估										平均	得分等级	参考指标	
		产业人力资源	内资企业发展	商业环境	电力供应和后勤保障	出口鼓励	吸引外商直接投资战略	产业园区	配套产业及外资企业与本土企业的关联	生产力、技术和创新	标准及检验			人均收入（世界银行，2013 年，美元）	营商排名（世界银行，2014 年，共 189 个经济体）
印度	2012 年 9 月	1	1	1	2	3	1	2	1	1	1	1.4	D	1498	142
柬埔寨	2015 年 5 月	0	1	4	3	1	2	3	0	0	1	1.5	D	950	135
卢旺达	2014 年 8 月	2	2	4	3	3	4	4	2	2	1	2.7	C	639	46
埃塞俄比亚	自 2008 年以来持续跟踪	3.0	1.9	1.7	3.1	3.9	4.3	4.4	2.0	3.2	2.0	3.0	B－	505	132

注：(1) 评分：0（不存在或糟糕）、1（轻微）、2（有一些）、3（中等）、4（好）、5（极好）。对于越南和埃塞俄比亚，由于可获取的数据较多，评分保留小数点后一位。

(2) 得分等级：A＋（4.5 分及以上），A（4—4.5 分），B（3—4 分），C（2—3 分），D（1—2 分），F（1 分以下）。

(3) 仅评估政府制定和实施的政策，私人部门的努力、国际合作、外部环境等被排除在外。

(4) 评估成熟经济体（如日本、韩国等）的政策有些难度，因为它们过去和现在有大量的产业政策。评分的高低依赖于所评估的政策，以及针对已取得的成就相对于现在的政策所给定的权重。

国家。① 这个结论与自然资源诅咒一致。尽管我们已经知道，对自然资源的严重依赖会通过经济和政治渠道损害一国的工业化，我们的研究显示，政策质量不佳是资源丰裕国家工业化进程缓慢的又一个原因。

第五，如图2所示，所有样本国家或地区可以分为三类。A类的收入和政策质量并驾齐驱。与此同时，B类达到了（陷入了）中等收入，但政策质量依然较差。C类虽然处于低收入水平，但它们有较好的政策。如果C类国家正在改善政策质量，则它们比B类国家更有可能步入A类之列。

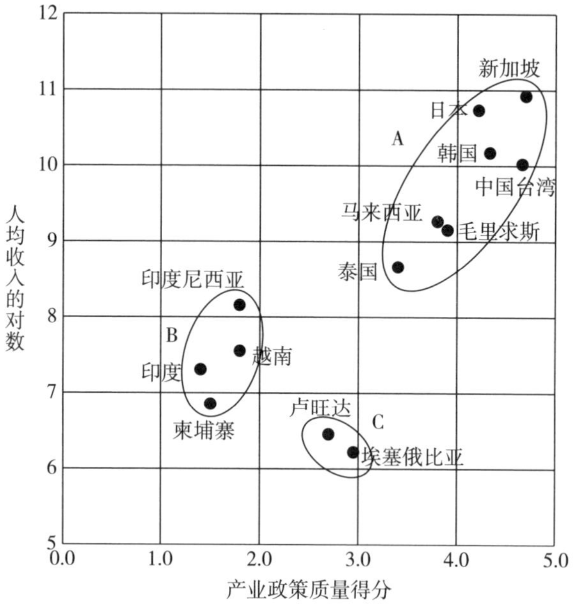

图2 人均收入与产业政策质量

6. 观念的转变

在给出结论之前，我们来看一些经常被政策能力较高的政府采用的不同政策。如前所述，产业绩效由私人部门活力、政策质量和运气共同决定。如果一

① 然而，我们在评判自然资源诅咒时，应该留心"成功者的偏差"。一些国家在工业化取得成功的时候看起来资源相对贫乏，但它们在发展初期可能看起来与其他国家有着同样的资源依赖度。为了消除这个偏差，每个国家的自然资源依赖度应该在一开始就可比，而不是当一些国家实现工业化后才来比较。

国私人部门缺乏活力，只注重短期收益，或者不愿意承担风险和学习技术，那么再好的政策措施也无法刺激产业增长。实际上，商业文化在不同国家和不同种族差异很大，尽管市场原教旨主义者宣称经济人都生来平等。马来西亚前总理马哈蒂尔（1970）曾叹息，与中国移民相比，本土马来人缺乏经济活力。埃塞俄比亚前总理梅莱斯曾问来访的东亚议员，“为什么我们的人民宁愿房地产投机也不愿意建造工厂？”（Ohno，2013，第40页）。

解决这一问题的通常做法是发起某项（它超越了表1和表2所讨论的政策构成因素）全国性运动，因为这样的运动可以改变私人部门的特性（否则它们会被认为是难以改变的天性）。通过全国性运动给公众灌输积极能动性和合作精神，从而提升生产力和竞争力。这方面成功的例子包括：日本的农村生活改善运动（1948—）、工厂质量和生产力运动（1950—），韩国的新农村运动（1970—），新加坡的生产力运动（1980—），马来西亚的“向东学习”政策（1980—）。① 但是，并不是所有政策都有成效。在毛里求斯、博茨瓦纳、布基纳法索20世纪90年代开展的生产力运动中，尽管有一个好的开端，但政治承诺和商业支持没有跟上，所以失败了。这些政策都是从日本或新加坡学来的，也得到了它们的协助。还有一些失败的例子发生在原社会主义阵营国家里，例如，它们在集体土地和国有工厂中开展的强制性生产力运动。它们失败的原因是完全忽略了工人和农民的能动性。

这些历史案例告诉我们，要想成功，全国性运动离不开以下几点：（1）高层领导人的承诺；（2）对基层参与者自上而下的指导；（3）绩效奖励和认可；（4）配套制度；（5）设计精良并获得授权的培训方案；（6）在全国范围内集中开展较长一段时间，通常是十年或更久。其中，对基层参与者自上而下的指导可能听起来有些矛盾，但如果运动可以逐步吸引参与者，而不是迫使他们服从，矛盾就可能自行消除，因为他们可以看到运动给他们的生活和收入带来的好处。

旨在转变大众观念的全国性运动没有包含在我们的政策评估中，部分原因是，并不是所有国家都举行了全国性运动，另一部分原因是，它需要更为复杂和更为长期的评估。但是，未来我们没有理由继续将它排除在政策评估之外。

① 全国性运动的开始时间容易知晓，但很难知道确切的结束时间。这是因为成功的运动会经历不同的阶段，最后才变成国家文化的一部分。此处所述的全国性运动的影响在一些国家仍然发挥着作用。

7. 结束语

本文提出一个假设，即产业政策质量不佳是当今许多经济体落入中等收入陷阱的主要原因。中等收入陷阱是指一国无法创造出超过其优势资源价值的价值。本文尝试对政策做评估，并给出了初步结论。尽管在样本数量和评估标准方面还有待进一步加强，但初步结论已经充分揭示了不同国家产业政策质量的巨大差异，政策质量与收入水平的相关关系，一个政府所采用的政策质量的相对一致性，自然资源丰裕度与工业化程度可能不相关。我们也识别出了那些处于中等收入但政策质量较差的国家，以及处于低收入但政策质量在不断改善的国家。

本文强调，政策质量是决定一国长期经济增长的重要因素。改善政策质量不只是讨论我们需要做什么，更重要的是变革政策的方法，这其中，每个国家必须甄别出适合自己的各种政策，同时，政策的合理设计、执行和监管也要到位。

（刘　宇　张彩琴　译）

参考文献

Cimoli, Mario, Giovanni Dosi & Joseph E. Stiglitz (2009), "The Future of Industrial Policies in the New Millennium: Toward a Knowledge-centered Development Agenda," in M. Cimoli, G. Dosi & J. E. Stiglitz eds., *Industrial Policy and Development: The Political Economy of Capabilities Accumulation*, The Initiative for Policy Dialogue Series, Oxford University Press.

Felipe, Jesus, Arnelyn Abdon & Utsav Kumar (2012), "Tracking the Middle-income Trap: What Is It, Who Is in It, and Why?" Levy Economics Institute Working Paper no. 715, Bard College.

Hara, Yonosuke (2014), "*Chushotoku no Wana wo Dou Traeruka*" (How Middle Income Traps Should Be Understood), *Kokusai Mondai*, 633: 1-4, July/August.

Hara, Yonosuke (2015), "*Kaihatsu no Wana wo Dou Toraeruka: Asia Dynamism Saiko*" (How to Interpret Developmental Traps: Reconsidering Asia Dynamism), research report, National Graduate Institute for Policy Studies, March.

Huntington, Samuel P. & Joan M. Nelson (1976), *No Easy Choice: Political Participation in Developing Countries*, Harvard University Press.

Kwan, Chi Hung (2013), *Chugoku Futatsu no Wana: Machiukeru Rekishiteki Tenki* (Two

Traps of China: Facing A Historical Moment), Nihon Keizai Shimbun Shuppan Sha.

Mahathir, Mohamad (1970), *The Malay Dilemma*, Asia Pacific Press.

McKinnon, Ronald I. (1993), *The Order of Economic Liberalization: Financial Control in the Transition to a Market Economy*, second edition, Johns Hopkins University Press.

McKinnon, Ronald I. (1996), *The Rules of the Game: International Money and Exchange Rates*, MIT Press.

McKinnon, Ronald I. (2005), *Exchange Rates under the East Asian Dollar Standard: Living with Conflicted Virtue*, MIT Press.

McKinnon, Ronald I. (2012), *The Unloved Dollar Standard: From Bretton Woods to the Rise of China*, Oxford University Press.

McKinnon, Ronald I. & Kenichi Ohno (1997), *Dollar and Yen: Resolving Economic Conflict between the United States and Japan*, MIT Press.

Murakami, Yasusuke (1994), *Hankoten no Seijikeizaigaku Yoko: Raiseiki no tameno Oboe-gaki* (Outline of Anti-classical Political Economy: A Memorandum for the Next Century), Chuo Koron Sha.

Ohno, Kenichi (2013), *Learning to Industrialize: From Given Growth to Policy-aided Value Creation*, Routledge.

Suehiro (2014), *Shinko Asia Keizai Ron: Catchup wo Koete* (Emerging Asian Economies: Beyond Catching Up), Iwanami Shoten.

Tran, Van Tho (2010), *Vietnam Keizai Hatten Ron: Chushotoku no Wana to Aratana Doi Moi* (Economic Development of Vietnam: A Middle Income Trap and New Doi Moi), Keiso Shobo.

Tran, Van Tho (2013), "*Vietnam Seicho Gensoku ni Chokumen: Souki no Wana Kaihi he Seido Kaikaku ga Kagi*" (Vietnam Faces Growth Slowdown: Institutional Reform Is the Key to an Early Escape from the Trap), ch. 6, Japan Center for Economic Research, *ASEAN Keizai to Chushotoku no Wana* (ASEAN Economies and Middle Income Traps), December.

Vietnam Development Forum, and National Economics University (2014), *An Approaching Middle Income Trap: How Vietnam Can Escape It*, Vietnam Education Publishing House (English & Vietnamese).

日本的产业政策

江飞涛

2016年下半年，中国学术界围绕产业政策展开了一场大讨论，支持产业政策特别是支持政府干预性产业政策的一方，往往将日本战后实施产业政策的历史或经验作为其重要论据之一，他们认为日本从战后到20世纪80年代实施的产业政策在日本经济的起飞和发展中扮演着关键角色。然而，这场大争论中的许多参与者甚至是重要参与者，对于这一期间日本实施产业政策的历史及其作用的认识并不清楚，甚至存在许多误解。

国际上关于产业政策的讨论兴起于20世纪70年代后期，当时出版了许多有关战后日本产业政策的书籍和论文。日本著名经济学家小宫隆太郎认为，这些论著中虽不乏传播大量信息和富有洞察力之作，但在从经济学角度准确掌握日本产业政策的全貌，分析其效果并对其意义做出评价方面，很难说已取得了很大进展。小宫隆太郎进一步指出，20世纪70年代中期以后，随着日本产业取得惊人成功，产业政策的内容发生了很大变化。另一方面，当时国际上对产业政策的兴趣也日益浓厚。20世纪80年代初，美国和欧洲的发达国家，包括中国在内的东亚各国等发展中国家，都对从第二次世界大战结束直到20世纪80年代初的日本

＊　作者为中国社科院工业经济研究所研究员，本文根据小宫隆太郎等人的著作《日本的产业政策》一书摘编而成。

产业政策寄予强烈的关心，试图从中找出用于本国产业发展的经验教训。然而，外国人所写的有关日本产业政策的著作，大多还停留在事实叙述或从政治学角度进行论述上，而从经济学角度进行分析则很不充分。并且，20 世纪 80 年代初，外国对日本产业政策的实际状况和效果普遍存在着评价偏高的倾向。

鉴于这种情况，小宫隆太郎及其合作者（包括奥野正宽、铃村兴太郎、香西泰、贺田俊正、植草宜、吉野直行、伊藤元重、清野一治、后藤晃、今井贤一等）认为，从经济学角度对日本产业政策的实际状况、效果和意义进行分析，同时建立起用经济学分析产业政策的理论框架，具有重大意义，而这也正是日本经济学界应当担负的重要责任。基于这种想法，小宫隆太郎及其合作者于 1982 年，组织了有关日本产业政策的研究项目，进行了历时两年的研究。并于 1984 年集结相应研究成果，出版了《日本的产业政策》一书。

一、什么是产业政策

小宫隆太郎曾对产业政策做如下说明：政府为改变产业间的资源配置和各种产业中私营企业的某种经营活动而采取的政策。换句话说，这些政策旨在促进某种产业的生产、投资、研究开发、现代化和产业改组而抑制其他产业的同类活动。保护关税和对消费品课征消费税，可以说是这种定义下的产业政策的一种“传统手段”。小宫在该书中指出上述说明稍嫌失之狭隘，有必要将其范围加以扩大。如果从经济学角度将日本的报刊和政府使用的产业政策概念加以逻辑性整理，大体可以将其归纳为如下内容：

（1）与产业资源配置有关的内容，主要有：（A）关于产业的一般基础设施，包括工业用地、产业用的公路、港口、工业用水和供电等政策，（B）关于产业之间的资源配置政策；

（2）与各种产业的组织有关的内容，主要有：（C）与各领域的内部组织有关的政策（产业改组、密集化，缩小开工率、对生产和投资进行调整等），（D）属于横向产业组织政策的中小企业政策。

在上述各项中，（B）是在前述引文中设想的“狭义”产业政策。在“二战”后的日本，（C）项政策的指导思想是防止或排除“过度竞争”（它究竟意味着什么姑且不论）。至于（D）项的中小企业政策的基本思想是什么，很难明确掌握。概括说来，深感日本在各个时期并未提出明确的理论根据或指导思想，而只是在议会民主制原则的政治压力下，有目的地推行了一系列内容庞杂的中小企业政策。

二、产业政策的理论基础

《日本的产业政策》一书指出，从经济理论的观点可以将前述（A）项和（B）项范围内的产业政策的中心部分，理解为在价格机制下，针对资源配置方面出现的“市场失灵”而进行的政策性干预。当然，尽管产业政策对于处理“市场失灵”是十分必要的，但仍然存在着以下四个问题：

（1）在何种情况下才能认为市场出现了失灵；

（2）针对各种类型的市场失灵，应当采取什么样的政策措施；

（3）市场虽然时常失灵，但政策或政府部门也可能出现失误，对此应当怎样判断；

（4）几乎在所有情况下，根据产业政策采取的措施，总要伴随着财政负担等各种代价和副作用，这是不容忽视的，因此有必要对政策的效果和各种代价进行衡量。对于这一点应当怎样看？不能认为只要出现市场失灵就必须进行政策性干预。

上述问题都是十分难以解决的，即使那些在经济利害上处于中立地位的有识之士，也有很大的意见分歧。小宫隆太郎认为“产业政策”（狭义的）的中心课题，就是针对资源配置方面出现的“市场失灵”采取对策。也就是说，如果具备一定条件，市场或者价格机制本来是能够在资源配置方面发挥很大作用的，但由于在某种状况或局势下，市场在合理配置资源方面会失灵。因此，产业政策的基本作用，就是针对这种现实的失灵或可能出现的失灵，弥补市场机制的缺陷。确立了上述基本观点，就可以使用能互相理解的经济学语言，诸如规模经济、外部性、排除垄断、扶植新兴产业的标准、奖励研究开发和技术进步、建设社会基础设施、对经济发展过程中的不确定因素采取对策，来防止、消除及限制使用公害等词汇来阐述产业政策。

然而，“二战”后日本实际负责产业政策工作的官员以及与他们立场接近的部分经济学者们，直到最近仍不肯接受上述基本观点（至少在正式文件中是这样）。他们只是议论说，“日本地少人多，自然资源缺乏，因此有必要采取产业政策”，“为了赶上先进工业国”或为了“加强我国产业的国际竞争能力”而必须“制定”产业政策，等等。

“二战”以来，日本政府关于产业内部组织的一贯指导思想，就是“防止过度竞争”。防止过度竞争的政策有限制加入某个产业，指导企业在某个产业内结成调整生产、调整设备投资、反萧条卡特尔或设备报废卡特尔。如果联系日本的产业内调整政策来研究“过度竞争”，就会发现一个迄今皆有意避开的非常重要的论点。这个论点就是：在日本，人们所说的“过度竞争”正是因为用产业政策进行干预才发生的现象，如果这个论点是正确的，那么企图以排除“过度竞争”的名义对行业内调整实施行政干预并使之合法化，就难免被指责为本末倒置。

《日本的产业政策》一书进一步指出，（产业政策）问题的关键是当市场失灵时，取而代之的资源配置方式是什么。从传统的观点考虑，这时出面的主体是政府，取代市场的资源配置方式是（政府干预）计划。因此，首先遇到的就是市场还是计划这个经典问题。因为在市场失灵时，当然计划也行不通，结果只能比较两者受挫的程度来选择资源配置的方式。但从战后各国的经验来看，那种取代市场的强有力的计划一旦失败，造成的损失会远远超出市场失灵的程度，孰优孰劣是显而易见的。因而，选择是在市场和较弱的计划之间进行的，其结论是要以民间的活力为主，同时政府也根据需要进行必要的政策性补充。如果对此进一步分析，首先遇到的问题是，较弱的计划是指什么，在把它与市场失灵相比较时，如何具体地加以评价等。

三、日本的产业政策及其作用

概括地说，日本产业政策的历史（“二战”后至 1982 年前后），可以大致分为三个时期。第一个时期，是从战败到进入高速增长以前的复兴期。这个时期的产业政策，保留了浓厚的战时控制经济的色彩，带有官员控制型经济的特征，具体说来，虽然时期不同，情况各异，但大多采取了官僚主导型的政策，试图分别运用直接实行价格控制和外资配额、公共金融机构发放低息贷款或租税特别措施等政策手段，达到以倾斜生产方式和产业合理化计划为主体的计划经济性质的政策目标（第一章）。

与此相反，到 1970 年为止的高速增长时期，也许可以说是行政机构与民间企业相抗衡的时期。行政机构力求维持官员主导的经济控制型政策，而在经济复兴的后期已经形成了很大力量的民间企业，要求基本上依靠民间的企业家精神和市场机制运营经济。在这一时期，高速增长使产业得到迅速发展，因而导致原来的政策结构崩溃。虽然政府丧失了各种干预的权限，但仍以所谓的行政指导为主要手段，以主管部门为中心，进行直接干预。在产业改组和产业合理化的旗号下，重点实行了各种各样的产业内调整政策作为贸易和资本自由化问题的对策。但是完全实现政府意图的产业为数很少（第二章）。

以20世纪70年代为转折点，高速增长宣告结束。由于发生了石油冲击，日本经济又迎来了新局面。产业政策的制定和实施部门（特别是通商产业省）的指导思想也以这个时期为转机，发生了很大变化。这一点在1970年进行的机构改革中表现得很清楚，过去以主管部门为中心的纵向方式转向了以政策调整为中心的横向方式，这说明在60年代末，官员自身已经开始感到基于直接控制的官员主导型政策的局限性。这一时期产业政策的核心，是对技术、知识的补贴和对衰退产业的调整援助政策，而且，能源政策和公害政策至少已作为口号提了出来。这说明，官僚机构内部已经越来越清楚地意识到，这个时期的产业政策非但不能取代价格机制，反而应当发挥完善价格机制的功能（可参照第三章和序章）。

我们应当如何评价日本的产业政策呢？首先应说明的是产业政策在战后日本高速增长中所发挥的作用。参与日本产业政策合作研究项目的全体人员都认为，除了“二战”后初期有限的时期之外，高速增长基本上通过建立在竞争基础上的价格机制和旺盛的企业家精神而实现。与“日本股份公司论”相反，甚至也许可以说战后主要时期（尤其是50年代和60年代）产业政策的历史，是民间企业的首创精神和活力不断地否定政府控制性直接干预意图的过程。

尽管如此，也不能否认对完善价格机制发挥了积极作用的产业政策措施。参加日本产业政策合作研究项目的学者基本上认为，限制贸易以保护和扶植国内产业的政策、设立以产业结构审议会为首的各种政府审议会和研究会、制订长期经济计划、提出社会经济发展设想等，都发挥了对私营企业的活动有效地传达有价值的信息的作用，是应当加以肯定的。下面归纳一下《日本的产业政策》一书对这两种类型政策的结论。

（1）通过限制贸易对国内产业实行保护的政策，大体可分为两种，如该书第三部分已详细说明的，一种政策是保护和扶植以幼稚产业为主、没有政府干预就难以自立（具有装备价值）的产业，另一种政策是培养与国外寡头垄断（或垄断）企业竞争的能力。

第一种政策的例子不胜枚举。书中的第五章证实，机床、汽车以及许多工业部门，都是依靠政府的关税及贸易限制而发展起来的（也可以参照第十章、

第十一章、第十五章）。而且，当实行贸易自由化时，推迟特定产业自由化的消极政策，可以说在确保这些产业有充足的时间确立自己的竞争优势方面是有效的。至关重要的是，尽管对外国实行贸易限制筑起了一道防范外部竞争压力的屏障，但在国内，仍然存在着数个企业之间的竞争。战后日本保护国内企业的历史表明，对于发展中国家来说，为了使贸易限制政策有效，应当尽量维持国内市场上众多企业并存的局面，而且必须重视为这些企业创造出能有效开展竞争的环境。如前所述，日本政府所实行的干预，主要表现在抑制数个企业之间的相互竞争上。在这种意义上，值得注意的是，限制贸易的成功，与其说是贯彻政策意图的结果，不如说更为主要的是依赖于民间企业的活力。

培养与国外垄断企业竞争能力的政策，其典型事例是第十二章论述的电子计算机工业，其中包括胶片和集成电路等部门。也许可以说对这些部门的保护和扶持在经济上取得了某种程度的成功。但是，这些政策容易引起与发达国家之间的紧张关系，从这个意义上说，它还是有问题的（第五章）。

作者们认为，尽管对日本产业政策进行定量分析是非常困难的事，却可以肯定它的实施是很有成效的，这是因为通过设置各种审议会、提出设想而后制订并公布经济计划等形成了一种收集、处理、传达信息的机制。不言而喻，这些组织和计划本身并没有被作为政策手段。它只是制定其他政策手段并为之立法所必需的政治手段而已。尽管如此，事后至少各个企业还可以通过这些审议会，了解其他产业或企业的未来趋势，从而对前景做出明确的预判；根据各种政府计划，能够了解政府对经济的预测，对政府将来可能采取的政策做出推断，这些都可以有效地完善价格机制，尤其是弥补信息方面的局限性（第八章）。还需要进一步指出的是，由于许多民间企业的人士参加了审议会，若政府对产业活动的干预倾向与市场经济的发展方向不同，就可以期待审议会对此发挥“制动器”的作用。60 年代的审议会，可以说大体上发挥了这种功能。

第四章对财政投资贷款、租税特别措施、公共金融机构发放低息贷款等被视为改变产业之间资源配置的各种政策，进行了详细的定量分析。这些分析表明，除了有限的时期和一定的工业部门以外，这些利用财政刺激的产业政策（至少在数量上）并未达到令人满意的程度。与对农林水产业的补贴和贷款总额相比，用于制造业部门的资源可以说是很有限的。尽管如此，对于某一时期的某种产业来说，很难忽视这些财政刺激所发挥的作用。其中尤为重要的是，复兴时期对钢铁工业的贷款，在造船工业夺得 50% 的世界市场以前对造船工业、海运业的补贴，为建立汽车等工业的发展环境而对公路、港口等社会基础设施的投资以及对中小企业的援助等（关于上述各方面，也可参见第十章、第十一章、第十五章、第十六章）。尽管事实上这些补贴和租税优惠措施是行政干预的杠杆，但正如第十九章所指出的那样，它不同于对农业的补贴，不是任意的“瓜分钱财”，而是遵循低息贷款和租税特别措施的大体规定实行的。这无论是从政策的公正性方面，抑或是从减轻对价格机制的破坏方面，都可以给予肯定。而特别折旧措施等租税特别措施和低息贷款，也会通过促进设备投资给供应方面带来影响。不过，虽然以第十五章为主的研究，试图利用事实证明这方面的效果，但并未获得有说服力的结论。

依靠资金诱导的产业政策，也是技术开发方面的主要政策手段。然而，如第六章和第七章所详细阐述的，在战后日本，政府对技术开发的援助只限于资金方面，对民间企业出于私人动机的技术开发，只给予了很有限的影响。毋宁说，应予肯定的政府技术政策，是信息沟通和组织方面的政策，电子计算机和集成电路等研究开发组合可以说是典型的例子。

70 年代以后，产业政策的主要目的之一，是调整和援助因石油冲击而丧失了相对优势的衰退产业。第五编着重概述了这些政策的实际情况，正如在纺织工业方面的贸易政策和炼铝部门中所看到的，日本的调整援助政策大多较为有效地利用了市场机制，而且在劳动政策和地区政策等许多方面具有自己的特点。不过，正如第十一章中所强调的那样，这些政策，特别是政府基于对反萧条卡特尔、收购设备等进行直接干预的政策，都给经济、政治和行政带来了消极影响。与此相反，有关衰退产业劳动力再配置的各种政策和各种地区性政策，与日本的雇佣习惯等相结合，可以说大体上是有效的（参看第十三章）。

最后，谈一下作为传统产业政策的产业改组、产业合理化政策等直接控制性政策。第十七章论述了以行政指导为主要政策手段的生产、价格和投资调整，或采取反萧条卡特尔促使经济好转等共同行动的政策；第十八章论述了合并和改组政策。正如序章中多次指出的，这种产业内部调整政策的指导思想，就是“排除过度竞争”，然而，如第八章中指出的，“过度竞争”这一概念，虽然以前遭到过批判，但从理论上也有应当肯定之处。不过，参加产业政策合作研究项目的学者一致认为，从给价格机制的作用带来各种不利影响这个角度看，不应以存在过度竞争为由实行直接干预政策。而且，小宫隆太郎等人的研究表明，这些直接干预政策并没有达到既定目标（参看第十七章）。

CIDEG论坛

CIDEG Forum

Comparative

反思产业政策

吴敬琏　八田达夫　陈清泰

编者按：鉴于林张两位教授发起的产业政策之争，CIDEG（清华公管学院产业发展与环境治理研究中心）联席会议上召开了“产业政策研讨会”，特意邀请了日本资深专家参与讨论，我们将此次会议中吴敬琏教授、八田达夫教授、陈清泰主任等人的发言整理成文，经作者修订后发表，为读者提供参考。

产业政策的研讨需要深化

吴敬琏

首先，我想讲一讲我们为什么要召开这个“产业政策研讨会”和为什么要设立“产业政策向竞争政策转型”的研究课题。

最近由林毅夫、张维迎两位教授发起的关于产业政策的讨论，引起了政学商各界人士的关注和热议。产业政策是中国政府工具箱中居于中心地位的政策工具，对中国经济发展有重大影响。因此，对它进行深入研究和讨论，无论在理论上还是在实践中都有非常重要的意义，这是不言自明的。

---

* 根据作者 2016 年 11 月 11 日和 13 日在清华大学产业发展与环境治理研究中心（CIDEG）的发言整理增补而成。

然而使我感到意外的是：自从上世纪 70 年代日本官产学各界反思他们在战后初期即 20 世纪五六十年代执行的产业政策（学术界后来把这种产业政策称为“纵向的产业政策”来与“横向的产业政策”相对应，“选择性产业政策”来与“功能性产业政策”相对应或者“硬性的产业政策”来与“软性的产业政策”相对应），国际经济学界对产业政策问题进行了大量研究和深入探讨。研讨的重点是，在什么情况下需要有产业政策，需要什么样的产业政策，以及它与另外一项重要政策即竞争政策是什么关系，等等。只要检索一下有关文献就可以发现，这种与实践密切结合的研讨已经取得了许多有助于各国行政当局改进其工作的重要成果。可是在我们当前的讨论中，主要发言人几乎完全没有提及这些讨论及其成果，使讨论变成对产业政策全称肯定或者全称否定的各自经济哲学的宣示。有鉴于此，我们希望在前人成果的基础上进行更切实的讨论，以便推动认识的深化和政策的改善。

当前的讨论还有一点使我感到意外：我国到现在仍在执行的产业政策，是上世纪 80 年代从日本引进的，实际上是它们在五六十年代执行的“纵向的”、“选择性的”或称“硬性的”产业政策。其实，从 70 年代开始，对这种产业政策的批评就逐渐成为主流。日本政府的产业政策也在国内外的压力下向“横向的”、“功能性的”或称“软性的”产业政策转化。然而在最近的讨论中，几乎没有人谈到日本的产业政策实践及其演变过程（我只看到日本国立政策研究大学院大学一位华人教授在伦敦《金融时报》中文网站上发表的一篇题为“日本并不是产业政策的优等生”的短文）。为了弥补这方面的缺陷，我们的讨论会也邀请了一些日本资深专家，如日本国立政策研究大学院大学原校长八田达夫教授、曾在日本政府通商产业省工作二十年的津上俊哉博士等参加讨论。有一些比较年轻的学者，这些年也结合文献考察，对中国产业政策的理论和实践进行了深入研究。不过他们在社会上的影响还很小，我们也邀请了几位来参加今天的会议和有关课题的研究。

众所周知，在“文革”结束以后中国寻求振兴经济新路的探索中，日本经济体制和发展实绩曾经是我们的重要榜样和路标。在产业政策的问题上也是这样。早在 20 世纪 80 年代初期，中国已经在政府主导的“机械工业改组与改造”中仿照 50 年代后期日本“振兴机械产业”时的做法，用行政手段组织实施机械工业的技术改造和企业的专业化改组。

问题在于，正像大多数研究战后日本经济发展的学者所指出的那样，日本在战后的不同时期执行了不同类型的产业政策。大致上以上世纪70年代初为分界线，在50年代和60年代实施的是“纵向的”、“选择性的”或称“硬性的”产业政策；70年代以后实施的是“横向的”、“功能性的”或称“软性的”产业政策。前一类型的产业政策运用财政、金融、外贸等政策工具和制度干预、“行政指导”等手段，有选择地“促进某些产业的生产、投资、研发和产业改组，同时抑制其他产业的同类活动”（东京大学小宫隆太郎教授）。而后一类型的产业政策的特点，则是“最大限度地发挥市场机制的作用”，用政策手段保护、扶植和加强重点产业的作用遭到削弱，而通过向社会提供信息实现的诱导作用则得到加强（东京大学植草益教授）。

植草益教授的判断：日本政府运用产业政策对经济进行的“协调活动”，在70年代发生了从硬性产业政策向软性产业政策软化的重大变化。“结果，提供有关产业结构的长期展望和国际经济信息，成了产业政策的中心内容”。然而，80年代在中国获得广泛传播的，却是宣扬前一类产业政策辉煌成就的言论。日本战后产业政策的主要推动者、马克思主义经济学家有泽广巳和中国社会科学院保持着密切的关系，他还在1985年被中国社会科学院授予荣誉博士称号。他提出的“倾斜生产方式”，即向重化工业倾斜的产业政策在中国经济界耳熟能详。一些宣扬日本战后初期产业政策业绩和产业政策主要执行者——通产省的著作，如傅高义（E. Vogel）的《日本第一》（1979）、约翰逊（C. Johnson）的《通产省与日本奇迹——产业政策的成长（1925—1975）》（1982）等，更成为风行一时的畅销书。在这样的环境下，中国政府引进了前一类型的产业政策。

引入日本战后早期的产业政策，还有一个中国自身改革进程的大背景。1984年的中共十二届三中全会决定用“社会主义有计划的商品经济”取代中共十二大“计划经济为主、市场调节为辅”的改革目标。“社会主义有计划的商品经济”的提出，为产权制度比较模糊的非国有企业的发展开辟了一定的空间。到80年代中期，大体上由市场导向的非国有经济在国民经济中所占的份额已经达到三分之一左右。这时，开始向完全的市场经济过渡，就提上了中国改革的议事日程。当时，政经两界乃至国内外学术界都有一些人提出了建立市场经济的要求。市场经济意味着由价格信号引导资源配置，因此要建立市场经济就必须把价格放开，实现价格市场化（自由化）。虽然不管在政府内部还是在学术界，都有一部分人对这样的改革方向持怀疑和反对态度，他们认为，中国应该在相当长的历史时期中，比如说在几代人的时间内保持计划与市场双轨运行的状态，但是国务院领导还是在1986年3月决定制订被称为“价、税、财配套改革”的改革计划，并准备于1987年初开始执行，以便在“七五”（1986—1990）前期实现价格市场化和建立起公平竞争的市场环境。这个改革方案在1986年8月通过以后得到了邓小平本人的支持。但在10月份，国务院领导人改变了主意，决定终止执行。

在当时计划体系已经不复存在、市场化改革又无法大步向前推进的情况下，谁来充当国民经济的调节者就成了问题。正在这时，国家计划委员会的几位领导干部在1986年9月国家计委召集的“全国宏观经济管理问题讨论会”上提出，我国应当实行计划与市场、竞争与干预相结合的体制：“国家调控市场、市场引导企业”或者“国家掌握市场、市场引导企业”。这种意见被当时的中央领导人所接受，成为1987年10月中共第十三次全国代表大会的基调。十三大政治报告写道：社会主义有计划的商品经济的“新的经济运行机制，总体上说应该是‘国家调节市场、市场引导企业’的机制。国家运用经济手段、法律手段和必要的行政手段，调节市场供求关系，创造适宜的经济和社会环境，以此引导企业正确地进行经营决策。”

那么，国家即政府怎样来调节市场呢？中国从日本战后初期的产业政策实践中找到了可资借鉴的榜样。

1987年3月，在十三大报告的起草过程中，国务院发展研究中心给当时的中共中央领导人写了一份题为《我国产业政策的初步研究》的研究报告，建议引进日本等东亚国家在战后采用的产业政策来执行这一任务。研究报告指出：“产业政策是许多国家实现工业化过程所执行的一整套重要政策的总称。一些实施产业政策得力的国家在发展和国际竞争中卓有成效。我国今后计划体制改革的目标模式，是使计划与市场实现辩证统一的、以指导型计划为主体的模式，是中国式的‘竞争’与‘干预’相结合的经济体制，即国家指导市场、市场培育企业，推行以商品经济为中介的计划”。因此，“日本、南朝鲜等国家和地区通过产业政策实现‘竞争’与‘干预’相结合经济体制的经验值得我们重视”。

和日本在五六十年代实施的产业政策相类似，报告建议引进的产业政策是一套“协调价格、金融、财政、税收、外贸、外汇等调控手段的综合政策体系”。政府运用它所包含的产业结构政策，“对某种（某几种）产业的生产、投资、研究开发、现代化和产业改组进行促进，而对其他产业的同类活动进行抑制”，具体说来就是限制加工工业的快速发展，推动“基础产业”的超前发展，以便实现“产业结构的高度化”。与此同时，政府也要运用它所包含的产业组织政策，“建立高度技术基础上的大批量生产机制”，一方面通过企业的合并、扩张和新建，形成一批高度集中的大企业集团，另一方面发展大量与大型企业协作的微型企业，组成“以大企业为核心的分工协作网络”。

可能是由于这样的产业政策为“国家调节市场”提供了得力的政策手段，制定我国产业政策的意见很快就得到领导人的认可，并责成国家计划委员会负责执行。

值得注意的是，日本国内从70年代对战后初期的产业政策开始进行反思以后，连产业政策的制定和实施部门，包括通产省的指导思想都在国内外的压力下发生变化，到80年代，日本国内外出现了一些用批判眼光看待日本战后初期产业政策的论著。否定这种产业政策的意见逐渐成为主流。其中尤其值得重视的，是由日本著名经济学家小宫隆太郎、奥野正宽、铃村兴太郎等主编的《日本的产业政策》（1984）一书。这本书是小宫隆太郎教授组织20多位日本资深经济学家用两年时间进行深入研究的成果汇编。它从经济学学理的高度对日本50年代到70年代产业政策的理论和实践进行了全面考察，对五六十年代执行的“纵向的”或“硬性的”产业政策提出了有理有据的批评。小宫教授也是国务院发展研究中心主任和中国社会科学院院长马洪的朋友。他在1985年的中日学术交流会冲绳会议上向马洪指出，当时流行的介绍日本经济发展和产业政策的书籍存在对日本产业政策的实际状况和效果评价过高的偏向。同时也向马洪介绍了《日本的产业政策》这本书的主要内容。马洪回国以后就请中国社会科学院日本研究所组织翻译了这本书，并在1988年公开出版。

小宫教授依据主流经济学的分析框架，肯定在出现市场失灵的情况下实施产业政策的必要性。但他同时也着重指出，“尽管产业政策对于处理市场失灵是十分必要的，但仍然存在以下几个问题：（1）在何种情况下才能认为市场出现了失灵；（2）针对市场失灵的种种类型，应当分别采取什么样的政策措施；（3）市场虽然时常失灵，但政策和政府部门也可能出现失误。几乎在所有情况下，根据产业政策采取的措施总要伴随着财政负担等各种代价和副作用，因此有必要对政策的效果和代价进行权衡，不能认为只要出现市场失灵就必须进行政策性干预。”

小宫等经济家在对日本战后初期产业政策进行细致考察后得出结论，日本政府制定的这类产业政策，或者被议会否决（如60年代初由通产省主导制定的《特殊产业振兴临时措施法》1963年被国会否决而成为废案），被企业抵制（如1961年产业合理化审议会提出将轿车产业整合为3家企业，这一设想由于民间企业的反对而未能实现），或者被法院判为违法（如1980年东京高等法院一项判决中明确禁止对竞争进行限制的所谓“行政指导”）；即使得到执行，得到的结果往往也是负面大于正面。而多数在日本取得高速发展的产业，无论是早期的缝纫机、照相机、自行车、摩托车、拉链、半导体产业，还是后来的彩色电视机、磁带录音机、音响设备、钓鱼用具、钟表、台式电脑、数控机床、陶瓷、机器人等，都是在没有得到政府保护扶持政策支持的情况下发展起来的。其中许多企业几乎是从零或者极小的规模起步，在没有得到产业政策优待的情况下，依靠自己的力量发展起来的。

《日本的产业政策》的另一位作者、东京大学的植草益教授总结道：战后日本经济的高速发展可以归结为两个原因：一是在以被占领下的反垄断政策为契机形成和保持的相对竞争性市场结构下，私人企业展开了活跃的投资活动；二是存在着支撑上述活动的国民高储蓄倾向和劳资一体化的日本式经营。“70年代初石油危机发生后，日本企业提高生产率和产品质量的意识进一步加深。而且由于不少新企业的加入，产业集中度呈现下降趋势，由此形成的竞争性市场机制，进一步促进企业提高生产率和产品质量。正是这一充满活力的产业组织变化，成为日本宏观经济发展的基础，而产业政策只不过是日本经济发展的配角，即产业政策只是从侧面支援了以市场机制为基础的充满活力的经济发展。”

令人感到遗憾的是，《日本的产业政策》这本书本来可以成为一本帮助我们汲取日本战后产业政策经验教训的有益参考书，然而它并没有起到这样的作用。这本书销行不广，只印了一次就告绝版，以致没有能够引起人们对这类批评意见的足够重视。这就使在日本已经被否定多年的说法和做法，例如“防止过度竞争”、“提高产业集中度是提高效率的主要途径”、“实现产业结构高度化（重化工业化）”等继续在中国流行不衰。

1989年3月，国务院发布了我国第一部产业政策法规，即《国务院关于当前产业政策要点的决定》。这一决定详细开列了重点支持生产和严格限制生产的产业、产品，重点支持基本建设和停止或严格限制基本建设的产业、产品，重点支持技术改造和严格限制技术改造的产品目录。要求计划、财政、金融、税务、物价、外贸、工商行政管理等部门目标明确、协调动作，运用经济的、行政的、法律的和纪律的手段，“明确支持什么、限制什么”，以便“压缩和控制长线产品的生产和建设，增加和扩大短线产品的生产和建设”，“逐步缓解消费结构和产业结构的矛盾”。对照日本战后早期的做法，这一决定及其所附的“当前的产业发展序列目录”，可以说是一个加强版的日本“特定产业振兴法”。

在 1994 年 3 月国务院颁布《90 年代国家产业政策纲要》以后，这种政府在“宏观调控”的名义下以产业政策直接干预微观经济的传统一直延续下来，到世纪之交形成了“有保有压、有扶有控”的产业政策方针。有关部门陆续颁布了汽车、钢铁、水泥、煤炭、铝业、电力、船舶、纺织等一系列行业的“产业发展政策”、“产业结构调整规定”和“产品目录”，要求各级政府机构运用手中掌握的市场准入、项目审批、供地审判、贷款核准、目录指导、强制性淘汰等手段，以达到领导部门心中的产品结构、组织结构优化的目标。不过，这种直接干预市场和限制竞争的产业政策的执行效果乏善可陈，使我国产业结构在新世纪第一个十年变得越发扭曲，由行政力量推动下形成的大型企业集团的竞争力下降成为一个明显的事实，以致“三去一降一补”，即“去过剩产能、去房地产库存、去杠杆、降成本、补供给短板”成为当前必须面对的紧迫而沉重的任务（具体情况参见江飞涛、李晓萍（2010）：《直接干预市场与限制竞争：中国产业政策的取向与根本缺陷》）。

国际学术界的情况有所不同，从上世纪 80 年代以来，许多经济学家对产业政策以及政府在经济发展中的作用问题，进行了深入的研究，可谓名家辈出。比如，罗德里克（D. Rodrik）、阿吉翁（P. Aghion）、大野健一等都做出了自己的贡献。梯若尔（J. Tirole）还因为有关的研究成果获得了诺贝尔经济学奖。他们的研究成果，都是我们在推进供给侧结构性改革的过程中必须认真研究和吸收的。

提高我国经济效率的根本途径，无疑在于通过改革建设统一开放、竞争有序的市场体系，使市场能够在资源配置中起决定性作用。当然，也要较之过去更好地发挥政府的作用。把以上两项要求综合起来看，一个重要问题是如何正确处理产业政策和竞争政策的关系。2015 年《中共中央国务院关于推进价格机制改革的若干意见》提出了一项十分重要的要求，就是“逐步确立竞争政策的基础性地位”。这意味着必须摒弃直接干预、限制竞争的传统产业政策做法，使产业政策成为促进竞争、提升市场功能的辅助手段。这将是我国产业政策理论和实践的历史性转变。我们应当努力促成这一转变的顺利实现。

经济增长战略中的竞争政策与产业政策

八田达夫

一、经济增长战略

经济增长战略中的两大政策

我想讲一下与经济增长关系密切的两类政策——竞争政策和产业政策。我认为，促进日本经济增长的最主要因素其实是竞争政策。这两类政策中，我们先来看看产业政策。什么是产业政策？就是首先制定一个目标，然后按照这个目标推动特定产业的增长，具体方式有：贸易保护或者关税保护、政府的转移支付、税收减免以及政府提供的优惠贷款，还有行政指导等方面的政府支持等。也就是，政府对他们想要推进的产业提供帮扶。另一类就是竞争政策，其核心是充分发挥市场的作用。首先要为公平竞争创造一个完善的环境，比如通过反垄断政策、贸易自由化、取消政府管制以及国有企业的私有化。这些措施都可以促进公平竞争。从上面的表述中，我们可以看出两者的区别很大：产业政策是由政府判断应该要推动哪些产业，而竞争政策则是让市场决定哪些产业能够脱颖而出。

提高生产率的两个因素

接下来我们看一下能提高生产率的两个重要因素。首先是创新，创新是非常重要的；其次是资源从低生产率部门向高生产率部门的转移，比如农业人口向制造业转移，会提高国家整体的生产率，这样的转移曾促进了日本经济的高速发展。可以说，竞争政策是促进生产资源从低生产率部门向高生产率部门转移的有效手段。

为什么要推行竞争政策

为什么要推行竞争政策，竞争政策有什么作用？首先我们来看竞争的效果。如果能自由竞争，低生产率部门的资源自然会向高生产率部门转移，这样能够有效促进生产率的提升，合理配置资源。这是一个基本原理。那为什么还需要竞争政策呢？因为在现实中，往往会因为政府的一些政策，资源无法从低生产率部门转移到高生产率部门。政府制定这些政策的目的可能是要保护既得利益部门。在位企业可能会游说政府，让政府在这些行业设定非常高的进入门槛。竞争政策能起什么作用呢？如果政府设置了较高的进入门槛，妨碍了竞争，竞争政策能够帮助去除这些障碍。所以，竞争政策也可以说是与低效率的既得利益部门进行斗争的手段。

竞争政策的理论依据

竞争政策的理论依据是什么？如果我们放任市场去发挥作用，资源就会从低效率部门转向高效率部门，这是经济学的基本原理，大概在上世纪50年代就已经被公认，而且在各个层面上都得到了验证。当然，这里说的是没有市场失灵的情况。为什么会出现市场失灵？导致市场失灵的原因有哪些？经济学上给出的导致市场失灵的主要原因有：规模经济、外部性、公共品和信息不对称。

二、产业政策

产业政策的案例

产业政策的理论基础又是什么呢？产业政策的前提是，如果出现了市场失灵，政府就应出面干预，这是实施产业政策的依据所在。为了理解产业政策到底是怎么回事，我们先看福利经济学基本原理中叙述的市场失灵的几种情况，以及以此为依据的一些产业政策实例。首先是规模经济理论，这个理论已经有很长的历史了。比较有名的产业政策实例是对幼稚产业的保护。因为新兴产业规模比较小，需要政府给予保护来达到一定的规模以实现规模经济。其次是外部性理论，具体来说，比如某项发明或创新的技术人员，跳槽到其他企业或者自己创业，对原来的企业而言，原本可以获得的全部收益，现在没办法获得，那政府应该给予（创新产业）相应的补贴。最后是克鲁格曼提出的战略性贸易政策理论。这个理论与规模经济有一定的关系。理论的内容大致是：如果存在规模经济，某个国家或地区，应该大力扶持其适合发展的产业，通过规模经济来垄断该产业，以实现减少市场供给量，维持高价。克鲁格曼认为这从理论上是成立的，但并没有实际的例子。

以上是产业政策的主要依据所在，但是存在很多疑问。我们首先来看规模经济，如果真有规模经济的话，政府没有必要进行补贴。比如银行，如果大家都认为它能发展，能够赚取更多的利润，自然就会有人给予更多的投资。从这个角度来看，我们应该让民间去判断某个行业到底有没有前途。关于外部性和政府补贴，理由据说是为了保护创新。但是对于知识产权，我们只要建立了相关的法律体系，在其框架下保障实际发明的企业获得相应的利益就可以，没有必要对该行业的所有企业给予补贴。另外一个就是克鲁格曼所说的战略性贸易政策理论，其实是以邻为壑的政策。这样的做法，肯定会遭到别国的报复，我觉得这种做法是不可取的。

不合理的产业政策

所以，上述所谓的产业政策的理论依据是不成立的。但在日本的经济发展过程中，正如吴敬琏先生所说，一直到 20 世纪 80 年代，或者是 70 年代末，日本经济产业省（过去的通商产业省）的说法是，日本是通过实施产业政策取得了经济增长。对此最有代表性的著作就是查默斯・约翰逊（1982）的《通商产业省与日本奇迹》。但是到 80 年代的时候，包括东京大学小宫隆太郎在内的很多经济学家都对这一说法进行了批驳。其实，约翰逊并不是一位经济学家。日本确实取得了经济增长，同时日本也采取了各种各样的产业政策措施，约翰逊只是把这两个事实指出来了，但并没有证明这两者之间存在因果关系。小宫先生 1984 年主编的《日本的产业政策》非常有学术性，他和合著者们梳理了日本产业政策的历史，并分析了日本从这些产业政策中究竟获得了怎样的成果，论述得非常严谨。90 年代出现的经济学分析，如理查德・贝森和戴维・韦恩斯坦（Richard Beason and David Weinstein，1996）的论文，以日本为数众多的产业作为研究对象进行了实证分析。他们的结论是，没有发现因为产业政策使日本的某个产业得到了发展，其中日本产业政策的主要特点就是对出口的补贴。东京大学教授大桥弘对钢铁制造等领域的产业政策效果也进行了严谨的统计分析，结论如下：钢铁出口增长了，日本对钢铁业也进行了补贴，但两者之间并没有因果关系。

日本产业政策的失败

我还想说的是，前面提到的贝森和韦恩斯坦的论文中指出，日本的产业政策是对低速增长行业或者是没有规模效应的行业进行补贴，刚才吴敬琏老师也提到了日本对造船业的补贴。其实都是向走下坡路的夕阳产业进行补贴。马库斯·诺兰和霍华德·帕克等分析也认为，从整体上看（如果放到经济产业省以外来看），日本的产业政策主要对矿产业还有农业给予了巨大补贴，也就是对这些没有国际竞争力的行业进行了补贴，这是日本产业政策的显著特点。

没有政府扶持的产业发展

有意思的是，没有政府的扶持，许多产业或企业却得以成功发展。让我们来看一些实际的事例。大家耳熟能详的索尼、本田、松下公司，都没有获得政府的补贴，但都成为日本非常著名的出口企业。哈佛大学商学院教授竹内弘高（2002）曾列举了20来个没有政府扶持却发展成功的日本产业：工业机器人、空调、缝纫机、磁带录像机、传真、卫星通信、汽车音响、打字机、照相机、碳纤维织物、电视游戏、乐器、叉车等。如此众多的行业，在没有得到政府补贴的情况下，成为日本主要的出口行业。这些实例能够说明什么呢？我来总结一下：产业政策中很大部分都是给予那些具有政治影响力的夕阳产业的补贴，再补贴也很难改变其衰落趋势。但如果是新兴产业，比如当时的钢铁业，即便不给补贴，钢铁行业也会发展。所以产业政策上实际上并没有多大效果。

发展中产业的抉择

20世纪60年代后期，日本的钢铁联盟有一个会议，包括新日铁、住友金属这些大公司的高层都参加，原来的通产省（现在的经济产业省）副大臣（事务次官）也参加。这个会议就相当于经济产业省副大臣级别的会议（因为很多事务次官退休后都去大型钢铁企业任职了），他们对政府有很大的影响力。他们说钢铁业会有很大的发展，游说政府支持钢铁业。看上去这些高级官僚和政府对战略产业的选择、补贴起了很大作用。但是前面提到的大桥弘教授的分析中有一个非常重要的观点：并不是说给了补贴这个产业才得到了发展，其中的因果关系是完全站不住脚的。如果他的观点是正确了，说明产业政策基本上没有发挥作用。原因在哪儿？刚才已经说到了，如果是符合社会或市场需要的新兴产业，即便不给补贴，自己也会发展。在产业政策实践中，政府往往会从政治的角度选择一个目标产业。如果成功了，可归功于自己。如果这个产业若干年后失败了，也没有人会被追究责任，因为当时的政治家已经不在位了。但竞争政策就不一样，竞争政策能让某个企业脱颖而出，但如果投资失败，投资人需要承担风险。因为在竞争政策下，投资人需要承担相应的责任，所以进行投资时会非常谨慎。这是竞争政策和产业政策之间最具决定性的区别。政府不会承担产业政策失败的责任，这是关键所在，最起码从日本来说是这样。

三、竞争政策：历史回顾

战后日本的竞争政策

接下来看一下战后日本的竞争政策。实际上在战前，日本最重要的竞争政策是1858年的日本开国政策。过去日本是闭关锁国的，但1858年跟美国谈判之后，日本开放了包括横滨港在内的一些港口，这个影响非常之大。1858年之前，日本的棉花都是自给自足的，但是十年之后，日本棉花的产量降到了零。过去的棉农改种了其他农作物，或者迁移到了城市，开国政策使日本的产业结构发生了重大变化。日本把与美国的通商协议称为不平等协议。因为这个协议规定，日本没有关税自主权，不能对进口产品征收5%以上的关税。美国签订这个协议当然是出于自身利益的考虑，但实际上日本也从这个协议中受益巨大。在战后发生的巨大变化中，第一个是日本在被美国占领时期，解散了大部分财阀（1945—1950年），包括三菱、住友。原来这些财阀都是集团性质的，后来被迫拆开了。另外，日本通过了《反垄断法》，并且成立了反垄断机构——公平交易委员会（1947年），建立了可以公平竞争的市场环境。到了20世纪60年代，日本实现了贸易自由化。举个例子来看，在战后不久的日本经济复苏过程中，政府大规模补贴的行业是煤炭行业，但是到了50年代末的时候，日本实现了煤炭的自给自足（见图1）。在这个过程中，中东发现了比较廉价的石油，并且大量供应，这时日本政府就遇到了一个难题，到底要不要放开石油的进口？如果放开，煤炭产业就会土崩瓦解，因为进口石油比煤炭更便宜。但是到了1961年，日本中央政府，也即通商产业省做出决策允许放开，煤炭产业完全崩溃，煤炭产业的崩溃对产煤地造成了巨大冲击。但是，如果没有放开进口，可能就没有战后的日本经济腾飞。

其实英国当时也没有做到，直到撒切尔上台后才真正做到放开。1962年我学习了萨缪尔森的经济学理论，书中提到美国围绕煤炭产业也有过非常大的争论。与之相比，日本采取的措施是可圈可点的。煤炭产业很多人失业了，政府给雇佣失业煤炭员工的企业一定的补贴；同时对离开煤炭产业到大城市寻找工作的人提供补贴。不是给产煤地补贴，而是给人补贴，我觉得这是日本竞争政策中最为成功的一个案例。

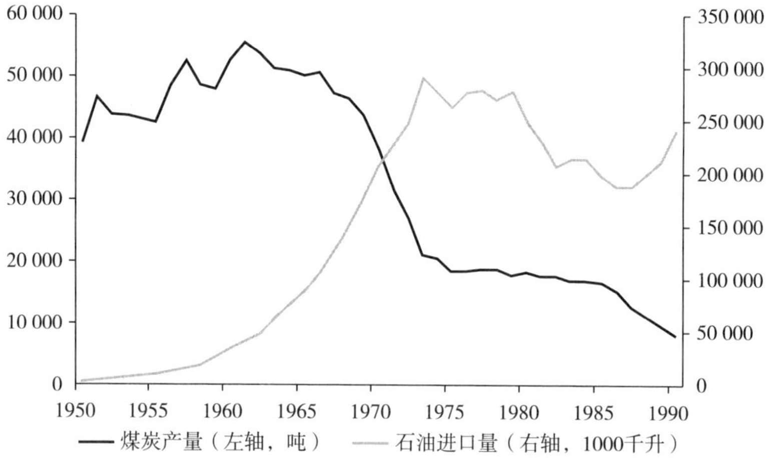

图1　煤炭产量与石油进口

四、竞争政策及产业政策的政治经济学

日本经济缘何在20世纪70年代中期后停滞不前

接下来谈一下产业政策和竞争政策的政治背景。日本经济在1974年以前一直是高速增长，之后增长率出现大幅下降，是什么原因呢？我一再强调，这和石油危机并没有关系。为什么增长率在70年代中期后会出现大幅下降呢？我认为，其中一个原因是农村人口向城市的迁移下降，但还有一个更根本的原因是没有采用新的竞争政策。那些既得利益集团的阻挠，使得不利于他们利益的竞争政策无法出台。日本竞争政策的特征就是，都是由外力驱动，不得已而为之的。在战后被美国占领时期，能够解散财阀，并通过《反垄断法》，都是美国占领军做的，不是日本人自己要做。当然美国人这么做也是出于自己的利益。但在日本独立、实力真正强大后，在近几年之前的很长一段时间从来没有自主推出新的竞争政策，这是个令人费解的现象。

而且，长期以来新的竞争政策，也不是经济产业省在做。比如医疗方面，在过去二三十年中，医疗方面都没有新的竞争政策，只是在安倍上台之后，才推进了混合医疗。具体来说，混合医疗的概念就是：政府可以用医疗保险来弥补一部分，但还有一部分是自己要花钱的。过去人们都认为看病的所有花销都应该由政府承担。因为日本老龄人口很多，他们都希望由政府来承担医疗费用。但是这样就导致费用颇高的一些新兴医疗技术无法进入医疗保险领域。

还有农业，过去日本不允许股份公司拥有土地。电力行业也存在非常严重的垄断问题。在流通行业，政府声称为了保护老城区的传统店、零售店，严格限制一定规模以上的百货商店的新建，甚至专门成立了《大店法》（限制大规模商店的法律）。经济产业省喜欢干这些规制的事。这些政策实际上都阻碍了新兴企业的进入，形成了准入门槛。对很多政治家而言，在选举时这些政策能带来很大的好处。另外，号称为了振兴地方经济，导致从农村地区向大城市的人口迁移也停止了。这些做法使得70年代中期之后，日本经济出现了大幅下滑。

新一轮竞争政策

应当说，在最近日本的发展过程中，竞争政策也不是没有任何进展。首先，前首相中曾根康弘受里根的影响，在80年代大力推进了私有化。日本国有铁路和电报电话公司都成功地私有化了。这是因为中曾根先生发挥了强大的政治领导力。其次，本世纪初，小泉推进了日本邮政公社（也就是日本邮局）的民营化。但此后，尤其是民主党执政的时期，竞争政策没有什么进展。直到安倍执政后才出现一些引人注目的变化。

大家都知道安倍经济学，安倍理解竞争政策的好处。他在这方面做的第一件事情就是放开电力市场。最初新的电力公司只能给企业供电，2016年4月以后已经可以给居民供电，接下来要实现发电和输电分离。过去日本的电力全部由几家大发电公司提供给消费者。在这种缺乏竞争的环境下，它的定价机制是所谓的成本加成定价法（就是价格等于所有的成本再加上应有的利润）。所以即便发电公司购买非常昂贵的发电机，成本都可以加在电价上，对电力公司没有任何影响。为大发电公司提供发电机的生产厂家当然也愿意维持这种定价法，乐享其成。因为最终的成本都是要反映在电价上的。这样的定价制度不仅不利于消费者，也不利于新企业参入市场。如果有新企业进入，它要买新的发电机，成本就会很高，很难与既存大电力公司形成竞争。为此，2015年日本专门成立了电力交易监督委员会，我是这个委员会的第一任主席。它并不是仅仅起监督作用，还制定相关的规则，以促进公平竞争。

此外，日本还通过了《国家战略特区法》。特区是安倍政府为促进地区经济活力而建立的一种竞争体制。如果一个地方被选为某个产业领域的特区（特区范围可大可小，大的可以是整个城市，比如大阪、名古屋），在特区内的一些产业活动和劳动雇佣形态可以突破现有某些法律的限制。这些活动虽然在现有法律的相关条款下不被允许，但在特区内的专门规定下可以开展。这是特区可享受的（为数不多的）特权。导入特区制度的结果是，股份公司可以拥有农地。事实上已经有这样的例子了，这可以说在日本的农村土地制度方面迈出了历史性的一步；与以前相比，现在也可以相对容易地建立新的医学院；此外，以前日本有一个规定，租房必须是一个月以上为期限。现在，日本修改了《旅馆业法》，已经允许特区内可以为短期访问的游客提供民宿。

为了推进特区制度这一新竞争政策，日本政府每个月召开一次国家战略特区咨询会议，10 位议员包括首相、官房长官，财务大臣、两位经济部门大臣等 5 位政界议员，和来自大学、研究所、咨询公司、企业的 5 位民间议员。我本人也是 5 位民间议员之一。与此同时，这个特区咨询会议下设一个国家战略特区工作组，这个工作组经常要和相关的政府部门进行磋商谈判，希望政府主管部门对既存规制、管制进行修改。这些讨论的内容都会及时公开。如果政府主管部门不让步的话，最终是由首相领衔的国家战略特区咨询会议判断、决策。有时会直接跟参加咨询会议的主管部长谈判。由于这样一个有权威的协调体制已经建立起来了，各个政府部门不可以对特区工作组的提案置之不理，会在某种程度上展现一定的灵活性和协调力。

总之，我认为，日本能不能继续发展，取决于安倍政府在推进上述竞争政策方面的做法能不能成功，能不能打破既得利益者的藩篱。日本现在非常需要重视竞争政策。对于任何希望经济发展更上一层楼的亚洲经济体而言，也一样。

对我国产业政策的反思与改革

陈清泰

最近对产业政策正在开展一场大讨论，这是很有意义的。它的意义不仅在于澄清理论概念，更重要的是促进向创新驱动发展的转型。

中国产业政策是 20 世纪 80 年代中后期引进、90 年代初开始推行的。20 多年来中国的经济状况、体制环境、发展阶段都已发生很大变化，但实施产业政策的理念、所用的政策工具基本没有改变，甚至一些政府官员认为现行强干预式的产业政策可以长期持续。

当前，对我国实施产业政策的过程、目前的状况、存在的利弊进行系统反思，构建新常态下促进产业健康、持续发展的政策体制环境，至关重要。

20 多年来我一直关注产业政策，我想从我国实施产业政策参与者和见证者的视角发表一些看法。

一、我国产业政策的引进和实施

与日韩等国家和地区不同，我国的产业政策是在一个很特殊的体制环境下引进和推行的。例如，那时计划经济体制有强大惯性、政府主导资源配置和经济增长、国有经济占绝对比重、政府与国有企业和国有银行保持关联关系等。这些因素使我国的产业政策带有明显的国别特征，较大程度地影响着之后产业政策的实施。

1. 我国的产业政策是在三个条件下引进和推行的

直到 20 世纪 90 年代初，中国工业经济约 70% 仍受国家计划控制，70% 为国有经济，民营经济还处于边缘地位。财政、税收、金融等市场化改革尚未启动。产业政策作为政府管理产业和企业的一种形式，与计划经济思维和管理方式能较好地对接。在真正意义上的市场、市场主体都有待发育的情况下，实施产业政策基本不会触动政府主导生产要素配置的权力、不会动摇政府主导经济增长的地位，因此，国家计划管理的退坡由产业政策来接手就成为政府推进改革的一种可行选择。产业政策引进后，几乎没有犹豫地被政府接受，成为政府管理产业和企业的重要形式。

其次，进入 90 年代，中国进入了经济发展追赶期，基础设施、基础产业、基础服务业和基本生活用品等产业的发展与国土资源规划和政府公共职能相关，政府有一定的信息优势，以产业政策为抓手，政府可以有所作为。

再次，那时经济领域主体是国有企业和国有银行，企业投资某种意义上是国家投资。政府既是所有者又承担着管理的责任，通过实施产业政策对国有企业的投资、项目进行管理，政府和企业都认为较之刚性极强的计划管理，产业政策是一种进步，很容易接受。

这三个条件，使政府很快地按照自己的理解、为我所用地接受了产业政策。对企业的计划管理较快地过渡到了国家计划指导下的行政审批。相比之下政府减弱了对企业的干预、增强了企业活力；与当时的抓大放小、减人增效、政策性破产等措施相配合，产业结构较快得到了改善。90 年代中后期“政府主导、依托国企、产业政策、大规模投资”的组合发挥了重要作用，使我国以较短的时间走过了经济发展的追赶期。在计划经济转轨和经济发展追赶的前期，产业政策的正面效应值得肯定。

2. “横向产业政策”与“纵向产业政策”

横向产业政策，即为保障产业发展而采取的普适性政策，如完善基础设施、人才培养、研发费加计扣除、知识产权保护、股票市场的开启、金融和资本市场发展等，为所有产业和企业的发展创造了基础条件，产生了好的效果。纵向产业政策，即针对选定产业实施促进的政策，在市场失灵的领域有好的效果。例如正在实施的重大专项，基本上具有以下共同的特点：第一，是国家安全和经济发展的重大需求，如载人航天、大规模集成电路生产装备、基础软件等；第二，是带有后发追赶的性质，政府有一定的信息判断力；第三，是从长远看有可能形成或裂变出有市场前景的产品和产业；第四，是投资规模很大，短期不能产生平均利润率，市场投资者近期没有投资的意愿。政府选择这类重大项目以较大政策力度支持其发展，既为我国产业结构升级打下基础，又不会对市场竞争产生负面效应，是实施纵向产业政策较好的实例。

3. 具有中国特点的“干预型产业政策”

中国的产业政策继承了不少计划经济的管理理念和管理方式，形成了一种中国式的“干预型产业政策”，较大程度上维系了政府对资源的配置权。进入新世纪，市场化程度已有较大提高、追赶期逐渐过去、非公经济占据了半壁江山，但“干预型产业政策”基本没有改变。生产要素错配的问题日益严重。

这类产业政策的实施有两个政策工具：一个是以市场准入、投资项目和生产资质等为对象的限制性审批。审批的范围几乎涵盖所有重要产业；审批保持着“规模崇拜”、规模导向，坚持“有保有压”、“扶优扶强”，即“保大压小”，“保国有压民营”；审批内容深入技术经济细节，如投资规模、资金来源、技术路线、产品开发、生产规模、工艺和装备等；审批非常繁复，有的项目要跑几年、盖一百多个图章；而且刚性很强，未获准者无法获得生产条件和进入市场。这种强干预抑制了企业创新、侵犯了企业技术经济上的决策权。

另一个工具是政府认定新兴产业、战略性产业，促其发展，其中很多是竞争性产业。政府制定发展战略，“规划引导、政策激励和组织协调”；进行“统筹规划、系统布局，明确发展时序”；设定实现增加值占国内生产总值比重的目标；调动财政、税收、金融力量予以支持。在实施过程中绕过竞争的筛选，由政府认定“依托企业”和某类产品的“产业聚集地”。与此同时，以“防止一哄而起”、“盲目投资”、“避免恶性竞争”、“提高产业集中度”为由，把大量新的进入者挡在门外。这种做法尽管在某些方面也有一些正面作用，但在政府强干预下，由于市场的导向作用被政府替代，投资的盲目性和被误导的风险上升；由于新进入者被拒，拖延了试错过程，提高了试错成本；由于竞争不足，削弱了企业的创新动力；由于吃偏饭，扭曲了生产成本；由于补贴过度，使企业产生了惰性和依赖；由于审批有很大的随意性，造成了腐败。

4. 产业政策受到体制的局限，赋予了一些特殊的功能

政府既是国有企业的管理者，又是产业政策的制定者和实施者；国有实体企业与国有金融企业保持着关联关系；加之政府、国企改革不到位，这就使产业政策不太可能公平对待各种所有制企业。政府，包括资本市场和银行，在实施产业政策中，不能保持“市场中立”。产业政策隐性或显性地都有保障“公有制为主体”、“国有经济为主导”、“做大做强国有企业”的功能，成了保护行政性垄断、保持所有制歧视和阻碍市场准入的工具。如 2006 年政府部门明确宣示国有企业要在 7 个产业保持绝对控制、9 个产业保持控制地位；进入新世纪，五年内国务院先后发布两个促进民营经济发展的“36 条”，但仍然未能打破“玻璃门”和“旋转门”。赋予产业政策的这些特殊功能固化了旧的体制因素，为向市场经济体制转型制造了障碍。

5. 一些地方把产业政策作为推进本地发展和地方保护的工具

一方面以廉价土地、超规定减免税收等措施，支持认定的企业。如前几年，一些地方纷纷以大力度扶持政策支持光伏投资，很快造成产能过剩；有的地方以本地有庞大的加工业为由，在产能已经超常规过剩的情况下，以优惠政策鼎力支持建设千万吨级钢铁项目。另一方面，一些地方实施“以投资换市场”的政策，逼迫企业重复投资。如一些城市要求进入本地的出租车、电动大巴、地铁车辆需在本地建厂。还有，通过市场壁垒扶持本地企业。如一些地方根据本地企业的产品量身定制本地新能源汽车的目录，将本地不能生产的车型拒之门外。再有以种种方式阻止本地企业被外地企业并购、阻止本地企业向外地投资。如此等等。这些以产业政策的名义无规制、无边界的干预，分割了市场，破坏了市场秩序。

由此可以看出，我国的产业政策是政府以行政力量干预产业和企业的各种政策和措施的总和。它是强干预型的、没有明确的定义和边界，其目标有时超出了经济的理性。

二、对产业政策的评估与改革

产业政策执行了20多年，总体上看，在我国经济发展追赶的前期，产业政策的实施有得有失，得大于失；经济发展追赶的中后期，产业政策的实施有失有得，失大于得。出现如上现象的原因是随着经济发展形势的变化，产业政策没能及时转型。

所谓“有失”，一是行政性垄断未能减退，市场壁垒依然严重存在；二是所有制歧视未能消除，市场主体的不平等被固化；三是企业作为市场主体，市场选择和投资决策的权力仍未到位；四是地区市场分割依然存在，没有明显的减退。种种迹象显示，我国产业政策转型已经具有十足的紧迫性。

值得思考的是，在我国，汽车产业为什么不太可能产生“特斯拉”这样的黑马？但互联网、电子商务为什么很快走到世界前列，而且具有竞争力的企业一批又一批涌现？研究可以发现，其中一个重要原因前者是产业政策特别关注的领域，实行刚性的前置性管制；后者是产业政策还没有顾及的领域，市场准入相对自由，政府实行事后监督。

影响产业发展有两大政策，一个是产业政策，一个是竞争政策。在中国，产业政策的地位之高几乎是各个国家所没有过的，而且持续至今。这就成了限制竞争、阻碍向创新驱动发展转型的障碍。实现可持续经济增长必须此消彼长，把竞争政策放到基础地位，产业政策不能削弱竞争。

目前我们讨论的问题不是要不要产业政策，而是如何随形势变化较大幅度地调整和摆正产业政策与竞争政策的关系。

中国产业政策引进和实施的背景与日韩等国家有很大的不同。因此，在产业政策的定义、内涵，以及实施的理念、手段等诸多方面差异更大。通过当前的大讨论，从理论上厘清产业政策存在的经济学意义，有利于统一认识，把握住方向，为产业政策转型奠定基础；与此同时，对我国二十多年产业政策实施的情况和问题进行系统的梳理和反思、借鉴国际经验，结合国情提出我国产业政策的改革方案和路径，这是当前中国增长方式转型的迫切需要。

党的十八届三中全会提出“发挥市场在资源配置中的决定性作用和更好发挥政府作用”的改革方向，从顶层明晰政府和市场的关系。之后，商事制度改革、发布限制投资和市场准入的负面清单。最近提出建立公平竞争审查制度、完善产权保护制度等，都是强化竞争政策、矫正现行产业政策弊端的重要步骤。此时，推进产业政策转型的时机正在趋于成熟。

产业政策的背后是政府直接干预的手，竞争政策的背后是市场看不见的手。转型的原则就是发挥市场的“决定性作用”，即把竞争政策放到基础地位；“更好发挥政府作用”，就是在市场失灵的领域政府进行有效的弥补。例如：

- 把竞争政策置于促进产业发展的基础和优先地位，产业政策不能限制竞争；
- 政府不再把产业政策作为保增长、主导生产要素配置的工具，不再赋予产业政策实现某些特殊目标的功能；
- 前置性审批转向负面清单和事中、事后监督，政府对不产生负外部性的企业活动不加干预；
- 完善产业发展的基本条件，办好教育、加强基础科学研究、改革和发展金融和资本市场；
- 创造好的产业发展生态，保障生产要素的流动性；
- 创造法治的市场环境，消除行政垄断、所有制歧视和区域市场壁垒，保障市场主体的平等地位，使所有市场活动受到反垄断法律的约束。
- 垂直性产业政策应限定在中央政府、市场失灵的领域，并使其不产生限制竞争的结果。

图书在版编目（CIP）数据

比较．第 87 辑 / 吴敬琏主编．—北京：中信出版社，2016.12
ISBN 978-7-5086-7081-2

I. 比… II. 吴… III. ①比较经济学 IV.
① F064.2

中国版本图书馆 CIP 数据核字（2016）第 294388 号

比较·第八十七辑

主　　编：吴敬琏
策 划 者：《比较》编辑室
出 版 者：中信出版股份有限公司
经 销 者：中信出版股份有限公司＋财新传媒有限公司
承 印 者：北京华联印刷有限公司
开　　本：787mm×1092mm 1/16　　印　　张：18　　字　　数：200 千字
版　　次：2016 年 12 月第 1 版　　印　　次：2016 年 12 月第 1 次印刷
书　　号：ISBN 978-7-5086-7081-2
定　　价：28.00 元